本书为聊城市城校融合文旅项目"聊城市大运河国家文化公园样板工程规划与建设方案（R20WD2107）"、山东省高等学校"青创科技计划"研究项目"山东运河区域乡村社会振兴研究（2019RWD009）"阶段性成果

SHANDONG YUNHE QUYU FEIWUZHI WENHUA
YICHAN DIAOCHA YU YANJIU

山东运河区域非物质文化遗产调查与研究

胡梦飞　著

中国海洋大学出版社
·青岛·

图书在版编目(CIP)数据

山东运河区域非物质文化遗产调查与研究／胡梦飞
著. 一青岛：中国海洋大学出版社，2022.3
ISBN 978-7-5670-3080-0

Ⅰ.①山… Ⅱ.①胡… Ⅲ.①大运河－非物质文化遗
产－调查研究－山东 Ⅳ.①K928.42

中国版本图书馆 CIP 数据核字(2022)第 010269 号

出版发行	中国海洋大学出版社		
社 址	青岛市香港东路 23 号	**邮政编码**	266071
出 版 人	杨立敏		
网 址	http://pub.ouc.edu.cn		
电子信箱	cbsebs@ouc.edu.cn		
订购电话	0532—82032573(传真)		
责任编辑	赵孟欣	**电 话**	0532—85901092
印 制	青岛国彩印刷股份有限公司		
版 次	2022 年 3 月第 1 版		
印 次	2022 年 3 月第 1 次印刷		
成品尺寸	170 mm×240 mm		
印 张	15.5		
字 数	302 千		
印 数	1～1000		
定 价	98.00 元		

前　言

　　非物质文化遗产是人类重要的精神结晶，是一个民族的重要标识，它承载着一个民族或群体的文化密码。如果说物质文化、制度文化只是物化半物化的、浮在社会表层的文化现象的话，那么精神文化则是深层次的、最能代表区域文化本质属性的文化现象。大运河不仅是古代中国连接南北方的水路大动脉，更是一条流动的文化之河。运河在孕育了丰富灿烂的物质文化遗产的同时，也孕育了大量非物质文化遗产。这些类型多样、特色鲜明的运河非物质文化遗产凝结着大运河文化的精华，蕴含着丰富的历史、社会、文化、艺术、科研和教育价值，"既是运河沿线经济发展、技术进步、生产生活方式变革与文化观念演进的见证，又是独具地域特色的文化资源"①。对其进行科学保护和合理利用对于促进大运河历史文脉传承、传统文化创新发展具有重大而深远的意义。

　　京杭大运河山东段南起苏、鲁两省交界处的大王庙闸，北至德州市德城区第三店，全长 643 千米，从北到南流经德州、聊城、泰安、济宁、枣庄 5 市 18 个县、市、区。大运河不仅在山东境内留下了异常丰富的物质文化遗产，也留下了内涵深厚、外延广泛的非物质文化遗产。运河非物质文化遗产涉及的内容极为广泛，与运河相关的民俗、技艺、美术、戏曲、音乐、舞蹈、武术、医药、民间文学等均属于运河非物质文化遗产。这些非物质文化遗产凝结着运河沿岸劳动人民的勤劳和智慧，从中我们可以看到当时人们的生存状态、生活方式、生活习俗以及他们的思想感情、思维方式、价值取向和艺术品质。它们大多因运河而产生，或伴随运河而成长，是运河开凿变迁及历史发展的见证，有着鲜明的地域特色和丰富的文化内涵。对其开展相关研究，对于弘扬和传承运河文化、促进沿运地区经济社会发展具有重要意义。

　　2014 年 6 月，中国大运河成功申遗，就此拉开了后申遗时代的序幕。非物质

---

① 言唱《大运河非物质文化遗产的活态保护与活化利用》，《海南师范大学学报（社会科学版）》2020 年第 3 期。

文化遗产包括了人类的情感,包含难以言传的意义和不可估量的价值,它与我们的生活和整个社会息息相关。保护、发展和传承大运河非物质文化遗产,是保护中华优秀传统文化、增强国家软实力、实现中华民族伟大复兴的必然要求,也是每一个炎黄子孙义不容辞的义务与责任。山东作为运河沿岸的重要省份,运河非物质文化遗产资源丰富,对其开展相关研究,不仅是一种专门的学问或知识,还是一种新视野、新理念和新方法。山东省要以大运河成功申遗为契机,深入挖掘运河区域非物质文化遗产的丰富内涵,加强对非遗项目的保护、传承和利用,推动运河文化的创造性转化、创新性发展,让运河文化在新时代重新焕发生机和活力,为推动地方经济建设、文化发展和社会进步做出重要贡献。

本书以山东运河区域非物质文化遗产为研究对象,在对其内涵、特点和价值进行论述与梳理的同时,剖析遗产保护所面临的困境及问题,并在此基础上,归纳和总结运河非物质文化遗产保护与传承的具体路径,探寻其开发和利用的策略与方法,以期有助于提高社会各界对运河非物质文化遗产的了解和认识,增强民众的保护意识,更好地实现对运河非物质文化遗产利用的合理化、科学化和人性化,从而有助于提升山东运河城市形象和城市品位,增强山东文化旅游资源的吸引力,更好地服务于沿运地区经济、社会和文化的发展。限于本人的能力和水平,书中难免存在诸多问题和不足,还请方家和读者给予批评指正。

胡梦飞

2021 年 12 月于聊城

目　录

绪　论

一、研究目的和意义

(一)研究目的

本书以山东运河区域非物质文化遗产为研究对象,在对其内涵、价值进行论述和梳理的同时,剖析遗产保护所面临的困境和问题,同时,在借鉴国内外非遗保护和发展经验的基础上,归纳、总结运河非遗保护和传承的具体路径,探索适合山东运河沿岸地区实际的开发和利用模式,以期有助于提高人们对运河非遗的认识,更好地实现对非物质文化遗产利用的合理化、科学化和人性化,从而有助于提升山东运河城市形象和城市品位,丰富山东运河文化旅游资源,更好地服务于沿线地区经济社会的发展。

(二)研究意义

1. 学术价值

2014年6月,中国大运河成功申遗,运河非物质文化遗产的保护和传承逐渐引起社会各界的重视。但是,相比运河沿岸其他省市,从宏观、整体上探讨山东运河区域非物质文化遗产的研究成果相对较少。虽然学界有关山东运河区域非物质文化遗产的研究取得了一些成果,但仍存在诸多问题和不足,尚有进一步深化和拓展的空间。目前学界对山东运河区域非物质文化遗产的关注多局限于个案研究,且多是已列入国家级或省级保护名录的非物质文化遗产项目,未能全面反映山东运河区域非遗保护、传承和利用的现状。相关成果大多注重文本研究,而在一定程度上忽略了对非物质文化遗产活态传承特性、规律的探索和研究。本书从宏观、整体的视角对山东运河区域非物质文化遗产的现状和问题进行全面梳理与分析,并在此基础上,探讨符合其实际情况的保护、传承和利用策略,一定程度上可以弥补学界研究的不足,具有重要的学术价值。

2. 现实意义

运河在孕育了丰富灿烂的物质文化遗产的同时,也孕育了大量非物质文化遗产。这些非物质文化遗产是对不同历史时期科技发展水平、人类创造能力和认识水平的原生态的保存与反映,是具有重要价值的珍贵文化资源。随着运河职能的转变,运河文化生态发生了巨大变化,运河区域非物质文化遗产受到越来越大的冲击。一些依靠口授和行为传承的文化遗产不断消失,许多传统技艺濒临消亡,随意滥用、过度开发非物质文化遗产的现象时有发生,加强运河沿岸非物质文化遗产的保护刻不容缓。2019年2月,中共中央办公厅、国务院办公厅联合印发了《大运河文化保护传承利用规划纲要》。2021年7月,国家发展改革委又印发了《大运河文化保护传承利用"十四五"实施方案》。这些都为运河文化遗产的保护、传承和利用提供了难得的历史机遇。保护和传承大运河非物质文化遗产,既是对民族优秀文化传统的继承和发扬,也是提升国家文化软实力,增强民族自尊心和凝聚力,实现经济和社会全面、协调、可持续发展的重要途径。具体到山东而言,对运河区域非物质文化遗产进行调查和研究,可为政府相关部门的决策提供参考和借鉴,对于增强山东文化旅游资源的吸引力、提高山东运河文化旅游的知名度、促进沿岸地区经济社会发展亦具有重要意义。

二、国内外研究现状及发展趋势

山东作为运河沿岸的重要省份,运河文化遗产资源丰富,对运河非物质文化遗产的保护、传承和利用,不仅是一种专门的学问或知识,还是一种新视野、新理念、新方法。相关研究成果主要集中在以下三个方面。

一是有关运河非物质文化遗产本体的研究。传统戏曲和音乐是非物质文化遗产的重要组成部分。王哲对临清时调的形成及演变过程进行了探究,并阐述了临清时调的深层内涵和社会意义。[①] 范丽丽对聊城市运河号子的形成、种类、音乐本体分析以及它所蕴涵的内涵、传承与保护等进行了研究。[②] 梁辰对伞棒舞这一艺术形态进行了整理和挖掘。[③] 于秀慧在论述聊城八角鼓传承变迁和改革创新的同时,探讨了八角鼓变迁与运河文化的关系。[④] 林琳、于敏等人亦对聊城八角鼓的历史及现状、传承及发展进行了分析与思考。许士红探讨了聊城运河沿岸临清驾鼓、伞棒舞、五鬼闹判三种民间音乐的历史变迁,论述了运河对其生存、发展及传播的影响。[⑤] 王颖对聊城运河伞棒舞的功能进行了研究。[⑥] 李龙骁对德州地区运河船工号子的生存现状及保护传承进行了研究。[⑦] 白心玉则对聊城运河号子的艺术风格和艺术价值进行了探讨。[⑧] 张晓蕾以临清架鼓为例,探讨了地方社会变迁与民间音乐传承的关系。[⑨] 众多与运河相关的传统技艺、民间传说、武术杂技等也属于

---

① 王哲《临清时调研究》,河南师范大学硕士学位论文,2011年。
② 范丽丽《山东聊城运河号子研究》,聊城大学硕士学位论文,2013年。
③ 梁辰《山东聊城"运河秧歌"艺术特征研究》,聊城大学硕士学位论文,2014年。
④ 于秀慧《聊城八角鼓变迁研究》,聊城大学硕士学位论文,2016年。
⑤ 许士红《运河(聊城段)三种民间乐舞的变迁研究》,哈尔滨师范大学硕士学位论文,2016年。
⑥ 王颖《聊城"运河伞棒舞"的功能研究》,福建师范大学硕士学位论文,2017年。
⑦ 李龙骁《德州地区运河船号调查与研究》,山东大学硕士学位论文,2017年。
⑧ 白心玉《聊城运河号子的音乐艺术研究》,聊城大学硕士学位论文,2018年。
⑨ 张晓蕾《地方社会变迁与民间音乐传承的嬗变——以鲁西北地区临清架鼓为例》,《民俗研究》2019年第1期。

运河非物质文化遗产的范畴。谭淡在对民间传说讲述者进行访谈的基础上,从传说流传地的自然人文环境、传说的内容、传说的文化内涵和现状几个角度对济宁城南运河沿岸五个村落的民间传奇人物传说进行分析。[①] 张乐在对山东运河流域传统武术文化进行挖掘和梳理的同时,对其在传承与发展中存在的问题进行了分析。[②]

二是有关运河文化遗产保护和传承的研究。霍萌萌通过对德州扒鸡产生的文化生态环境进和发展现状进行剖析,提出有利于其传承与保护的措施。[③] 白林兵在对临清潭腿的历史渊源及发展现状进行探讨和分析的同时,提出了推动临清潭腿发展的相应对策。[④] 刘昆在阐释临清贡砖烧制技艺发展历史、技艺传承和文化内涵的同时提出适合临清贡砖的整体性保护和生产性保护措施。[⑤] 翟继萍在深入分析临清肘捶传承和发展现状的同时,提出了相应的保护和发展对策。[⑥] 丛瑞雪依据德州市非物质文化遗产保护和发展现状,提出了新常态下的德州市非物质文化遗产保护和可持续发展路径。[⑦] 张兆林则以聊城木版年画为个案,探讨了非物质文化遗产集体性项目传承人的保护策略。他认为综合性非物质文化遗产项目的传承人应是集体性传承人,而非代表性传承人或继承人,其内部个体之间是相互平等的。集体性传承人的荣誉及所带来的资源或社会便利归属集体内的所有个体,不为其中的某一个体所独享。[⑧]

三是有关运河非物质文化遗产开发和利用的研究。吴元芳对山东运河区域民俗文化旅游资源进行了梳理和分析,指出山东运河区域民俗旅游存在的问题,提出运河区域民俗旅游发展的关键和重点。[⑨] 辛灵美通过对聊城市传统民俗文化旅游资源进行实地调查,分析传统民俗文化旅游资源的保护现状和存在的问题,并由此提出了相应的开发对策。[⑩] 王新蕾对聊城段运河的遗产旅游资源、运河遗产旅游开发存在问题进行了分析,并根据聊城段遗产旅游资源的特点提出了发展运河遗产旅游的对策和建议。[⑪] 钟行明以山东运河遗产廊道为研究对象,分析了旅游协

---

① 谭淡《济宁城南运河沿岸民间传说探析——以村落传奇人物传为例》,南京师范大学硕士学位论文,2011年。
② 张乐《山东运河流域传统武术文化传承与发展研究》,山东师范大学硕士学位论文,2018年。
③ 霍萌萌《德州扒鸡文化的传承和保护研究》,山东大学硕士学位论文,2012年。
④ 白林兵《非物质文化遗产视角下的临清潭腿研究》,天津师范大学硕士学位论文,2012年。
⑤ 刘昆《临清贡砖烧制技艺保护研究》,中国艺术研究院博士学位论文,2015年。
⑥ 翟继萍《临清肘捶的历史传承与保护研究》,山东体育学院硕士学位论文,2016年。
⑦ 丛瑞雪《德州市非物质文化遗产保护和可持续发展路径研究》,《新西部》2017年第22期。
⑧ 张兆林《非物质文化遗产集体性项目传承人保护策略研究——以聊城木版年画为核心个案》,《文化遗产》2019年第1期。
⑨ 吴元芳《山东省运河区域民俗旅游开发研究》,《经济问题探索》2008年第2期。
⑩ 辛灵美《聊城市传统民俗文化旅游资源保护现状及开发对策》,《赤峰学院学报》2009年12期。
⑪ 王新蕾《运河城市(聊城市)遗产旅游产品体系的构建及其旅游开发》,《乐山师范学院学报》2011年第1期。

作的基础、制约因素,并提出旅游协作的策略与路径。① 吴彬在对台儿庄特色饮食文化资源及现状进行梳理和分析的同时,提出了台儿庄古城饮食文化资源开发的对策和建议。② 郑亚鹏、唐金玲以山东段京杭大运河文化遗产品牌建设为例,分析其生存现状,剖析它在"互联网+"时代的机遇与挑战,建设性地提出大运河文化遗产品牌发展的相关对策。③

综上所述,虽然学界有关山东运河非物质文化遗产的研究取得了一些成果,但仍存在诸多问题和不足。从研究内容上看,有关非遗资源开发的研究成果较多,对非物质文化遗产的传承和保护则重视不够,对非物质文化遗产保护与旅游开发的良性互动研究不够深入;从研究对象上看,有关传统戏曲、音乐、舞蹈的研究成果较多,有关传统技艺、民间文学、杂技和武术、传统工艺美术的研究成果相对较少;从研究地域上看,相关成果主要集中于对聊城、临清等地的考察,对济宁、枣庄、德州等地则较少涉及。本书将结合实地调查和口述访谈,在对山东运河非物质文化遗产的价值和现状进行梳理与分析的同时,重点探讨非物质文化遗产保护、传承和利用的具体路径与方法,以求为相关部门的决策提供参考与借鉴。

三、概念界定和研究方法

(一)概念界定

1. 山东运河区域

运河区域是指运河主河道流经及深刻影响的区域。这一区域是孕育形成大运河文化的主要空间,也是大运河文化带建设的关键区域。本书所指的山东运河区域特指山东运河主河道流经的沿运 18 个县市区(表 1)。这些地区距离运河较近,且深受运河文化的影响。当然,"山东运河区域"并不是一个精确的空间范围,而是一个特定的文化生态圈。界定是否属于运河区域非物质文化遗产的关键不在于非遗项目所处的地理位置,而在于非遗项目产生、发展的历史和文化背景及其与运河环境、运河功能之间的关联性。④

表 1　山东运河区域行政区划表

地市名称	县市区数量	县市区名称
德州市	3	德城区、武城县、夏津县
聊城市	3	东昌府区、临清市、阳谷县

---

① 钟行明《山东运河遗产廊道的旅游协作策略与路径》,《中国名城》2014 年第 5 期。
② 吴彬《台儿庄古城地方饮食文化资源的旅游开发》,青岛大学硕士学位论文,2017 年。
③ 郑亚鹏、唐金玲《山东运河文化遗产品牌开发探究:基于"互联网+"思维》,《美术大观》2018 年第 9 期。
④ 言唱《大运河非物质文化遗产的活态保护与活化利用》,《海南师范大学学报(社会科学版)》2020 年 3 期。

（续表）

地市名称	县市区数量	县市区名称
泰安市	2	东平县、宁阳县
济宁市	6	任城区、梁山县、汶上县、嘉祥县、鱼台县、微山县
枣庄市	4	滕州市、薛城区、峄城区、台儿庄区

2. 非物质文化遗产

"非物质文化遗产"概念的形成和术语的定型，可以说在国际社会经历了30多年的探讨。中国政府的重要文件中正式采用"非物质文化遗产"这一术语，是2005年3月国务院办公厅印发的《关于加强我国非物质文化遗产保护工作的意见》。意见指出："非物质文化遗产是各族人民世代相承、与群众生活密切相关的各种传统文化表现形式和文化空间。"[①]同年12月，国务院下发的通知，对"非物质文化遗产"做了明确界定："非物质文化遗产是指各种以非物质形态存在的与群众生活密切相关、世代相承的传统文化表现形式，包括口头传统、传统表演艺术、民俗活动和礼仪与节庆、有关自然界和宇宙的民间传统知识和实践、传统手工艺技能等以及与上述传统文化表现形式相关的文化空间。"[②]文化部在评选国家级非物质文化遗产代表作名录时，所确定的非物质文化遗产十大门类分别是：①民间文学；②传统音乐（第一批名为"民间音乐"，从第二批起改为现名）；③传统舞蹈（第一批名为"民间舞蹈"，从第二批起改为现名）；④传统戏剧；⑤曲艺；⑥传统体育、游艺与杂技（第一批名为"杂技与竞技"，从第二批起改为现名）；⑦传统美术（第一批名为"民间美术"，从第二批起改为现名）；⑧传统技艺（第一批名为"传统手工技艺"，从第二批起改为现名）；⑨传统医药；⑩民俗。本书所探讨的非物质文化遗产主要指的是以上十类内容。

3. 运河非物质文化遗产

在本书的论述中，还会涉及"运河非物质文化遗产"这一概念。目前，对于"运河非物质文化遗产"的认识并无统一的标准，学者们对这一概念的界定大多较为宽泛。例如，顾希佳认为，广义上的大运河非遗包括"在大运河流域广大民众中间世代相承的、与这一带群众的生活密切相关的各种传统文化表现形式"[③]。在李永乐、杜文娟看来，由大运河生产、生活方式孕育而产生，其内容反映大运河生产、生活方式，或者其形成、传播依赖于运河环境的，都可以界定为"运河非物质文化遗产"[④]。

---

① 蔡靖泉著《文化遗产学》，华中师范大学出版社，2014年，第68页。
② 蔡靖泉著《文化遗产学》，华中师范大学出版社，2014年，第68页。
③ 顾希佳著《杭州运河非物质文化遗产》，杭州出版社，2013年，第2页。
④ 李永乐、杜文娟《申遗视野下运河非物质文化遗产价值及其旅游开发——以大运河江苏段为例》，《中国名城》2011年第10期。

言唱在其《大运河非物质文化遗产的活态保护与活化利用》一文中认为:"大运河非物质文化遗产,是指分布在大运河沿线区域范围内,且其形成、发展、传播、传承或演变与运河存在必然联系,受到运河本体或运河功能的直接或间接影响的非物质文化遗产。首先,从空间分布来说,其分布在大运河沿线区域范围内。其次,从形成机制来说,其生成、发展或演化与运河存在关联,即由运河或漕运发展所衍生、塑造或推动,与运河及沿线特有的生产、生活方式和地域文化生态密不可分。最后,从文化意义来说,其是大运河文化的重要组成部分,承载着大运河文化的基因与精神内核,与大运河文脉之间存在着共生互动关系。"[1]本书在涉及"运河非物质文化遗产"这一概念时,基本采用言唱的这一说法。

(二)研究方法

本书主要采取了以下几种研究方法。

(1)文献研究与理论研究相结合。本书最大范围地搜集文献、考古资料和国内外研究的既有成果,在此基础上对其进行整理、分析、归纳和总结,同时运用历史学、地理学、民俗学、社会学、遗产保护学等多个学科的理论知识对其开展综合而细致的研究,以期达到良好效果。

(2)实地调研和科学求证相结合。在本书撰写过程中,笔者通过现场观察记录、场景拍摄、口头访谈等方式,对山东沿运地区的民间文学、工艺美术、音乐舞蹈等非物质文化遗产进行实地调研。根据调研结果分析目前非遗发展过程中存在的问题,提出相应的解决对策,实现非物质文化遗产的科学保护和合理开发。

(3)宏观研究与个案研究相结合。山东运河区域非物质文化遗产数量众多,且形式多样。本书在对其进行宏观、整体考察的同时,采用个案研究的方法,对代表性非遗进行深入、细致的研究,力求在勾勒山东运河区域非遗全貌的同时,找寻其发展变迁的特点和规律。

四、研究内容

本书在梳理山东运河区域非物质文化遗产内涵及价值的同时,剖析非物质文化遗产保护所面临的困境及问题,并在此基础上,归纳和总结运河非物质文化遗产保护与传承的具体举措,探寻其开发和利用的策略与方法。本书主要分为五章,内容简介如下。

第一章:运河非物质文化遗产的内涵和价值。山东运河区域非物质文化遗产数量众多,形式多样。这些非物质文化遗产凝结着运河沿岸劳动人民的勤劳和智慧,从中我们可以了解当时人们的生存状态、生活方式、生活习俗以及他们的思想

---

[1] 言唱《大运河非物质文化遗产的活态保护与活化利用》,《海南师范大学学报(社会科学版)》2020 年 3 期。

感情、思维方式、价值取向和艺术追求。本章在论述非物质文化遗产定义、类型及特征的同时,从民间文学,音乐和舞蹈,传统戏剧和曲艺,传统体育、游艺和杂技,传统美术,传统技艺,传统医药,运河民俗八个方面对山东运河区域非物质文化遗产的内涵和价值进行深入挖掘,并选取代表性遗产项目进行解读和分析。

第二章:运河非物质文化遗产的现状及问题。近年来,在各级部门和社会各界的共同努力下,包括非物质文化遗产在内的运河文化遗产保护工作取得了显著成效,但仍存在一些问题。除部分已被列入各级非物质文化遗产名录外,其余均尚无适当的保护措施,面临濒危、失传的危机。就理论研究而言,非物质文化遗产研究失衡现象严重,大多过于注重文本研究,而在一定程度上忽略了对非物质文化遗产活态传承特性、规律的探索和研究。全社会对非物质文化遗产价值的认知程度普遍不够深入,开发和利用意识不强,导致非物质文化遗产保护和传承工作相对滞后。本章在对山东运河区域非物质文化遗产现状进行梳理的同时,探讨其在传承和发展过程中所面临的困境和问题。

第三章:运河非遗保护和传承的原则与路径。山东运河区域非物质文化遗产分布较为集中,且已有部分非遗得到一定程度的开发和利用,根据这一实际情况,非物质文化遗产的保护应遵循以人为本、整体保护、活态保护、民间事民间办、原真性保护、濒危遗产优先保护、保护与利用并举等原则。为了促进运河区域非物质文化遗产得到更好的保护和传承,我们应努力增强保护意识、完善保护机制,在保护运河生态环境的同时,对非物质文化遗产以及与其表现形式相关的实物和场所实施整体性、综合性保护。本章在探讨山东运河区域非遗保护和传承基本原则的同时,针对其现状及问题提出相应的对策和建议。

第四章:运河非物质文化遗产的开发和利用。近年来,山东运河沿岸旅游已初具规模,各地都在充分挖掘运河文化,开展各具特色的运河旅游项目。非物质文化遗产独特的文化价值为文化、休闲旅游开发提供了重要的资源基础。同时,旅游开发作为非物质文化遗产保护和利用的有效方式,能够更好地展示和宣传非物质文化遗产,为遗产保护注入资金,培养受众群体。本章在对山东运河区域非物质文化遗产旅游价值进行分析的基础上,概括、总结其开发和利用的基本原则与路径模式。

第五章:运河非遗保护和传承的个案研究。由于运河非物质文化遗产自身的复杂性和多样性,其研究涉及多个学科,内容跨度较大。因此,为保证研究成果的系统性和完整性,本书采用个案研究的方法,运用历史学、地理学、民俗学、社会学、遗产保护学等多种学科知识对非遗个案开展综合而细致的研究,以期达到良好效果。本章选取山东运河区域较有代表性的十种非物质文化遗产作为研究个案,在分析其发展概况及传承现状的同时,重在探讨山东运河非物质文化遗产的保护和传承的具体策略与措施,以求为当前非遗保护和传承提供借鉴与启示。

第一章　运河非物质文化遗产的内涵和价值

京杭大运河山东段南起苏、鲁两省交界处的大王庙闸,北至德州市德城区第三店,流经枣庄、济宁、泰安、聊城、德州5市16个县(市、区),全长643千米。京杭大运河作为活态的、线性的文化遗产廊道,不仅在山东境内留下了异常丰富的物质文化遗产,也留下了内涵深厚、外延广泛的非物质文化遗产。运河非物质文化遗产涉及的内容极为广泛,与运河相关的传统技艺、戏曲、音乐、舞蹈、民俗等均属于运河非物质文化遗产的范畴。这些丰富多彩的非物质文化遗产,是对不同历史时期科技发展水平、人类创造能力和认识水平的原生态的保存与反映,是具有重要价值的珍贵文化资源。本章在对非物质文化遗产相关概念和特征进行论述的同时,重在对山东运河区域非物质文化遗产的内涵和价值进行挖掘,探讨其文化特点及地域特色。

第一节　非物质文化遗产的概念及特征

"文化遗产,泛指一个民族、国家或特定群体在历史发展过程中创造的一切物质财富和精神财富,这种财富代代相传,构成该民族、国家或群体区别于其他民族、国家或群体的重要文化特征。"①文化遗产包括物质文化遗产和非物质文化遗产两大类。物质文化遗产即物质形态的文化遗产,在我国法律中称为"文物",在西方很多国家则称为"文化财产",通常表现为古文化遗址、古建筑、纪念建筑、艺术品、手工艺品、图书、手稿、生活用品等形式。非物质文化遗产即非物质形态的文化遗产,表现为艺术、工艺、民俗、知识等思想和精神层面的遗产。"非物质文化遗产"是21世纪联合国教科文组织提出的新概念,了解这一概念的内涵及其提出过程,总结其特征,有利于深刻认识和把握运河非物质文化遗产的本质。

一、非物质文化遗产的定义

当前国内外对于非物质文化遗产概念的界定,主要依据的是联合国教科文组织和各国官方的解释,除此之外,一些相关团队、专家、学者也做了一定的解释。近

---

① 韩君玲主编《简明中国法治文化辞典》(公民读本),商务印书馆,2018年,第403页。

50多年以来,非物质文化遗产的名称和概念经历了多次修改与完善,每一次称谓的变化,其定义都发生了相应的修改。

最早提出相关概念的是日本。1950年,日本通过了《文化财保护法》,首次提出了"无形文化财"这一名称。"无形文化财"是指具有重要价值且经过代际传承的传统工艺、艺术形式等非物质文化遗产。"无形文化财"与有形文化财、民俗文化财、纪念物、传统建筑物群、埋藏文化财等同受该法保护。1954年《文化财保护法》进行了第一次修订,设立了以戏剧、音乐等古典表演艺术和工艺技术为对象的重要无形文化财的指定工作,明确了保持人(人间国宝)的认定制度,新增了无形民俗资料的记录保存制度。1968年6月对《文化财保护法》进行了第二次修改,废除了文化财保护委员会,由文化厅取而代之,并由文化厅委托都道府县的教育委员会对文化财进行直接的保护和管理,加强了文化财保护的组织机构。1975年7月,日本对《文化财保护法》进行了第三次修订。鉴于传统的文物保护修复技术后继无人,修复材料生产困难,该法增加了"文物保护技术的保护"一节,将传统的文物保护技术作为无形文化遗产来保护,这是对无形文化遗产认识上的又一个进步。20世纪80年代,日本实施了由国家组织的"民俗资料紧急调查""民俗文化分布调查""民谣紧急调查",举行了全国民俗艺能大赛等。1996年,日本对《文化财保护法》进行了第四次大修订,引进了欧美等国保护文化遗产和非物质文化遗产的登录制度,将文化遗产和非物质文化遗产进行注册、登记。通过登录认定文化遗产和非物质文化遗产的资格,确定它们的历史文化价值,用法定条件加以约束,并通过大众媒体公布于众,进行舆论宣传,提高大众的保护意识,推动文化遗产和非物质文化遗产的保护。①

韩国在1964年颁布的《文化财保护法》中也提出了"无形文化财"这一概念。韩国接受了日本提出的"文化财"这一全新概念,同时对日本的"有形文化财""无形文化财""民俗文化财"等概念也全盘接受。在对文化遗产分类这个问题上,韩国所套用的也是日本文化财的分类方法。他们将文化财分为"有形文化财""无形文化财""纪念物"和"民俗文化财"四类,取消了原来日本《文化财保护法》中"传统建筑群落"一项。韩国认为"传统建筑群落"亦属"建筑"可直接放入"有形文化财"和"民俗文化财"中,没有必要单独列为一类。②

1989年,联合国教科文组织通过的《关于对传统文化和民间传说保护的倡议》中提出了"民间传统文化",其定义是:民间传统文化是根植于社会文化传统之上的实体,它经由个人和群体予以表达传承,反映了该社会群体的意愿,同时也反映了其自身的文化、社会特性,其形式包括音乐、舞蹈、文学、语言、神话、游戏竞技、传统

9

---

① 刘云升、刘忠平著《非物质文化遗产产业化法律规制研究》,知识产权出版社,2017年,第132页。
② 郭理蓉著《文化遗产的刑法保护研究》,中国法制出版社,2018年,第71页

习俗、仪式、手工艺品及其他艺术形式。① 1997 年,联合国教科文组织通过了《人类口头和非物质遗产代表作》的决议,提出了"人类口头和非物质遗产",其概念基本沿用了 1989 年提出的关于"民间传统文化"的定义。② 2001 年,在联合国第三十一届成员国大会上,首次提出了"非物质文化遗产"的概念,其定义是:"人们学习的过程以及在学习过程中学到与自创的知识、技术、创造力,还有他们在这一过程中创造的产品及持续发展所必需的空间、资源和其他自然及社会结构,这些过程会使现存的社区具有一种与先辈们相连续的意识,对文化认定非常重要,对人类文化的多样性及创造性保护同样也有着十分重要的意义。"③

2003 年,联合国教科文组织通过的《保护非物质文化遗产公约》中正式确立了"非物质文化遗产"的名称、概念及范围,自此非物质文化遗产的保护和研究逐渐成为全世界各国关注的焦点。其对非物质文化遗产的定义为:"非物质文化遗产指被各群体、团体或有时为个人视为其文化遗产的各种实践、表演、表现形式、知识和技能及有关的实物、工具、工艺品和文化场所。其范围包括:口头传统和表述,包括作为非物质文化遗产媒介的语言,社会实践、仪式、节庆活动,表演艺术,传统手工艺以及有关自然界和宇宙的知识和实践等。"④

我国国务院办公厅在 2005 年颁布的《关于加强我国非物质文化遗产保护工作的意见》对非物质文化遗产的定义及范围界定是:"非物质文化遗产是指各族人民世代相承的、与群众生活密切相关的各种传统文化表现形式(如民俗活动、表演艺术、传统知识和技能,以及与之相关的器具、实物和手工制品等)和文化空间。其范围包括:①口头传统,包括作为文化载体的语言:主要是民族民间流传的口传文学、故事、神话、传说、诗歌、谣谚等,以及相关濒危的语言。②传统表演艺术:主要是民族民间流传的戏曲、音乐、舞蹈等。③风俗活动、礼仪、节庆:主要是反映某一民族或区域风俗习惯的重要节日、礼仪、游艺活动、庆典活动等。④有关自然界和宇宙的民间传统知识和实践:主要是有关自然、地理、人文、天文、医药等方面的知识和实践。⑤传统手工艺技能:主要是指世代相传、技艺精湛、具有鲜明的民族风格和地区特色的传统工艺美术手工技艺等。⑥与上述表现形式相关的文化空间。"⑤

综上所述,从最初的概念"无形文化财"最终到今天使用广泛的"非物质文化遗产",国际上对于非物质文化遗产概念的定义逐渐变得成熟和规范。我国国务院办公厅界定的非物质文化遗产概念以联合国教科文组织界定的非物质文化遗产概念为基础,同时把其精神内涵贯彻到具体的遗产保护实践活动当中。除此之外,目前

---

① 张魏著《非物质文化遗产旅游开发系统的动态仿真研究》,江西人民出版社,2014 年,第 25 页。
② 刘红婴著《非物质文化遗产的法律保护体系》,知识产权出版社,2014 年,第 5 页。
③ 张魏著《非物质文化遗产旅游开发系统的动态仿真研究》,江西人民出版社,2014 年,第 25 页。
④ 刘红婴著《非物质文化遗产的法律保护体系》,知识产权出版社,2014 年,第 7 页。
⑤ 贾鸿雁、张天来编著《中华文化遗产概览》,东南大学出版社,2015 年,第 9 页。

国内外大部分专家学者对于非物质文化遗产的研究和论述,也都是基于《保护非物质文化遗产公约》展开的。可以看出,当前国内外对于非物质文化遗产概念最为权威的界定,就是 2003 年联合国教科文组织通过的《保护非物质文化遗产公约》中提出的"非物质文化遗产"概念。当然,任何事物都不是一成不变的,对于非物质文化遗产概念、内涵的界定同样也是在发展变化的,随着国内外对于非遗研究的深入,其定义、内涵及范围将会不断地丰富与深化。

二、非物质文化遗产的类型

非物质文化遗产按照不同的标准,有多种分类方式,创建非物质文化遗产的分类体系,是非遗保护制度的核心内容,也是有效保护和传承非遗的重要措施。

(一)按级别分类

1. 世界级

联合国教科文组织自 2001 年开始公布第一批人类口述和非物质遗产代表作名录。截止到 2018 年,全世界各国的人类口述和非物质遗产代表作有 429 项,遍布全世界多个国家,这些非物质文化遗产属于世界级。截至 2018 年 12 月,中国列入联合国教科文组织非物质文化遗产名录(名册)项目共计 40 项,总数位居世界第一。其中,人类非物质文化遗产代表作 32 项(含昆曲、古琴艺术、新疆维吾尔木卡姆艺术和蒙古族长调民歌);急需保护的非物质文化遗产名录 7 项;优秀实践名册 1 项。

2. 国家级

经过申报且符合国家级标准的非物质文化遗产,我国于 2006 年、2008 年、2011 年、2014 年及 2021 年先后公布了五批国家级非物质文化遗产名录,包含项目共计 1557 项,这些都是国家级非物质文化遗产。

3. 省市县级

自 2006 年以来,非物质文化遗产保护名录体系在各个省、直辖市及自治区先后被建立起来,并逐步发展到市、县级地区,这些分别属于省、市、县级的非物质文化遗产。

(二)按表现形式分类

1. 按照联合国《保护非物质文化遗产公约》划分

2003 年,联合国教科文组织通过的《保护非物质文化遗产公约》将非物质文化遗产分为五大类:①口头传统和表述,包括作为非物质文化遗产媒介的语言;②社会实践、仪式、节庆活动;③表演艺术;④传统手工艺;⑤有关自然界和宇宙的知识与实践。目前为止,这一分类方法被各国广泛采用和参考。借鉴联合国教科文组织非物质文化遗产分类方法,根据《中华人民共和国非物质文化遗产法》的规定,遵循包容、对等、唯一、均等、统一的非物质文化遗产分类原则,苑利、顾军等学者提出将非物质文化遗产分为民间文学类遗产、表演艺术类遗产、传统工艺美术类遗产、传统生产知识类遗产、传统生活知识类遗产、传统仪式类遗产和传统节日类遗产七类。但从实际操作层面而言,"七分法"过于复杂。因此,他们又提出在"七分法"的基础上,通过合并同类项的方式,将非物质文化遗产七个小类合并为"传统表演艺术""传统工艺技术"与"传统节日仪式"三个大类。[①] 对此,也有学者有不同的看法。民间文化保护专家方李莉认为人类口头与非物质文化遗产的具体内容大致可以分为三个主要部分:第一部分包括传统民间习俗(包括人生礼仪、节日庆典、婚丧嫁娶、宗教祭祀等)、口传文学(包括各种地方的神话、传说、史诗、谚语、民间故事等)、民间艺术(包括各种民间歌舞、戏剧、曲艺、雕刻、绘画、剪纸、泥塑、刺绣、蜡染等)三个方面;第二部分主要是有关当地人对自然认识的宇宙观和哲学观,这一部分主要是表现在对自然的朴素认识及崇拜上;第三部分是传统的生产知识,其中包括各种气象知识、动植物知识、草医草药知识、传统农业耕种知识、手工技艺劳动知识等。[②]

2. 按照国家非物质文化遗产名录划分

我国政府对非物质文化遗产的分类,见于《国务院办公厅关于加强我国非物质文化遗产保护工作的意见》(国办发〔2005〕16 号)所附《国家级非物质文化遗产代表作申报评定暂行办法》第三条:"非物质文化遗产可分为两类:①传统的文化表现形式,如民俗活动、表演艺术、传统知识和技能等;②文化空间,即定期举行传统文化活动或集中展现传统文化表现形式的场所,兼具空间性和时间性。"并指出非物质文化遗产的范围包括:①口头传统,包括作为文化载体的语言;②传统表演艺术;③民俗活动、礼仪、节庆;④有关自然界和宇宙的民间传统知识和实践;⑤传统手工艺技能;⑥与上述表现形式相关的文化空间。[③] 可以看出,我国政府对非物质文化遗产类型的划分最初与联合国教科文组织大同小异,都是从非物质文化遗产概念界定和保护实践需要去认识非物质文化遗产类型的,只是列举或规定了一些非物质文化遗产形态,以便在实践中判断或保护非物质文化遗产,还不是一种有意的、科学的类型分析。

到了我国政府评审与公布第一、二、三批国家级非物质文化遗产代表作名录时,代表国家官方意志的非物质文化遗产"十大门类"的分类原则被确定下来并付诸实践。国家级非物质文化遗产代表作名录评审与公布所确定的非物质文化遗产

① 姚小云、刘水良主编《武陵山片区非物质文化遗产保护与旅游利用》,西南交通大学出版社,2015 年,第 8 页。

② 姚小云、刘水良主编《武陵山片区非物质文化遗产保护与旅游利用》,西南交通大学出版社,2015 年,第 8 页。

③ 贾鸿雁、张天来编著《中华文化遗产概览》,东南大学出版社,2015 年,第 9 页。

十大门类:①民间文学;②传统音乐(第一批名为"民间音乐",从第二批起改为现名);③传统舞蹈(第一批名为"民间舞蹈",从第二批起改为现名);④传统戏剧;⑤曲艺;⑥传统体育、游艺与杂技(第一批名为"杂技与竞技",从第二批起改为现名);⑦传统美术(第一批名为"民间美术",从第二批起改为现名);⑧传统技艺(第一批名为"传统手工技艺",从第二批起改为现名);⑨传统医药;⑩民俗。①

十大门类是建立在传统学科分工基础上的,如文学与艺术之分,艺术中音乐、舞蹈、美术、戏剧与曲艺之分,杂技、竞技、传统手工技艺与民俗之分。这种分类对于非遗代表作申报、评审在较短时间内得以迅速展开起了积极作用,容易被人们所接受,可操作性强,但这种分类毕竟不是专门针对非物质文化遗产的,很难揭示非物质文化遗产各形态之间的真正差异。如从音乐学与曲艺学角度看,传统音乐与曲艺是不同的门类,但如果从非物质文化遗产学角度看,则同属于口传遗产。再如从民俗学角度看,物质民俗如房屋建筑、生产工具、生活工具等,与非物质民俗如节日、信仰等,都属于民俗学研究的范畴,而从非物质文化遗产学角度看,只有非物质民俗才真正属于非物质文化遗产学的范畴。②

正因为如此,向云驹在《人类口头和非物质遗产》中就针对非物质文化遗产"以人为本"的文化特点,尝试以"人体文化"为基点,根据非物质文化遗产依赖于人体载体特性的不同,把非物质文化遗产分为以下四类:①口头文化(语言、口头文学、口技、口头艺术、山歌、传统声乐);②体形文化(体饰、形体、行为);③综合文化(口语为主、口语形体并重);④当下的造型文化(建筑术与建筑物、民间艺人传人造型技艺、艺术家造型艺术)。显然,这一尝试是十分有意义的,至少表明了对非物质文化遗产的分类,应该从非物质文化遗产自身特性出发,而不是简单套用现有学科的分类模式。当然,这个分类也存在一定问题,如第四类"当下的造型文化"就容易把文化遗产与当代文化、物质文化与非物质文化相混淆,因为当下的造型文化不仅仅可以是遗产,也不仅仅是非物质文化。③

三、非物质文化遗产的特征

非物质文化遗产是人类的一种特殊遗产,是一个民族与其历史联系的重要精神纽带。与物质文化遗产相比,非物质文化遗产有自己的独特性,这种独特性不仅表现在外部形式上,还表现在内在规定性上。作为综合性的文化遗产类型,非物质文化遗产有其共同特征,如传承性和活态性等。但作为具体的遗产项目,又有各自的侧重。总体上看,非物质文化遗产具有如下一些基本特征。

① 宋俊华、王开桃著《非物质文化遗产保护研究》,中山大学出版社,2013年,第52页。
② 宋俊华、王开桃著《非物质文化遗产保护研究》,中山大学出版社,2013年,第52页
③ 宋俊华、王开桃著《非物质文化遗产保护研究》,中山大学出版社,2013年,第53页。

(一)传承性

"非物质文化遗产的传承性是指人们通过口口相传、模仿、学习等方式,在集体、群体或子孙后代中间进行各种行为、技能、风俗习惯的传承活动,使本民族的非物质文化遗产在不同人群之间发展、延续和世代享用。"[①]非物质文化遗产的传承性是由遗产的本质所决定的。"人类遗产的本质就是人类的前代遗留因被后代认为具有价值而享用或传承的财富,所以传承性是人类所有遗产的共同特点,非物质文化遗产更不例外。"[②]非遗的传承性主要包含三方面的内容:①非遗具有被人类个体或群体认同的文化或精神价值,这也是传承的前提;②非遗传承过程是以人为载体,通过人与人的口传心授、身体示范等方式来传承和发展的,所以传承人对于非遗的保护和传承非常关键,一旦传承人没有了,非遗也会跟着消失;③对非遗的传承虽然强调保护原真性,但也必须发展创新,也就是非遗的传承具有变异性。[③]很多非物质文化遗产随着时代的发展会发生变化甚至消失,创新是非遗保护和传承的生命力所在。

(二)活态性

活态性是非遗的本然形态与生命线,是非遗的一个重要特征。非物质文化遗产虽然有物质的因素、物质的载体,但其价值并非主要通过物质形态体现出来。它属于人类行为活动的范畴,有的需要借助于行动才能展示出来;有的需要通过某种高超、精湛的技艺才能被创造和传承下来。非物质文化遗产的表现、传承都需要语言和行为,都是动态的过程,对具体的非物质文化遗产类型来说,音乐、舞蹈、戏剧等表演艺术类型都是在动态的表现中完成的;图腾崇拜、巫术、民俗、节庆等仪式的表现也都是动态的过程;器物、器具的制作技艺也是在动态的过程中得以表现的。[④] 这种动态特征贯穿于非遗的整个行为过程中,使得非遗具有活态的特征和生命力,从而和静态形式存在的物质文化遗产明显区别开来。

非遗的传承必须以人为载体,无论是民间文学、音乐、舞蹈、民俗,还是传统手工技艺或医药等,它们都需要通过人们的行为活动来表现。"如果离开这种活动,其生命便无法实现……一切现存的非物质文化事项,都需要在与自然、现实、历史的互动中,不断生发、变异和创新,这也注定它处在永不停息的运变之中。"[⑤]特定的价值观、生存形态以及变化品格造就了非物质文化遗产的活态性特征。

---

① 朱祥贵等著《非物质文化遗产保护模式创新实证研究:宜昌长阳土家族自治县为例》,厦门大学出版社,2014年,第20页。
② 张玮玲、崔娜编著《公共文化服务理论与实务》,宁夏人民出版社,2014年,第33页。
③ 张魏著《非物质文化遗产旅游开发系统的动态仿真研究》,江西人民出版社,2014年,第30页。
④ 张玮玲、崔娜编著《公共文化服务理论与实务》,宁夏人民出版社,2014年,第33页。
⑤ 贺学君《关于非物质文化遗产保护的理论思考》,《江西社会科学》2005年第2期。

(三)多元性

非物质文化遗产的多元性,是保护世界文化多样性,确保文化可持续发展的重要源泉。非遗的多元性包含三方面的内容:①不同的国家、民族或地区有不同的非遗形态。以我国的少数民族非遗为例,四川阿坝州羌族的"祭山会"是一种山神崇拜的表现,湘西土家族的"毛古斯"则属于祖灵崇拜,而云南双柏等县彝族"跳虎节"却反映了虎图腾崇拜,这些非遗形态的不同体现出了非遗的多元性特征。②在同一国家、民族或地区的不同时期,非遗的形态也是有较大差异的。以皮影戏为例,宋代、明清与当代皮影戏的表演风格、道具及内容都有较大差别,即便是在当代皮影戏中,潮州皮影、贺州皮影和陕西皮影在形态上也有所不同。③同一时期同一种非物质文化遗产,由于非遗传承人不同的风格和素养往往会造就不同的流派。比如京剧中的流派就非常多,梅派、谭派、尚派等等,不同的艺术家形成了各自独特的表演风格,从而自成一派,充分体现了非遗的多元性特征。[1]

(四)群体性

非物质文化产生于民间,也主要在民间流传。以民俗为例,它是指官方以外的有某种共同社会关系的群体(主要是直接创造物质财富和精神财富的中下层民众),在社会生活中世代传承的产物。大部分的非物质文化遗产具有浓郁的民众色彩和乡土气息,如剪纸艺术、皮影戏等,他们主要产生、流传于民间,并经过历代民间艺人集体改编和创新,通过大众的认可传承下来,因此具有群体性特点。[2]

非遗的群体性主要表现在三方面:①非遗创作主体的群体性。非遗的产生和形成融汇了集体的智慧,以我国柯尔克孜族英雄史诗玛纳斯为例,其主要讲述了柯尔克孜族人民不畏艰险,奋勇拼搏,创造美好生活,歌颂伟大爱情的故事,一共分为八大部共 22 万行。这么一部长篇史诗从 16 世纪传唱至今,曾被不同时代、不同国家的许多人所传唱和完善,他们当中的许多传唱者在传唱时都把自己的感情和思想融入其中,因而其内容越来越充实,发展规模也越来越大。②非遗创作思想的群体性。非遗是群体成员心理的一种外化表现,是集体成员无意识的创作结果,其反映的思想表现了群体的心理与观念。③非遗创作氛围的群体性。许多非遗都是在一种集体氛围之中产生和传承的,浓厚的集体氛围能为非遗的传承和发展开拓广阔的群体文化空间。[3]

(五)地域性

一个民族大都有自己特定的生活和活动的地域,该地域的自然环境对该民族有很大影响,进而会在此基础上形成该民族的文化特征。通常,非物质文化遗产都

---

① 张魏著《非物质文化遗产旅游开发系统的动态仿真研究》,江西人民出版社,2014 年,第 31 页。
② 周灿著《德昂族非物质文化遗产保护与民族村寨旅游》,云南人民出版社,2014 年,第 10 页。
③ 张魏著《非物质文化遗产旅游开发系统的动态仿真研究》,江西人民出版社,2014 年,第 31 页。

是在一定的地域产生的,与所处环境息息相关。该地域独特的自然生态环境、文化传统、宗教、信仰、生产生活水平,以及日常生活习惯、习俗等各个方面都决定了其特点和传承。非物质文化遗产既典型地代表了该地域的特色,是该地域的产物,也与该地域息息相关;离开了该地域,便失去了其赖以存在的土壤和条件,也就谈不上保护、传承和发展。① 非遗和其他文化遗产一样,是特定自然和文化环境下的产物,只有在适宜的生态环境中才能更好地传承,因而带有深深的民族与地域烙印。非遗的形成离不开它周围的环境因素,包括当地的自然资源、生产、生活水平、习俗、信仰、宗教、价值观等。以民俗为例,所谓的"十里不同风,百里不同俗",就是对民俗的地域性特征的最好概括;另外,比如民间文化或曲艺等,内容主要也是来源于当地民间的生产和生活,其表演风格与表现形式等都具有浓郁的地域性。如新疆维吾尔族的木卡姆,由于在多个国家和地区进行传播,地区的烙印深深地打在木卡姆之上,从而形成了十二木卡姆、哈密木卡姆、刀郎木卡姆、吐鲁番木卡姆等多个艺术种类,这些木卡姆之间因所在地域的不同而有所不同。②

(六)脆弱性

非物质文化遗产由于其高度的个性化、传承的经验性、浓缩的民族性以及与物质载体的紧密联系性,很容易随载体——"人"的主观意识受到外界环境的侵袭而发生改变,且一旦破坏,其价值重拾较难实现,很可能面临消亡的危险,因而具有脆弱性。③ 例如某些传统手工艺技术或表演艺术,由于年轻人价值观念的不同,不热衷于传承此技艺,因此这些非物质文化遗产难以有效传承,甚至会随着身怀绝艺的老人的去世而消失。

在全球经济一体化的背景之下,非遗的生存空间越来越小,随时有消失的可能。以广西戏剧表演艺术为例,其消亡速度之快让人感到心惊。在新中国成立初期,广西有地方剧种 18 个,包括壮剧、桂剧、粤剧、彩调剧、毛南戏等。到了 20 世纪末,除壮剧、粤剧、彩调剧之外,其他剧种几乎难得一见。山西省的地方戏剧也一样,20 世纪 80 年代有各类地方剧种 52 个,但现在只剩下 28 个;短短的 30 年间,24 个有着精彩艺术和悠久历史的古老剧种已经消失了。④

第二节　运河非物质文化遗产的内涵和价值

京杭大运河不仅是古代中国连接南北方的水路大动脉,更是一条流动的文化

---

① 张玮玲、崔娜编著《公共文化服务理论与实务》,宁夏人民出版社,2014 年,第 34 页。
② 张魏著《非物质文化遗产旅游开发系统的动态仿真研究》,江西人民出版社,2014 年,第 32 页。
③ 周灿著《德昂族非物质文化遗产保护与民族村寨旅游》,云南人民出版社,2014 年,第 10 页。
④ 张魏著《非物质文化遗产旅游开发系统的动态仿真研究》,江西人民出版社,2014 年,第 32 页。

之河。运河在孕育了丰富灿烂的物质文化遗产的同时,也孕育了众多内涵深厚、外延广泛的非物质文化遗产。"大运河非遗凝结着大运河文化的精华,蕴含着丰富的历史、社会、精神、美学、科学和教育价值,既是运河沿线经济发展、技术进步、生产生活方式变革与文化观念演进的见证,又是独具地域特色的文化资源。"①"运河非遗鲜活地扎根于民间,是对中国古代文化发展水平、人类创造能力和生产生活状况的原生态的保存和反映,是运河遗产体系中不可替代的重要组成部分。"②根据我国国家级非物质文化遗产名录的分类方法,非物质文化遗产被明确地分为以下 10个类别:民间文学、传统音乐、传统舞蹈、传统戏剧、曲艺、传统体育游艺与杂技、传统美术、传统技艺、传统医药和民俗。本节主要从民间文学,传统音乐和舞蹈,传统戏剧和曲艺,传统体育、游艺和杂技,传统美术,传统技艺,传统医药,运河民俗 8 个方面,探讨山东运河区域非物质文化遗产的内涵及价值,并选取代表性遗产项目进行介绍和分析。

一、民间文学

民间文学类非物质文化遗产泛指历史上产生并以活态形式原汁原味流传于民间社会的口头文学作品。由于这类作品主要以口耳相传的方式传承于民间社会,故又称"口头文学""口碑文学"或"劳动人民口头创作"。它包括:散文体民间文学,如神话、传说、故事、寓言、笑话等;文体民间文学,如歌谣、谚语等。民间文学是人类记录自身历史、认识自身历史的重要途径,也是民间社会展示自身文学才能的重要手段,有非常重要的历史认识价值、文学价值和社会价值。③ 根据 2005 年公布的《中国民族民间文化保护工程普查工作手册》,非物质文化遗产的分类有两层,其中第一层按学科领域分成 16 个一级类,民间文学属于其中之一,代码是 02;其下又分为神话(021)、传说(022)、故事(023)、歌谣(024)、史诗(025)、长诗(026)、谚语(027)、谜语(028)和其他 9 个二级类。④ 这里主要对神话、传说和歌谣三种类型进行介绍。

神话大致产生于人类旧石器时代晚期,是民间文学诸多体裁中出现最早的一类口头叙事。马克思在《〈政治经济学批判〉导言》中指出:"神话是已经通过人民的

---

① 言唱《大运河非物质文化遗产的活态保护与活化利用》,《海南师范大学学报(社会科学版)》2020 年第 3 期。

② 张秉福《京杭运河非物质文化遗产保护与旅游开发互动关系的现状与问题探析》,《艺术百家》2019 年第 3 期。

③ 苑利、顾军《非物质文化遗产保护前沿话题》,《非物质文化遗产保护理论与方法丛书》,文化艺术出版社,2017 年,第 21 页。

④ 张新科编著《淮海地区非物质文化遗产概论》,商务印书馆,2017 年,第 23~24 页。

幻想用一种不自觉的艺术方式加工过的自然和社会形式本身。"①神话是原始初民通过幻想以不自觉的艺术方式反映自然现象及社会生活的口头创作。神话通常以故事的形式表现原始初民对自然、社会现象的认识和愿望。流传于山东运河区域的神话题材主要为创世神话,如枣庄女娲神话等。创世神话不仅仅是文学,同时又蕴含着原始人类关于哲学、历史、社会、宗教等诸多方面的认识,展示了原始先民勇于探索、不畏牺牲和甘于奉献的伟大品格,表现出鲜明的民族文化精神。有的神话结合了鲜明的地方风物和民间风俗,富有浓厚的地域文化特色。

民间传说是指民众口头创作和传播的描述特定历史人物或历史事件、解释某种地方风物或习俗的散文体口头叙事文学,是劳动人民集体智慧的结晶。许多传说把比较广泛的社会生活内容通过艺术概括而依托在某一历史人物、事件或某一自然物、人造物之上,达到历史的因素和历史的方式与文学创作有机融合,使它成为艺术化的历史,或者是历史化的艺术。民谣以当地的生产生活、民风民俗、重大事件、奇人奇事为创作素材,采用形象、生动、精炼的民间口语,结合一定的音乐韵律,朗朗上口,易传易记,在内容和语言上具有鲜明的地域特征。

歌谣通常是指流行于民间的民谣与民歌的总称。"民间歌谣是劳动人民集体的口头诗歌创作,属于民间文学中可以歌唱和吟诵的韵文部分。它具有特殊的节奏、音韵、叠句和曲调等形式特征,并以短小或比较短小的篇幅和抒情的性质与史诗、民间叙事诗、民间说唱等其他民间韵文样式相区别。"②"歌谣与古代神话、民间传说、民间故事的区别,就在于歌谣是民间文学中的韵文作品,而后三者均属于散文形式的作品。"③民间歌谣按题材、内容可分为劳动歌、仪式歌、时政歌、生活歌、情歌、儿歌等六大类。④ 民间歌曲是劳动人民在生活和劳动中自己创作、自己演唱的歌曲。它以口头创作、口头流传的方式生存于民间,并在流传过程中不断经受着人民群众的筛选、改造、加工和提炼。因此,流传至今的民歌集结了不同时期、不同地域、不同身份、不同经历的人民群众集体的智慧、情感体验和音乐艺术的情感表达方式。⑤"其历史积淀之深厚,涉及生活面之广阔,表达感情方式之独特,采用比喻之生动、形象,方言俚语之丰富多彩等等,无不展现出普通民众的高超艺术创造才能。"⑥

山东运河沿岸流传着众多的神话、传说和歌谣,它们是运河沿岸民众的集体记忆和文化宝库,生动地记录了运河的历史变迁,形象地反映了运河沿岸地区的生产

---

① 〔德〕马克思、恩格斯著《马克思恩格斯选集》(第2卷),人民出版社,1972年,第113页。
② 吴超著《中国民歌》,浙江教育出版社,1995年,第12页。
③ 乌丙安著《民间口头传承》,长春出版社,2014年,第115页。
④ 黄靖著《宝卷民俗》,古吴轩出版社,2013年,第406页。
⑤ 李国平、宋梅、孙长龙主编《中国民俗文化与民间艺术》,河北人民出版社,2016年,第322页。
⑥ 黄靖著《宝卷民俗》,古吴轩出版社,2013年,第406页。

生活和风土民情。山东运河区域民间文学类非物质文化遗产共有 69 项（详见附表 1）①，代表性的民间文学类非遗项目主要有武城姑嫂坟的传说、临清舍利塔的传说、济宁梁祝传说、枣庄女娲神话、滕州鲁班传说、武城四女寺的传说等。现选择其中几种较有代表性的民间文学类非物质文化遗产，简述如下。

1. 武城姑嫂坟的传说

武城县祝官屯村北 500 米处有一座坟墓，当地群众称为"姑嫂坟"。传说，明代祝官屯村一个姓陈的小伙娶了本村姑娘孙某为妻，与老母和小妹一家四人男耕女织，俭朴度日。不久，小伙被抓壮丁带走，几年都杳无音信。老母让儿媳趁年轻改嫁，儿媳不应，并发誓替夫养老，不再嫁人，并劝小妹早日了却终身大事。小妹倍感嫂子疼爱，也决定终身不嫁。不久，老母病重离世，姑嫂生活愈加凄凉，还常常遭受刁民调戏。嫂子屡劝姑出嫁，小妹却执意不肯，说："小妹若出嫁，只剩嫂子一人，日子更加难过。小妹死也要与嫂子死在一块。"从此姑嫂相依为命，艰难度日。村民邻里无不敬佩。

天有不测风云，一个漆黑的夜晚，一名歹徒潜入姑嫂家，对嫂子欲行不轨。嫂子惊醒后，为了保护小妹，只身与歹徒进行了拼命反抗。搏斗中，性情刚烈的嫂子用剪刀刺伤了歹徒。歹徒恼羞成怒，用刀砍死了嫂子。搏斗声惊醒了小妹，小妹大声呼救，歹徒仓皇而逃。小妹回过头来看到嫂子已被杀死，顿时心如刀割，痛不欲生。她感念嫂子的养育之恩，又想到以后自己的孤苦伶仃和自己立下"与嫂同生死"的誓言。于是，毅然把剪刀刺入自己的胸膛。两位刚烈良女，为保贞操，含恨而死。两人死后，乡邻亲友为了尊重姑嫂情深，置办了两口棺材，将姑嫂两人合葬一墓，这就是"姑嫂坟"。墓前有"烈女之墓""淑姬之墓""万世流芳""二位仙姑之墓"等石碑 20 余块。2009 年，武城姑嫂坟的传说被列入德州市第二批非物质文化遗产保护名录。

2. 临清舍利塔的传说

临清舍利塔位于城北卫运河东岸，为仿木结构楼阁的砖塔，建于明万历三十九年（1611）。塔平面呈八角形，连长 4.9 米，外接圆半径 6.4 米，9 层，通高 53.44 米，底门向南，基座条石砌筑，每层 8 面辟门窗，4 明 4 暗。外檐砖木结构，陶质斗拱莲花承托。塔内设有通天塔心柱，对称转角形楼梯，可迂回攀缘，登临塔顶。塔刹呈盔形，远眺雄浑高峻，巍峨壮观。各角挑檐系有铜钟，风摇钟鸣，声震四野。临清舍利塔与通州的燃灯塔、杭州的六和塔、扬州的文峰塔并称"运河四大名塔"。

传说临清舍利塔是观音菩萨请鲁班建造的。在很久以前，卫河两岸水美田丰，人们过着衣食无忧、风调雨顺的生活，都把这片土地作为福地，据说大灾大难到了

---

① 本表只对山东运河区域市级以上（含市级）非物质文化遗产项目进行统计，市级以下县、区级非物质文化遗产项目不在统计之列，以下各表类同。

这里就会变得不那么严酷了,故而得名——临清。但天有不测风云,不知在什么时候,卫河里来了一个千年王八精,它能呼风唤雨,一怒起千丈浪,一恼倒万家房,平时欺男霸女,无恶不作,人们再也看不到以前美好幸福的景象了。这个水妖跟两岸百姓定下了一个规矩,每年要交千担粮,万担米,外加一对童男童女。两岸的百姓哪敢不听,稍微抵抗就会遭到水漫河堤的报复。有的人家不忍欺负远走他乡,有的年轻人不甘受辱,到河里与水妖决一死战也都成了它的腹中餐。生活在恐怖中的人们只能祈求上苍来为民除害。这事被南海观音菩萨的慧眼看到,便动了慈悲之心,准备除掉这个恶魔,她踏上祥云,来到此处,把手中的玉净瓶投入河中,口念咒语,巧施法术,便把那妖怪连同一河之水装入了瓶中。然后以指为杵,戳了一个千米深的大井,把妖怪放入井中盖上盖子,并邀请鲁班在上面盖上一座宝塔,使那妖怪不再作恶。走时菩萨却没把玉净瓶内的柳枝拿去,故两岸多柳树。

鲁班应邀带了 100 个徒弟来建宝塔,经过 10 年 10 月又 10 天的施工,这一天终于建成了这座宝塔,完工时鲁班对众徒弟说:"今天完工,我请大家吃饺子。"鲁班叫住最小的一个徒弟说:"跟我烧火吧。"小徒跟着师傅去了。小徒弟很纳闷,这百十口人吃的饺子什么时候能做好? 一会儿大锅烧开了,鲁班对徒弟说:"徒儿把脸转过去吧。"小徒弟听话地转过了脸,但又忍不住好奇心,就偷偷转过脸来看了一眼,没想到竟看到师傅正解下裤子,蹲在锅边向锅内屙饺子。小徒弟吓得闭上了眼睛,只感到一阵恶心。过了一会儿,师傅说:"转过脸来烧火吧。"开锅后叫来众徒弟每人一碗薄皮大馅的饺子,吃得众徒弟只喊"香!"小徒弟却怎么也吃不下去。

众徒弟吃得饺子一个都没剩,吃完后,鲁班对众徒弟说:"徒弟们,你们辛苦干了这些年,今天吃了我的饺子都会长生不老的,以后就成仙了。"这时小徒弟才追悔莫及,鲁班又对小徒弟说:"你的福分未到,再修行千年吧。"于是让小徒弟喝了一碗汤,又对小徒弟说:"等千年后,有七个姓齐的遇到七个骑驴的,此塔必倒,到那时你就能得道成仙了,这碗汤能让你活上一千岁。"说完后,带着 99 个徒弟向仙境去了,只留下小徒弟一人。

后来,这个河妖妄想逃脱千年的惩罚,使尽全身的解数,只使得舍利宝塔裂开一道大缝。为了卫河两岸人们的安宁,也为了考验人们心里有没有舍利宝塔,观音菩萨便化装成工匠来到临清城里,沿大街小巷到处呼喊"锔盆啦,锔碗啦,锔大缸啦!"但人们拿出大大小小的锅碗瓢盆让她锔,她总是摇摇头并连声说"太小啦! 太小啦!"后来有人在济美酱园里抬出一个腌咸菜用的裂了的大缸来,她竟然还嫌小。结果有一个人赌气地说:"舍利宝塔那个裂缝大,你能锔吗?"工匠说:"能啊,你说塔在哪?"人们说话间,工匠却不见了。第二天们到了塔前一看,都惊呆了。舍利宝塔的裂缝不见了,只留下一个扁担大的锔子痕迹,舍利宝塔完好如初,从此宝塔香火日盛。从那以后,河妖被死死地压在塔底的井中,再也没有祸害百姓。卫运河年年和顺,流水不断,而且不再泛滥或者干涸,临清靠着卫运河也因此发展成当时全国著名的大城镇。2014年,临清舍利塔的传说入选聊城市第四批市级非物质文化遗产名录。

3. 济宁梁祝传说

梁祝传说在我国家喻户晓,与《孟姜女》《牛郎织女》《白蛇传》并称"我国四大民间传说",而其中又以梁祝传说影响最大,无论是其文学性、艺术性和思想性,都居各类民间传说之首。梁祝传说形成于1600年前的晋代,主要流传于宁波、上虞、杭州、宜兴、济宁、汝南等地,并向中国的各个地区、各个民族流传辐射。在流传的过程中,各地人民又不断丰富发展传说的内容,甚至还兴建了众多以梁祝传说为主题的墓碑和庙宇等建筑。此外,梁祝传说还流传到朝鲜、越南、缅甸、日本、新加坡、印度尼西亚等国家,其影响之大在中国民间传说中实属罕见。2006年5月,"梁祝传说"被国务院公布为第一批国家级非物质文化遗产。

梁山伯和祝英台的故事在孔孟故里济宁一带可谓是家喻户晓,耳熟能详。2003年,济宁市微山县马坡乡(原属邹县)出土的一块"梁山伯祝英台墓记"碑,详细记载了梁祝传说和重修梁祝墓、祠的原因。据碑文记载:明朝正德十一年(1516),钦差大臣崔文奎路经马坡泗河边,发现梁祝墓、祠多年失修,于是决定重修。碑文交代了梁祝故事发生的时代背景和过程:祝员外因无子外出读书,整日"咨叹不已"。其女祝英台"为解父忧""冒为子弟",与邹邑(邹县)西居梁山伯同在邹县峄山学习3年。后梁山伯"疾终于家",祝英台"悲伤而死"。两人合葬的原因是"乡党士夫,谓其令节,从葬山伯之墓"。整个故事并没有墓裂、入坟、化蝶等神话色彩和艺术加工,是民间发生的真实故事。①

根据碑文记载的内容,济宁梁祝传说应产生于汉代;在唐代邹县马坡(今属微山县)就建有梁祝墓及祠堂;元时峄山上也建有梁祝祠。除此墓碑外,我们还可从一些文献中找到证据。明代学者张岱在《陶庵梦忆》中记载孔庙有梁山伯祝英台读书处。清康熙十一年(1672)修的《邹县旧志汇编》记载:"梁山伯祝英台墓城西六十里吴桥地方,有碑。"《峄山志》记载:峄山上有梁祝读书洞、梁祝泉、梁祝读书处等遗址。至今,峄山梁祝读书遗址尚存,马坡乡梁、祝、马故居村庄和家族后裔尚在。②

在当地流传的梁祝故事中,梁山伯祝英台二人因相互思恋而死,没能结成美满的婚姻;马家因迎娶祝英台时,祝英台因思恋而死,使喜事变成了丧事,故而梁、祝、马三家都忌讳提梁山伯、祝英台的故事,以至于在梁祝故事长期传播过程中,在梁祝的家乡,特别是在微山马坡周围,形成了梁、祝、马不通婚的风俗,至今还受其影响。不仅梁、祝、马三家不通婚,马家还禁演梁祝戏、禁放梁祝电影,当然,现在情况

---

① 李宗伟主编《山东省省级非物质文化遗产名录图典》(第1卷),山东友谊出版社,2012年,第2页。

② 李宗伟主编《山东省省级非物质文化遗产名录图典》(第1卷),山东友谊出版社,2012年,第2~3页。

已发生很大变化。从梁、祝、马不通婚的风俗,可以推断,梁祝传说在孔孟故里流传之久远和产生的社会影响。2006年12月,济宁梁祝传说入选山东省第一批非物质文化遗产名录。

4. 济宁漕井桥的传说

漕井桥位于济宁市任城区安居街道桥西村,该桥原为七孔,今残存两孔,基本完整。2008年,第三次全国文物普查登记时漕井桥被发现;2012年底,被济宁市政府公布为市级文物保护单位;2013年5月,被山东省人民政府公布为省级文物保护单位。据《济宁直隶州志》《任城区志》记载,漕井桥周边在明清漕运兴盛时期发展成为重要的货物集散码头,是大运河上的重要交通设施之一。有关此桥的由来,当地亦流传着一段传说。

话说一年夏天,一位老僧在云游时,路过桥西村,正值中午时分,烈日炎炎,饥渴难耐。忽见前方有间茅屋,便上前讨口水喝。敲开虚掩的柴门,见屋内只有祖孙二人,炕台上放着一碗浑浊的凉水和两块黑乎乎的饼子。老僧双手合十问道:"阿弥陀佛,打扰施主用膳了,贫僧只是想讨口水喝。"老人忙让孙儿将桌上那碗水送上。老僧着实渴急,待将浑水喝下,才见碗底剩下一层泥沙。忙问:"施主为何就喝这般浑水?"老人长叹一声:"老身姓曹,自小生长于此,谁知今年天降大旱,运河干了,井里也没有了井水,哎,老天爷不让这方人活了!"原来此地久旱无雨,河干井枯,地里的庄稼也多半旱死,能动的人都外出逃难,老人的儿媳从几十里外为祖孙俩担来一缸浑水,也外出讨生计了。老僧听了连呼:"罪过,罪过,贫僧抢了施主的活命水!"说完在茅屋边盘腿打坐,说了一声请恕罪后,便盘腿坐于地上,双眼微闭,再不开口。

一晃七日后,祖孙俩忽见老僧身下腾空喷出一股清凉的白气,上下盘旋,越来越浓,顿时化作一朵白云,驮着老僧徐徐腾空而去,一会儿便不见了踪影。一时间,祖孙俩惊得目瞪口呆,半天才回过神来。随后,老僧坐处冒出汩汩的井水,从茅屋旁向田里流去,一夜间,十里内井水充盈,河水扬波,庄稼返青,树木郁葱。乡亲们为了感念这位老僧,便在井东侧建了一座石桥,因不知老僧的姓名,便以祖孙姓氏将井命名为"曹井",桥命名为"曹井桥",也便是今天所看到的"漕井桥"。

5. 枣庄鲁班传说

鲁班,公元前490年前后生于小邾国(今山东滕州市境内),是我国工匠界的鼻祖。鲁班的传说主要分布于滕州境内,其周邻的微山、枣庄、徐州、邹城、曲阜、砀山等地也有流传。滕州市隶属枣庄,位于鲁南地区,北接邹城,南邻徐州,东依临沂,西濒微山湖,有京沪铁路和京福高速公路穿境而过,是优秀文化传播和融汇的良好集散地。滕州境内现保留着小邾国、滕国、薛国的遗址,更有众多的鲁班爷造磨处、班母庙、鲁班庙、鲁寨寨墙等遗迹。特别是当年鲁班所传授的"松枝鸟"制作技艺,至今在滕州的界河西西曹村还有经营者。滕州所处的地理位置,对鲁班文化的发掘、发扬、传播具有得天独厚又难以替补的条件。

鲁班的出生地为滕州,滕州于春秋时期为小邾国,仅距鲁国都城几十里之遥,是鲁国的附庸,为当时的鲁国辖治。鲁班出生时,其母梦见其父正搬动一巨大石磬。鲁班降生后遂以石磬为其乳名。当时滕州方言中的"磬"与"班"音近。所以民间百姓记准了公输般是鲁国人,乳名叫小石磬(班),沿袭下来就称之为"鲁班"了。据不完全统计,流传在滕州的大大小小的鲁班传说近千则,其中《鲁班桥》《鲁班磨》《大煎饼》《鲁班造锯》等30余篇被各种书籍转载。流传于滕州境内的鲁班传说具有较高的经济价值和社会价值。这些传说在滕州至今仍有着鲜活的生命力,成为激励滕州人民艰苦创业,自主创新的精神财富。2006年,鲁班传说入选山东省第一批非物质文化遗产名录。2008年6月,鲁班传说经国务院批准列入第二批国家级非物质文化遗产名录。

6. 枣庄女娲神话

女娲神话的记载很早就见于典籍,如《淮南子·览冥训》《春秋运丰枢》《世本》等,及至汉唐以来,各类典籍中关于女娲神话的记载更加丰富。枣庄为女娲神话产生、传播的主要地区。据王献唐先生《炎黄氏族文化考》一书考证,伏羲氏为东夷部族首领,活动在山东中南部一带,生活在距今7000多年前,与传说中女娲、伏羲的兄妹婚姻时间相吻合。《太平御览·风俗通》记载的女娲"抟土造人"实际上是后世子民对女娲怀念升华的结果。后来,炎黄之争使东夷子民遍及华夏各地,女娲神话由此传布开来。据地震史学家提供的资料,大约7000多年前,峄城曾发生了一次强烈地震,作为部落首领的女娲率领民众抗震救灾。其事迹经后人夸张变形后,就成了"炼石补天",这样"造人"和"补天"经过代代相传,到炎帝、黄帝时期,基本上传遍了华夏地区。考古资料证实,以泰山为核心的北辛文化、大汶口文化时期正是原始部族由母权制向父权制过渡的关键阶段,后世相传的女娲、伏羲的兄妹婚姻也就发生在这一时期。在枣庄市山亭区西集镇有一个叫伏里的小村庄,据传,这里就是伏羲的故里,现在当地还有伏山、伏羲庙、磨脐里、阴母娘娘山弯、古龙沟、大九峪、小九峪等与伏羲女娲相关的历史遗存。

女娲神话流传范围很广,大体分布在海岱地区为核心的晋冀鲁豫苏皖等省,各地不仅有女娲冢,还有女娲陵、庙以及各种各样的传说等,其中以鲁南地区的枣庄市峄城区的女娲遗迹分布最为集中,有女娲冢、女娲陵、爷娘庙、红土埠遗址、天柱山遗址、刺天峰遗迹、铁脚山遗迹等等,均与史书记载的女娲神话有关。根据对枣庄市峄城区地名地貌、文物遗迹和民俗的实地考察,可以推断出女娲神话在枣庄市峄城区的基本传承脉络。如传说中女娲炼石补天的地方、女娲生活处、女娲部落遗址、"抟土造人""扫云娘娘"的风俗等。至今女娲神话在当地妇孺皆知,以枣庄市峄城区为中心的鲁南地区是女娲神话流传的核心区域。

近年来,枣庄市加强了对女娲神话的研究,出版了相关著作,如《枣庄历史人物志》《枣庄运河文化丛书》《枣庄史话》等等,但是,与女娲神话本身承载的丰厚的历史、文化、美学价值相比,还有很多不足。目前,女娲神话日渐式微,急需抢救和保护。2006 年 11 月,枣庄女娲神话被列入山东省第一批非物质文化遗产保护名录。

二、传统音乐和舞蹈

传统音乐是指产生并流传于民间的各种音乐样式,包括民间歌曲、民间器乐曲、舞蹈音乐、戏曲音乐、曲艺音乐和民间祭祀仪式音乐等形式。它主要是通过口头创作方式产生和传播,在音乐表现手法、创作风格和艺术特征等方面,均有不同于专业音乐创作的显著特点。[1]

传统音乐主要分为器乐和民歌。器乐是用一种或多种乐器所演奏的音乐作品。所用的乐器主要有吹、拉、弹、打击乐器四种。其中吹管的器乐如泉州北管、冀中笙管乐、朝鲜族洞箫音乐、笙管乐、芦笙音乐、老河口丝弦等。拉弦的器乐如蒙古族四胡音乐、京胡、中胡音乐等。拨弦的器乐很多,如众所周知的古筝艺术、琵琶艺术、古琴艺术、蒙古族马头琴音乐等。打击类的器乐如重庆梁平癞子锣鼓、晋南威风锣鼓、山西绛州鼓乐、天津津门法鼓等。[2] 中国的民歌可以追溯到《诗经》。民歌与劳动人民的生活息息相关,有关于普通民众劳作的民歌、婚嫁的民歌以及跟祭祀等礼仪或宗教相关的民歌等。民歌反映了中国古代人民的生活状态、精神风貌、礼仪风俗、宗教信仰等,是人民生活中不可或缺的部分,并且在文化传承上起着重要的作用。[3]

舞蹈是人类最古老的艺术形式之一,与人类的文明史相依相伴。从最蒙昧的上古时代开始,中国传统舞蹈经过了多个阶段的发展和演变,逐渐形成了具有独特形态和神韵的东方舞蹈艺术。许多民间舞蹈由人民群众根据当地的民族传统文化、地域风俗等元素自导自演,形成群体性的舞蹈活动,应用于节日婚庆、祭祀活动等场合。[4] 传统舞蹈泛指产生并流传于民族民间、受民俗文化制约、即兴表演但风格相对稳定、以自娱为主要功能的舞蹈形式。[5] 传统舞蹈大都形式完整、个性鲜明,具有传统审美特征和鲜明的文化属性,对本地区、本民族的文化传统具有传承作用。传统民间舞蹈种类繁多,按照表演形式,可以分为秧歌舞、花鼓舞、龙舞、狮舞、灯舞、傩舞、高跷等;按照表演用途,又可以分为生产劳动舞蹈、祭祀礼仪舞蹈、民俗自娱性舞蹈、表演性舞蹈等。

---

① 江小角主编《安徽非物质文化遗产》,安徽文艺出版社,2015 年,第 9 页。
② 贾鸿雁、张天来编著《中华文化遗产概览》,东南大学出版社,2015 年,第 213 页。
③ 贾鸿雁、张天来编著《中华文化遗产概览》,东南大学出版社,2015 年,第 214 页。
④ 贾鸿雁、张天来编著《中华文化遗产概览》,东南大学出版社,2015 年,第 214 页。
⑤ 包泉万、许伊莎编著《中国民族民间艺术读本》,辽宁大学出版社,2013 年,第 74 页。

音乐和舞蹈都是反映人类现实生活情感的表演艺术,二者关系极为密切,传统舞蹈中一般会伴随有音乐的演奏。运河区域的音乐与舞蹈是运河非物质文化遗产的重要组成部分,是沿岸民众审美情趣和生活方式的生动体现。历经千年、贯通南北的大运河,在促进中国古代音乐、舞蹈的繁荣兴盛,南北音乐、舞蹈文化的交流与传播方面起到了不容忽视的作用。山东运河区域传统音乐类非物质文化遗产共有36项(详见附表2),传统舞蹈类非物质文化遗产共有29项(详见附表3),代表性的音乐、舞蹈类非遗项目主要有德州水兽旱船、德州跑驴、临清金氏古筝、临清五鬼闹判舞、聊城伞棒舞、鲁南鼓吹乐、鲁南花鼓等。现选择其中几种较有代表性的音乐、舞蹈类非物质文化遗产,简述如下。

1. 德州水兽旱船

水兽旱船是德城区非物质文化遗产,是德州文化同外埠文化相融合产生的一种艺术形式,是古运河文化的重要组成部分。德州素有"九达天衢"之称,京杭大运河通行境内,漕运将南北文化连接起来。作为德州非物质文化遗产,水兽旱船巧妙地将诞生南方的水漫金山寺的故事以秧歌和旱船的形式表现出来,凸显了南北文化交融特点。

据《德县志》记载,水兽旱船至今已有200年的历史。该艺术形式是根据《白蛇传》中水漫金山寺的故事演绎而来,人物有法海、许仙、白蛇、青蛇、水怪等,道具有彩传、飘带灯,表现形式以唱舞相结合,唱腔为高昂的河北梆子,加之以多条彩船与众水兽伴随音乐翩翩起舞,场面宏大,气氛热烈。水兽旱船一直流传在民间,后随着时代的变迁渐渐失传。中华人民共和国成立后,民间艺人又重新拾起这种艺术形式,但剧情里没有了说、唱内容,只剩下单纯的跑船表演。即便如此,水兽旱船仍以其形式欢快、生动活泼和参与性强的表演风格深受广大群众的喜爱。

图 1-1　德州水兽旱船

水兽旱船现在的表演形式是两只漂亮的彩船荡漾在全场中间,按着"8"字的路线飘然起舞。温顺的鲤鱼精、漂亮的荷花姑娘,以及那诙谐的蛤蜊大仙等各路水兽精灵,逐一上场做精彩的现场独舞表演,不时变换出"正串八花""横串八花""串十花"的队形。他们以荷花为圆心,鳌鱼、鲤鱼、海蚌、海螺围着荷花逗场,而青蛇、白蛇、许仙、法海等人物也是轮番上场,舞得热闹。他们时而漫步轻摇彩船、悠闲自得,时而按着锣鼓和唢呐的音乐声急速飞舞、酷似迎风波浪,划桨手配合不时地翻几个筋斗为其助兴,一时间场面达到高潮,在阵阵急促扣弦的锣鼓和高昂的唢呐声中,场上两条彩船与众水兽们同台翩翩起舞。这时演员们时快时慢,矫健且配合默契的舞步、熟练高超的表演艺术让人们眼花缭乱。锣鼓、唢呐、梆子等响声构成了水兽旱船独特舞蹈交响乐。

近年来,为了让这一民间艺术得以传承和发扬,德城区重新组建了水兽旱船表演队,邀请水兽旱船第六代传人田金生等老艺人指导编排,把《水漫金山寺》《走雪山》等曲目融入了现代元素,并专门定制了旱船等道具服装,使"水兽旱船"这一民间艺术焕发出勃勃生机。如今,水兽旱船已成为当地居民一种不可或缺的表演形式,每年的正月十五、重大节日等都会进行表演,丰富了人们的文化生活,深受当地群众的喜爱。2009年,水兽旱船被列入德州市第二批非物质文化遗产名录。

2. 德州跑驴

德州跑驴,亦名小黑驴儿、小毛驴儿,是流传在德州城乡、深受群众喜爱的民间舞蹈艺术。1930年,德州城郊马庄村村民袁福生(时年22岁),赶马车结识了德州驻军23师曾扮演王小赶脚的军人刘长河,二人爱好相投,结为至交,共同探讨跑驴,将原来舞动马鞭代驴,改成制作以竹扎骨架、外披黑布挂黑麻缕为驴形,演员似坐驴上,靠演员的双腿,模拟毛驴跑动,袁福生凭自己多年侍弄牲畜和赶车的经验,加上在本村武场练就的一身武功,把勒嚼、着鞭、扬蹄、炮蹶、撒欢、闹牲等毛驴的细微动作模拟得活灵活现、逼真动人。双跑中有功夫,细微处藏绝招,创造出生动的舞蹈动作,受到群众的欢迎。第一年拜场演出,即轰动城乡,跑驴所到之处,人们争先出门观看,城乡街村,邻县村屯的文娱爱好者纷纷登门,拜师求教,使跑驴这一民间艺术形式,迅速流传推广。①

德州跑驴的演员为两人。一人扮二姑娘,十七八岁的农村姑娘,天真活泼。戏曲中的花旦装扮,服饰鲜艳、红绿皆可,驾毛驴。驴形用铁丝绑扎而成,外披挂系黑色麻缕黑布或黑平绒布,长100厘米、宽50厘米,中间留有上下套入人体的方孔,驴身与驴头由弹簧相接、头部颜色黑白分明,耳朵眼睛都能活动,驴脖子挂铜质、鸭蛋大小的串铃,下挂40厘米白色围布,上画四条驴腿,上装时,驴形吊于演员臂部,形若骑在驴背,驴的动作由演员模拟。一人扮王小,十七八岁的农村青年,憨厚纯

---

① 德州市政协文史资料委员会编《德州文史》第2辑《风物专辑》,内部资料,2000年,第268页。

朴,戏曲中武士扮相,青、红、蓝、白打衣打裤都可,但需与二姑娘分开颜色、包头、扎扳带,穿紧口云鞋,手执皮鞭,皮鞭为 60 厘米长的木或竹棒,上系鞭头、鞭梢,抽打时鞭梢响若炸炮。[①] 表演过程中,用锣鼓、唢呐伴奏。鼓为堂鼓,木梆,椭圆,高 50 厘米、宽 35 厘米,中粗端细,两端鞔牛皮。一对木棒鼓槌敲击,大小镲各两副,旋锣两个,堂锣或酥锣一面,敲打"急急风""马趟子"。唢呐两个,吹奏"将军令""梆子娃娃""百鸟朝凤"等。

图 1-2 德州跑驴

随着实践的发展,跑驴的艺术形式也逐渐丰富,形成了单驴、对驴和驴队三种表演形式。单驴是最初的表演形式。对驴的动作与单驴基本相同,身着一红一绿的两名骑驴者轮番上场表演。驴队则是由多对驴组成,数量有 10、20、30 匹,以"别篱笆""串花"变化队形,交换位置,在特定的范围内做勒嚼、着鞭、踢腿等动作。德州跑驴的动作技巧复杂,表演生动传神,注重人物性格和毛驴习性特征的刻画与表现,音乐曲调高亢活泼,配以唢呐模拟的驴叫声和人笑声,更加突出了生活化的场景和浓厚的乡土气息。

1954 年,前进街刘学升骑驴、车站街刘万仓赶脚,代表原德州市参加了山东省和华东局举办的民间舞蹈会演,将民间舞蹈形式由广场搬上舞台。1956 年庆祝社会主义改造的胜利、1964 年庆祝中华人民共和国成立 15 周年,分别由 20~30 匹跑驴组成的驴队出现在游行队伍的行列中,锣鼓唢呐,清脆嘹亮,毛驴跑动,跳跃欢腾,骑驴者披红挂绿、艳抹浓妆,赶驴者似龙腾虎跃,皮鞭炸响,不时博得围观者鼓掌喝彩。跑驴这种民间舞蹈艺术形式经过一代又一代民间艺人的传承和创新,形成了独特的表演风格。逢年过节,跑上街头,尽兴表演,娱乐群众,增添了喜庆的氛

---

① 德州市政协文史资料委员会编《德州文史》第 2 辑《风物专辑》,内部资料,2000 年,第 269 页。

围。随着社会的变化,年轻人对跑驴这项民间艺术的兴趣越来越少,加之需要较高的技术水平等原因,跑驴这项古老的民间技艺面临失传的危险。2008年,德州市将跑驴列入德州市第一批非物质文化遗产名录。2013年,德州跑驴入选山东省第三批非物质文化遗产名录。

3. 临清金氏古筝

临清市金郝庄镇有着悠久的古筝演奏传统,系山东筝乐的发祥地之一,现根据老艺人年谱追溯,至少有200年的流传历史。据临清金氏古筝传承人李克超先生介绍,较早筝乐者有金玉亭(约1802年生),后传金光烛(约1842年生),再传金灼南。

金灼南(1882—1976),字癸生,号秋圃居士,出生于书香世家,家中藏有琴、筝、箫等多种乐器。他自幼习字练筝,钻研律学、琴学、筝学,后曾赴江南几省寻师求访,集众家长于一身,终成一家,世称"金派"。1912年,他将流传家乡的《双板》《三环套木》《流水激石》三首筝曲创编成一首乐曲,取名《渔舟唱晚》,成为一首著名的筝曲,广为流传。20世纪50年代初,他积极参加山东省组织的文艺演出活动。三次当选临清县人民代表。1957年,受聘为山东省文史研究馆馆员。同年与李华萱、刘玉轩、詹征秋、张音谨等人筹建了"琴学研究会",挖掘、整理民间传统音乐,并教授学员,为继承、发展民族音乐事业作出了有益的贡献。1958年,金灼南曾去南京艺术学院任教,1959年返回山东,在省艺术专科学校(现山东艺术学院)教授古筝,并兼任美术专业书法课程。为使筝艺流传后世,金灼南系统地整理了大量筝曲,在其任教期间编写了《古筝教材》。由他传谱的传统乐曲有《齐手开板》《流水激石》《禹王治水》《平河落雁》《三箭定天山》《穿花蜂》《蝶恋花》《莺梭织柳》《幽思吟》等,改编的筝曲有《渔舟唱晚》《乘风破浪》《庆丰年》等。20世纪60年代,金先生曾将其60余年来对筝学研究的心得汇集成书,书名《筝学探源》,是很有价值的学术论著。全书共分源流、构造、音响、音律、定弦、调式、协律、旋三、指法等18个章节,并附有筝曲16首。在论著中他对不少学术问题阐明了其独到的见解,为研究民族传统音乐提供了宝贵的资料。

金氏古筝的演奏风格古朴典雅、声纯韵正、肉甲并用,推崇中国传统音乐的怡情养性,其风格体现"古奇鲁派"的高古淡泊、宏、雄、健、溜、奇、逸、古的文人音乐特点,演奏稳健、以情感人,效果"重而不燥,轻而不浮,急而不促,古朴典雅,疏而有味,断而似连,刚柔相济,清浊协调"。在点、按、吟、揉方面均具独到,为同行所青睐。2013年5月,金氏古筝入选山东省第三批非物质文化遗产项目。

4. 临清五鬼闹判舞

"五鬼闹判"是流传于临清一带以中国古代神话故事为内容的大型民间舞蹈。"五鬼闹判"中的"判"即阴司判官,亦即传说中的镇鬼之神钟馗,"五鬼"即手持琴、棋、书、画以及撑伞的诸小鬼。

"五鬼闹判"一语最早见于明吴承恩小说《西游记》。清代俞樾《春在堂随笔》卷七云:"世间有《牙牌数》一书,言近而旨远,占之,亦时有巧合者。余闻许子社言:杭人有为之笺注者,惟其中有'五鬼闹判'一语,不知何出,以问余,亦无以应也,今乃知出于《西游记》第九十回'灵曜府五鬼闹判'。"①对于五鬼闹判舞由何演绎而来说法不一,目前主要有两种说法:一种说法,出于鲁迅《中国小说史略》第十八回"明之神魔小说(下)";另一说法,认为五鬼闹判舞即源于"钟馗捉鬼"的故事。钟馗魂魄升天后,玉帝念其冤屈,遂为其昭雪,并封为专事审理阴司的"判官"。临清五鬼闹判舞显然与第二说更为贴近。②

图 1-3　临清五鬼闹判舞

相传,临清民五鬼闹判舞是由江苏南通一带传播过来的。临清由于运河、漕运的兴盛,舟船南北往来,商贾云聚,车辆辐辏,由此也带来了文化的繁荣。明万历年间刻本《梼杌闲评》记载:"却说临清地方,虽是个州治,倒是个十三省的总路,名曰大码头。……次日正值迎春,知州率领众官郊外迎春。但见:和风开淑气,细雨润香尘。当街鲍老盘旋,满市傀儡跳跃。……数声锣响,纷纷小鬼闹钟馗;七阵旗开,队队武侯擒孟获。合城中旗幡旗乱舞,满街头童叟齐喧。"③由上可知,临清五鬼闹判舞出现于明万历年间,至今已有五六百年的历史了。④

"五鬼闹判"的角色由阴曹地府的阎罗判官钟馗和撑伞及执琴、棋、书、画的五个小鬼组成。每当演出之时,随着一阵紧锣密鼓,手持琴、棋、书、画的四小鬼,首先

---

① (清)俞樾《春在堂随笔》卷7,清光绪刻春在堂全书本,第147页。

② 张玉柱主编《齐鲁民间艺术通览》,山东友谊出版社,1998年,第413页。

③ (明)李清著《梼杌闲评》,九州出版社,2001年,第13页。

④ 张玉柱主编《齐鲁民间艺术通览》,山东友谊出版社,1998年,第414页。

翻腾跳跃上场。但见他们时而虎跳、滚毛、旋子,时而"车轮跟头蝎子爬""狮子滚绣球",时而"鲤鱼打挺""屎壳郎滚蛋""叠罗汉",宙挪腾跳,动作洒脱自如。加之多种形式的图形变换,使整个场面生气勃勃,情趣盎然。随后,判官在伞鬼的伴舞下出场。只见他手执笏板,舒展阔袖与诸小鬼打逗嬉戏,时而环眼圆睁,明察秋毫、指挥若定,时而抚琴聆曲,时而凝目观画,时而举盘品棋,时而持髯审书。在整个演出中,鬼、判配合默契,形神入微,惟妙惟肖,妙趣横生。[①]

"五鬼闹判"在临清有四大家活跃的"判子会",分别是箍桶巷街、前关街、古上口街和福德街,尤以福德街"判子会"技艺最佳。先前福德街是由纸马巷街、耳朵眼街、前殿街、后殿街和后铺街5条小街巷组成,又因参加者多半是武功扎实的习武人,故起名为"五合功升官会"。[②] 新中国成立后,"五鬼闹判"几经整理、改编,删去了具有恐吓色彩的火犄角、阴阳官、牛头、马面等角色,使这一民间舞路从形式到内容呈现出了健康、清新、向上的新风貌,从而广为流传并深受人民喜爱。1981年,临清市新华办事处铁木联合厂在上级领导的支持和老艺人的指导下,又将此民间舞蹈恢复排练,再度同全市人民见面,使这一古老的民间艺术得到新生。1986年元宵节,聊城地区对民舞"五鬼闹判"进行整理。1987年元宵节,山东省民族民间舞蹈集成编辑部对其进行实地录像和录音,并将其全部动作、演出场记、服装道具逐一记录,详细绘图,后将其载入《中国民族民间舞蹈集成·山东卷》一书。[③]

5. 聊城伞棒舞

伞棒舞发源于聊城市梁水镇梁闸村,后流传到临清、聊城、茌平一带。该舞蹈因运河漕运的繁荣和兴盛而形成,故又被人们称为"运河秧歌"。梁闸村原是古运河的水闸码头,据当地民间艺人介绍,明朝末年的一个春天,百余艘运粮船行至梁闸码头南,因枯水而搁浅了七七四十九天,押粮京官闲居无聊,便令地方官邀聚当地艺人登船献艺,但听遍丝竹管弦,仍觉索然无味。地方官为讨好粮官,着令当地武术行家梁某献艺。梁某几套空手拳脚过后,押粮官要梁某持器械与人相搏。梁某灵机一动,戏称须借用粮官头顶上撑的绫罗盖伞与差役们手中持的黑红棍。粮官居然应允。于是,梁某持伞,邀数人持棍,又折挑粮扁担为板,边耍边舞,击棍为节,回旋有序。粮官见后大喜,遂重赏地方官及梁某。此后,每逢旧历年节或有重大庆典,当地艺人即自做大伞和黑红相间的棍棒,或五人、或七人、或九人持之相舞,故称其为"伞棒舞"。

伞棒舞动作豪迈粗犷,多与武术套路相糅合,强度高,力度大,加之配以民歌民曲,更显得铿锵有力。在当地,每逢旧历年节或遇重大庆典,都有伞棒舞助兴,演出时,可登台表演,也可在广场围圈演出,或沿通衢边舞边唱边行进,若在舞台表演,

① 高建军编著《山东运河民俗》,济南出版社,2006年,第248~249页。
② 李建国主编《传统舞蹈》,山东友谊出版社,2008年,第407页。
③ 李建国主编《传统舞蹈》,山东友谊出版社,2008年,第408页。

则以伞领舞,板、棒排成双队以"双龙出水"式绕场出台,继之按序表演。若在广场围圈演出,则先以棒舞开场,然后,舞伞者引诸人登场。持伞者先唱赞语:"正月十五挂红灯,男女老少喜盈盈,舞动伞棒求吉利,秋后又是好年景。"紧接着,伞旋棒击,舞队中的各种角色可自由穿插表演,或甲按角色表演,或乙按曲调演唱,各走图形插科打诨,互相逗乐。演唱的曲目有《姨娘斗》《秃子闹房》《闺女出嫁十二难》《王眉还家》《小磨房》等。在长期演变过程中,还曾出现多种表演形式,如在伞棒之外增添"火流星"以及其他角色,组成各种舞队等。伴奏方面增加了唢呐,并配之以鼓、锣、钹、螺号等。吹奏的曲子有[斗鹌鹑][小开门]等。①

图 1-4 聊城伞棒舞表演

伞棒舞的承传方式是口授身教,师徒间多是血缘或地缘关系。传授时先传口诀,如持伞的口诀是"三尺红伞手中旋,一手虚握一手转,身形随着伞儿舞,不可死抓硬扛伞"。学完口诀之后,再教授身法和步法。经过百年的传承与演变,伞棒舞依然保持着独特的地区特色与艺术风格,它是广大民众借以表达心愿、抒发情怀、陶冶情操的一种大型广场舞蹈。在艺术风格上突出地表现了男性粗犷豪放,女性妩媚柔韧的风格特点,传承着中国文化传统的审美观、理想情趣和精神追求。其主题与礼仪文化、运河文化等密不可分,具有浓郁的地域风格和民族特色。素材多源于人民群众身边的物、人、情。有一套严谨的师徒传承方式,体现出特定的地域性、民族性。② 1984年,山东省电视台来梁水镇梁闸村研究考察并录制了"大秧歌"电视片。1994年,伞棒舞被编入《中国民族民间舞蹈集成·山东卷》。2006年,伞棒舞(运河秧歌)被列入聊城市第一批非物质文化遗产名录。2015年,东昌府运河秧

---

① 中国民族民间舞蹈集成编辑部编《中国民族民间舞蹈集成·山东卷》,中国 ISBN 中心,1998 年,第 1011~1012 页。

② 李群总主编,李建国主编《传统舞蹈》,山东友谊出版社,2008 年,第 244 页。

歌(伞棒舞)被列入山东省第四批非物质文化遗产名录。

由于市场经济的冲击,伞棒舞目前面临失传的困境。大部分艺人年事已高,心有余而力不足。特别是棒舞由于技术要求较高,加之年轻人外出打工,这项民间舞蹈出现了人员断代的问题,故需抢救和保护。近年来,各级政府高度重视伞棒舞的保护与开发,并制定了一系列静态和动态保护措施。一是继续全面深入细致地开展普查工作,彻底摸清伞棒舞的发生发展的历史沿革以及艺人的状况,将普查资料归类、整理、存档,开展理论研究工作。二是以梁水镇梁闸村为重点,建立伞棒舞文化保护村,对秧歌队成员实行重点保护;定期开办培训班,打造人才新生代;依托一年一度的春节、"中国江北水城文化旅游节",组织"伞棒舞展演"等主题活动,使伞棒舞这一古老的民间舞蹈艺术重新焕发生机和活力。①

6. 东昌府道口铺竹马舞

竹马舞流行于聊城道口铺街道办事处四甲李村、肖香坊村及聊城周边一些村庄,是道口铺办事处的特色文化,也是聊城有名的民间舞蹈形式。竹马舞,俗称"跑竹马""竹马落子"。据有关史料考证,竹马舞至少已有600年的历史。宋代地处黄河以北的中原大地战乱不断,当地农民久历战火考验,加之官府提倡民间举办团练,时人尚武。而最传统的跑竹马就是仿照古时战争场面,组成"铁甲骑兵",骑上竹马,挥枪弄剑,驰骋厮杀。据说,辽兵在战争间隙,既要保证战马得到充分休息,还要提高士兵的战斗力,于是萧太后就命令士兵用竹子扎成假马,绑在腰间进行训练,这就是竹马舞的雏形。明清时期,社会相对稳定,百姓安居乐业,备战气氛日渐淡薄,跑竹马逐渐演变成民间的年首岁尾娱乐健身的活动。

图 1-5　道口铺竹马舞表演

① 李群总主编,李建国主编《传统舞蹈》,山东友谊出版社,2008 年,第 245 页。

竹马舞是春节期间民间的一种花会形式,多在元宵节前后表演。表演竹马舞者一般要求4男4女,分生、旦、净、末、丑等角色,正生骑红马,青衣(俏闺女)骑黄马,小生骑绿马,花旦(花大姐)骑白马,小丑骑黑马。竹马的表演在跑动时,各角色分工明确,各司其职,配合默契,以走场为主,有"双进门""开四门""水溜溜""绕八字""蛇蜕皮""十字靠""剪子股""跑圆场""三龙出水""南瓜蔓"等10余种。演员手中的道具,或马鞭,或刀枪剑戟,或棍棒,根据人物身份选定。表演者通过表情、姿态和唱腔,表现剧情和人物性格。表演时,伴奏乐器多为锣、鼓、镲等打击乐器。目前,这种活动已与秧歌、戏曲小唱如弦子戏、三句半、吕剧、豫剧等有机结合,逐渐发展成为一种内容更鲜活的寓教于乐的民间娱乐健身运动。每逢节庆,五颜六色的群马,生龙活虎,跳跃奔驰,大大活跃了节日气氛,表达人们对美好生活的祝愿,深受广大群众的喜爱。

目前,该街道已有各类业余文化艺术团体30多个,3000多名农民常年参与演出活动。他们白天干活,晚上排练,编排的节目都是农民的身边事。一有时间就走村串户演出,把节目送到农民家门口,既宣传了党的好政策,又活跃了农民的文化生活。1987年,政府曾投资对竹马舞进行抢救性保护。从1992年至今,每年通过举办民间艺术节对其进行保护。2006年,道口铺竹马舞被列入聊城市第一批非物质文化遗产名录。

7. 鲁南鼓吹乐

鲁南鼓吹乐是山东鼓吹乐的重要代表,也是我国北方鼓吹的一大支脉,是山东民间器乐演奏的主要形式之一。据考证,唢呐等鼓吹乐器在金、元时期由波斯、阿拉伯一带传入我国,明洪武年间随移民的迁徙传入山东一带,逐渐被当地居民接受。从乐器、乐队、曲目、演奏形式,与某些古老剧种的血缘关系,以及艺人们历代相传的实际情况来看,至少在明朝中叶以前,就在山东部分地区相当流行了。分布在山东各地的鼓吹乐,有三个流派:一是以鲁西南地区的鼓吹乐为"西南路",二是以鲁中南地区的鼓吹乐为"中路",三是以鲁北地区的鼓吹乐为"北路"。其风格各有特点。中路鼓吹乐主要以峄、滕、邹诸县为中心的鲁南鼓吹乐为代表,其风格平和稳健,含蓄深沉,艺人们自称为"平派"。

"平派"鼓吹乐主要乐器是铜杆唢呐,它由铜皮制作而成,杆长25厘米左右,铜碗直径约6厘米,杆下端的圆筒直径2厘米左右,哨片多用秋天的芦苇中未发出的苇缨制作。铜杆唢呐音色饱满高亢、清脆亮丽,富有穿透力,具有铮铮金属之声。它的音域包含两个八度,可分别演奏五个调,即平调、雅调、越调、五字调、凡调。其演奏技法除常用的吐音、滑音、花舌、指花、颤音及吞、吐、垫、打、抹、压外,还有舌冲音、气拱音、反弹音、反双吐、连弹音、气唇同颤音、指气同颤音、三弦音、萧音以及循环换气(长时间吹气不断)等,有时还会揉进魔术和杂技的表现形式。①

鲁南鼓吹乐起初主要被本地人用来自娱自乐。后来,一些贫苦的农民为生活所迫,才逐渐以吹奏这些乐器为业,专门为民间的婚丧嫁娶服务,并在长期的演奏实践中融进了一些地方特色的小调和俚曲,形成了自己的流派。经过长时间的发展演练,到清代,已十分盛行,民间有红白喜事时,均离不开唢呐等鼓吹乐器来烘托氛围。鲁南鼓吹乐所用乐器主要有唢呐、笙、号、铜鼓等,用笛子和二胡来伴奏。所演奏的曲目有《柳金子》《集贤宾》《采茶歌》《庆贺令》《十样景》《将军令》《一枝花》《大开门》《百鸟朝凤》等。②

中华人民共和国成立后,枣庄地区涌现出一大批具有代表性的民间唢呐表演大家,像张宗实、牛云海、刘庆荣、郭传家、崔怀义、顾克雨等,个个身怀绝技,名震四方。不仅深受鲁南人民的喜爱,而且在整个山东省都声名远播。其中,张宗实吹奏的《采茶歌》《柳金子》,牛云海吹奏的《集贤宾》以及牛云海和孙玉秀合奏的《庆贺令》在1984年被收录到由中国音乐家协会山东分会和山东省艺术馆主编的《山东民间器乐曲选》。这些老一辈民间艺术家,在枣庄地区收授了大批的弟子,倾其所有,把自己毕生所学,毫无保留地都传授给了这些弟子们,为鲁南鼓吹乐的传承和发展作出了极大的贡献。现在,在枣庄市五区一市,处处都能听到嘹亮高亢的唢呐声,1992年,薛城区还被国家文化部正式命名为"中国唢呐之乡"。

鲁南鼓吹乐师承久远,功夫扎实,自然模仿力强,具有很深的文化内涵。在师承技艺的过程中,艺人们适时改编或创作曲目,从而形成了自己的特色;在演奏传统曲目时,根据环境的需要,艺人们随时进行迎合性变化,从而使其更加贴近民间生活。近年来,唢呐艺人们创作的一些曲目,融入了对当地人民生活和民俗的真实感受,具有更强的感染力和更高的欣赏价值,受到人们的普遍好评。③

8. 鲁南花鼓

鲁南花鼓是一种独具鲁南地方特色的鼓舞形式舞蹈,起源于枣庄市台儿庄运河两岸,流传在鲁南及苏北地区,在枣庄的张山子、南洛、北洛、黄村等地最为盛行。④ 其产生年代不详,相传清嘉庆年间这一带就有此种形式的演出,距今已有近200年的历史。

鲁南花鼓的表演,一般由5人组成,1琼伞,2鼓手,2扇花。其中以1鼓手、1扇花为主,其余为辅。在道具、服饰方面很贴近生活。如琼伞装扮为头扎紫色头巾,身穿褐色对襟褂、褐色灯笼裤,腰系紫色绸带。鼓手则是扎黄色头巾,身穿粉仑

---

① 王新民主编《枣庄非物质文化遗产荟萃》,山东文化音像出版社,2009年,第82页。
② 王新民主编《枣庄非物质文化遗产荟萃》,山东文化音像出版社,2009年,第82页。
③ 王新民主编《枣庄非物质文化遗产荟萃》,山东文化音像出版社,2009年,第83页。
④ 中国民族民间舞蹈集成编辑部编《中国民族民间舞蹈集成·山东卷》,中国ISBN中心,1998年,第826页。

啄寸襟褙、粉色灯笼裤,背腰鼓,一副壮小伙模样。扇花则头戴一朵红花,梳一条辫子,身穿白色红边大补救褙、白色红边百褶裙,典型大家闺秀模样。这种简单、纯朴的装束,很迎合老百姓的心理。由于古运河畔的人们多以苦力为生,故要求琼伞与鼓手的动作有粗犷、奔放的彪悍美,但在粗犷中又不失诙谐的意趣;扇花的表演,力求泼辣中深蕴着妩媚和柔情,既要着重表现古运河畔妇女的"泼",又要突出她们的温柔。这样的刻画,既展现了角色的情趣,又增强了艺术表现力。

鲁南花鼓的曲词是非常简朴的,除有一部分固定曲词外,大都是一些即兴演唱的词,具有随意性。如根据当时情景所编的一首唱词:"高高山上一棵槐,槐树下面搭戏台。搭起戏台没人唱,我(俺)把二妮请下来。"另一首:"正月里来是新年,花鼓来到你树前。一来烧香二拜年,再来庆贺丰收年。"这样的唱词很接近老百姓的口头语,所以唱起来简易通俗,容易被老百姓所接受。[①]

鲁南花鼓表演风格着重突出幽默、风趣、粗犷、奔放等特点,但又不失优美、流畅、细腻的风韵。它以山东大汉特有的粗犷、威严,融合了山东妇女的泼辣、柔美,形成一种刚柔相济、细腻奔放的艺术风格。1987年,时年26岁的民间艺人龙雪梅开始参与挖掘整理并重新排练已濒临失传的鲁南花鼓,在保留原有韵味的基础上,将运河沿岸的渔灯秧歌、运河号子等艺术元素融入其中,出演人数也有所增加,最多可达数十人。1992年9月27日至10月4日,鲁南花鼓队代表山东省参加第二届中国天津国际友好城市艺术节暨"南开杯"民间广场艺术邀请赛,荣获二等奖。2006年,鲁南花鼓被列入山东省第一批省级非物质文化遗产名录。2018年10月,龙雪梅被山东省列入第五批省级非物质文化遗产代表性传承人。目前,她已先后培养出鲁南花鼓骨干学员2000多名,同时在台儿庄古城向游客进行展演,让游客零距离感受鲁南花鼓的魅力。

三、传统戏剧和曲艺

传统戏剧和曲艺是我国非物质文化遗产的重要组成部分,是民族民间艺术的瑰宝。中国戏曲不仅历史悠久,具有顽强的生命力,而且品种丰富,家族兴旺。根据20世纪80年代编纂出版的《中国戏曲志》统计,在我国历史上共产生过394个戏曲剧种,"文化大革命"以前有360个剧种活跃在各地各民族戏剧舞台上,上演的剧目有上万种,仅京剧就有传统剧目5000多种,秦腔有3000多种,专业演出团体有2000多个。[②]

"戏剧,指以语言、动作、舞蹈、音乐、木偶等形式达到叙事目的的舞台表演艺术

---

① 张玉柱主编《齐鲁民间艺术通览》,山东友谊出版社,1998年,第362页。
② 刘文峰著《非物质文化语境下的戏曲研究》,文化艺术出版社,2016年,第53页。

的总称。"①戏剧是由演员将某个故事或情境,以对话、歌唱或动作等方式表演出来的艺术。戏剧的表演形式多种多样,常见的包括话剧、歌剧、舞剧、音乐剧、木偶戏等。②中国传统戏曲历史悠久,与古希腊戏剧、古印度梵剧并称为"世界三大古老戏剧样式"。其历史最早可以追溯到秦汉时期,宋元之际得以成型。传统戏剧在其漫长的发展过程中,曾先后出现了宋元南戏、元代杂剧、明清传奇、清代地方戏及近现代戏剧等5种基本形式。在其发展历史上,曾出现汉代散乐、六朝伎艺、隋唐歌舞戏及参军戏、宋杂剧、金院本等多种艺术形态。③传统戏剧具有鲜明的文化特征和民俗品质,承载着民众智慧、情趣,包含着丰富的社会历史信息,代表着民众的审美理想,是人民精神生活的重要内容和民族文化的宝贵财富。

"曲艺是中华民族各种'说唱艺术'的统称,它是由民间口头文学和歌唱艺术经过长期发展演变形成的一种独特的艺术形式。"④曲艺的主要艺术手段是说和唱,它运用从生活中提炼出来的生动形象和说唱化了的语言来讲述故事,描绘人物,抒发感情。中国各种曲艺形式约有400种,并以地区、民族和曲艺艺术流派的差异发展演变出诸多曲种。

曲艺发展的历史源远流长。早在古代,中国民间的说故事、讲笑话,宫廷中俳优的弹唱歌舞、滑稽表演,都含有曲艺的艺术因素。到了唐代,讲说市人小说和向俗众宣讲佛经故事的俗讲的出现,大曲和民间曲调的流行,使说话技艺、歌唱技艺兴盛起来,自此,曲艺作为一种独立的艺术形式开始形成。到了宋代,由于商品经济的发展,城市的繁荣,市民阶层的壮大,说唱表演有了专门的场所,也有了职业艺人,说话技艺、鼓子词、诸宫调、唱赚等演唱形式极其昌盛,孟元老的《东京梦华录》、耐得翁的《都城纪胜》都对此做了详细记载。明清两代至民国初年,伴随着资本主义经济萌芽,城市数量猛增,大大促进了说唱艺术的发展。这一时期新的曲艺品种、新的曲目不断涌现,不少曲种已是名家辈出、流派纷呈。我们今天所见到的曲艺品种,大多为清代至民国初年流传的曲种。

按照艺术风格的不同,曲艺音乐可分为评话、鼓曲、快板、相声四类;按照曲艺音乐的主奏乐器、音乐风格等的不同,其可分为鼓词、弹词、道情、牌子曲、琴书五大类。《中国大百科全书(戏曲曲艺卷)》把曲种分为四大类、十一小类,即评话类、相声类、快板类、鼓曲类四大类,以及相声类、评话类、快板类、鼓词类、弹词类、时调小曲类、道情类、牌子曲类、琴书类、走唱类、杂曲类十一小类。⑤

① 胡春景、魏桢编著《文艺常识》(精编本),东华大学出版社,2014年,第143页。

② 姚小云、刘水良主编《武陵山片区非物质文化遗产保护与旅游利用》,西南交通大学出版社,2015年,第56页。

③ 申茂平编著《贵州非物质文化遗产研究》,知识产权出版社,2009年,第97页。

④ 张国廷主编《音乐鉴赏》,武汉理工大学出版社,2012年,第291页。

⑤ 张燕主编《音乐欣赏》,上海交通大学出版社,2017年,第123页。

曲艺作为一门表演艺术,是用"口语说唱"来叙述故事、塑造人物、表达思想感情并反映社会生活的,正如戏曲艺术的本质特点是"以歌舞演故事",曲艺艺术的本质特征当是"以口语说唱故事"。这是曲艺有别于其他艺术门类的本质属性。因为主要的艺术手段是"口语说唱",所以曲艺的艺术形式相对比较简单:由一人或几人说演;或者由一人或几人演唱,辅以小型乐队(往往是三五件乐器)伴奏。[①] 现今流行于世的曲艺艺术作品大都以民间传说、历史故事典籍、人民生活实践为主要内容。曲艺音乐的通俗幽默使得它的听众遍及社会的各个阶层,上至达官显贵,下至平民百姓。在相当长的一段历史时期内,城镇的文盲和半文盲通过看戏、听书来了解历史,接受伦理道德教化,熟悉人情世故。[②]

大运河为戏曲的形成与发展提供了素材和土壤,促进了戏曲文化的南北交融,奠定了戏曲繁荣的物质基础。在戏曲的形成、传播和发展过程中,运河的作用功不可没。山东运河区域传统戏剧类非物质文化遗产共有 21 项(详见附表 4),传统曲艺类非物质文化遗产共有 33 项(详见附表 5),代表性的传统戏剧、曲艺类非遗项目主要有武城柳子戏、山东快书、临清田庄吹腔、临清京剧艺术、临清琴曲、微山湖端鼓腔、枣庄柳琴戏、台儿庄运河大鼓、聊城八角鼓、临清驾鼓、临清时调、梁山枣梆、东平四音戏、济宁八角鼓、运河拉魂腔等。现选择其中几种较有代表性的戏曲类非物质文化遗产,简述如下。

1. 武城柳子戏

武城柳子戏,即山东柳子戏,发源于武城县老城镇吕洼村一带,流行地域横跨山东、河南、江苏、河北、安徽许多地区,据说当年毛主席看过后,认为它比吕剧更能代表山东地方戏。德州市武城县老城镇一带至今还流传着"吃肉吃肘子,听戏听柳子"的俗语。

柳子戏,也称"吹腔",曲调流畅奔放,古色古香,常用于表现传统戏曲中文官武将的威武气派。该剧种乐曲悠扬,风趣幽默,深受群众欢迎。当时武城吕洼村柳子剧团的演员有 40 余名,生、旦、净、末、丑行当齐全。上演剧目除传统古装的大型"连台本戏"外还有一些小型剧目,经常上演的剧目有《挂龙灯》《大观灯》《佘赛花》,《西游记》中的《白云洞》等 30 多出戏。20 世纪 60 年代还移植上演了《红灯记》等现代样板戏。柳子戏的伴奏乐器很多,其中,笛、笙、三弦三大件,是主要伴奏乐器,柳子戏的打击乐有板鼓、大锣、小锣、钹、小钹等,根据剧情需要有时还配有战鼓等。这些乐器演奏起来声音悠扬,悦耳动听,用于文武场的合奏,则给人以惊心动魄之感。

柳子戏的曲牌非常多,有"九曲十八板七十二调"之说,由此可见曲牌之丰富。归纳起来主调有三大类,即"平、越、下调"。在这三大类主调内包括了五大牌子腔,

---

① 徐凤著《甘肃非物质文化遗产概论》,甘肃人民出版社,2014 年,第 142 页。
② 张燕主编《音乐欣赏》,上海交通大学出版社,2017 年,第 124 页。

如"山坡羊""大青羊""驻马亭"等。因柳子戏的音调高低跨度大,早年大都是男演员演戏,男扮女角是用真假声相结合,女演员大小嗓并用,以充分表现该剧种的特点。该剧韵调分明,不同的情节用不同的曲牌唱腔,欢快的剧情用"络络",行走观赏的情节用"驻马亭",悲切抒情的用"迷子"和"锁南枝"等。

图 1-6 武城柳子戏表演

2015 年,吕洼村的柳子戏被德州市人民政府列入第四批市级非物质文化遗产名录。为保护这一珍贵的民间文化遗产,武城县委、县政府高度重视,先后投入 10 万余元,为剧团购置演出道具、服装,以及音响、功放等设备,搭建戏台,收集整理相关资料,努力提升保护级别。2016 年以来,在山东省柳子剧团的关心指导和业务支持下,武城柳子戏现已能编排表演剧目 15 个,并多次在传统节日参加展演,获得群众好评。2016 年 10 月,吕洼村被授予"中国柳子戏艺术培训传承基地"称号。

2. 山东快书

山东快书,又名"武老二",主要是因为最初形成时,是以说唱武松故事为主的,因此演员被称为"说武老二的""唱大个子的",流行于山东及华北一带。对于山东快书的起源,始于何时,惜无文字记载。目前主要有三种说法:一说创始于清咸丰年间的山东济宁艺人赵大桅,他吸收当时著名山东大鼓艺人何老观的"撂缰腔"编演唱词,并以梨花大鼓的梨花片作为击节乐器,形成山东快书的前身"武老二";一说是山东落子说唱武松故事的传统节目基础上演变而成的,以山东落子的竹板为击节乐器;目前公认的是第三种说法,起源于清道光年间的落第举人李长清等人。

相传道光六年(1826),名落孙山的书生 10 余人,归乡途中遇雨,滞留于运河岸边的临清。大雨滂沱,归家不得,落第的惆怅失意和闲居的百无聊赖,贪官污吏横征暴敛,流氓无赖横行乡里,黎民百姓惨遭涂炭的思绪一齐涌上心头,他们郁闷之至,以酒解愁。为发泄胸中的愤懑,表达惩凶除暴的愿望,他们便以民间流传的武松的故事为题材,你一言我一语,此一段彼一事地拼凑编写了一个武松故事的演唱本,塑造了一个杀富济贫、除暴安良、富有反抗精神的英雄武松形象。这个演唱本较之民间流行的及其他书籍所描述的武松的故事更为系统,内容更为充实。演唱本编写完毕后,作者之一的李长清把它带回往平原籍,传给他的表侄傅汉章。性情豁达、豪爽而又有一定演唱技能的傅汉章得此书如获至宝,潜心致力于演唱本的研究和补充。10年之后,在曲阜的孔林前"林门会"上,傅汉章正式开场说书。武松的豪侠行为与傅汉章的精湛演技,赢得了观众的热烈欢迎,大大扩大了武松与山东快书的影响。后来,傅汉章传艺于赵震及弟子魏玉河,遂形成两派,流传至今。魏玉河一派的著名艺人有弟子卢同武,再传至杨立德,杨立德擅长"俏口""贯口",自成一家,被誉为"杨派"。赵震一派的著名艺人有戚永立,自清代末年以来,戚永立等名家曾到南京、上海、杭州、汉口等地演唱,扩大了山东快书的影响,后传至高元钧。

高元钧(1916—1993),原名高金山,河南宁陵人。14岁在南京拜戚永立为师学演山东快书。他早年四处行艺,见多识广,除创作或整理改编传统题材的节目上演外,还编演过一些反映新时代生活的新节目。高元钧以注意刻画人物、表演生动风趣见长,被誉为"高派"。代表性的节目有《武松传》《鲁达除霸》《李逵夺鱼》《赵匡胤大闹马家店》《一车高粱米》《侦察兵》《智斩栾平》等。从1940年开始,高元钧致力于山东快书语言净化工作,提高了传统节目的艺术质量,并借鉴了相声、京剧等艺术,加强了山东快书的艺术表现力。1951年,他录制《鲁达除霸》唱片时定名为"山东快书"。高元钧的山东快书表演憨中见巧,刚柔并济,张弛有致,举重若轻,轻松风趣中透着隽永与灵气。

山东快书唱词基本上是七字句的韵文,一般采用站唱形式,表演上讲究"手眼身步"及"包袱""扣子"的运用,动作幅度较大。演员吟诵唱词,穿插一些过口白,夹白或较长的说白。语言明快风趣,情节生动,表演动作夸张,节奏较快,长于演说英雄人物除暴安良的武打故事。目前,经多方论证,临清已经被确定为山东快书的起源地,高元钧的半身汉白玉雕像就安坐于大众公园内。2005年5月,临清还成功举办了"全国山东快书大奖赛"。2006年,山东快书被列入国家级非物质文化遗产名录,同时被列入山东省、聊城市第一批非物质文化遗产名录。

3. 临清田庄吹腔

临清田庄吹腔是流传于临清松林田庄一带的古老戏剧曲种,至今已有近300年的历史。据考证,田庄吹腔是由秦腔、徽戏、明清时曲吸收当地民歌而形成。田庄吹腔始于乾隆二十六年(1761)前后,由河北南宫侯姓者传入,乾隆三十年(1765)南巡回銮驻跸临清州,观看此剧,龙颜大悦,并赐名为"吹腔",流传至今。

田庄现在最早的折子戏手抄本是清道光三十年(1850)本村的一个叫田化荣的人组织抄写修订的。可以推断,道光年间田庄就形成了剧团。田庄吹腔从俗曲小令到化妆演唱再到舞台表演,经过长期实践,吸收其他剧种的表演特长,最后形成了一套独特的表演程式,展现出粗犷豪放的音乐风格。如武将亮相,必须先进行踢腿、飞脚、翻身等一系列动作,以双脚齐跳表示发怒。我国戏曲特有的"虚拟化""写意化"的表演在吹腔表演中都得到了体现,如《龙舟会》表演,在空无一物的舞台上屈膝虚坐,纹丝不动,整个演出只有小姐、丫鬟和书生3人,通过细腻的表演和身段动作的配合,表现出3人在人山人海中拥挤不堪的情景,十分逼真。"吹腔"程式化表演较为固定,如旦行讲究"青衣走,大甩手,小旦走,起风摆柳"。"推圈"要边推边走:"花脸过顶,红脸与眼齐,小生与嘴齐,旦角齐胸,小丑单指",也有"小丑似小生,小生似小旦"的说法。此外,还有翘腿、劈叉、打飞脚等功夫。田庄吹腔曲牌古朴典雅,吸收了秦腔、弋阳腔、汉调、徽调等特点,形成了多种吹腔的吹腔戏,所用曲牌有"山坡羊""朝阳歌""锁南枝"等百余种。传统剧目数量甚多,分大、中、小3类,共70余个,内容涉及春秋战国、三国两晋、隋唐五代、唐宋明清多个朝代,代表作有《王玉荣思夫》《貂蝉思夫》《王小赶脚》《补缸》《十字坡》等。1964年以后,临清剧团利用吹腔曲牌排演了不少现代戏,如《夺印》《红灯记》《朝阳沟》等。

田庄吹腔是我国古老唱腔的代表,对研究我国戏曲声腔的发展有着不可估量的作用。该团体人员至今保留相当一部分手抄本剧目(有些已存入中国戏曲研究院),对研究中国传统剧目和戏剧的发展有重要价值。2007年,田庄吹腔被列入聊城市第一批市级非物质文化遗产名录。

4. 临清京剧艺术

临清位于京杭大运河南北交冲之地,凭借着其优越的地理位置,在明清两朝,不仅发展成为繁华的漕运名埠和商业都会,也成为一座文运兴盛的运河名城。其深厚的文化积淀以及数百年的兴盛,为京剧这一国粹艺术根植于临清,并在临清这片热土上得到弘扬和光大提供了良好的人文环境。

临清京剧最早出现在何时,已经无从查考,但形成票友阶层却是在清末民初,发展壮大于20世纪30年代。由于临清临近京城,交通便利,京津一带京剧繁荣流派纷呈的景象波及临清。从辛亥革命前的谭鑫培和孙菊仙、江笑侬等流派之间的争强斗胜,到梅、程、荀、尚、余、马、言、谭各艺术流派的形成和发展,无一不对临清有很大影响。在临清逐渐形成一种懂京剧受人尊重,不懂京剧受人鄙薄的社会风气。

清末民初,临清有了化装演出的安天会和知音会。安天会会首为临清死河子(汶河)北涯席棚李姓,该会主要参加临清农历四月的"奶奶庙会"(又称"四月会")、春节和正月十五的活动。知音会会首为单、徐两家,以演唱"小八出"(《天水关》《打龙袍》《空城记》《钓金龟》《除三害》《桑园会》《锁五龙》《黄金台》)为主,会址在上湾街和观音嘴。①

① 陈清义编《聊城运河文化研究》,山东画报出版社,2013年,第243页。

图 1-7　临清京剧表演

临清真正意义上的票房出现在 1932 年。据《临清县志》载："晨光剧社成立于民国二十一年,中山国剧社亦于是时成立。"①1933 年冬,在中山国剧社的基础上,创办了"进德剧社"。同时期的票房还有"国剧研究会"和山东省立十一中"国剧社",当时在这里担任美术教员的国画大师李苦禅,以及学生黑伯理、李景波等都是"国剧社"的社员,他们经常与"进德剧社"联袂演出。1947 年秋,由原隶属于八路军二纵四旅政治部的"解放剧团",与冀南七分区所属的"鲁西北新生剧社"合并,成立了"临清前进京剧团",这也是有史以来临清的第一个专业剧团。1949 年 3 月,李和曾等人曾到西柏坡为毛主席等中央首长演出,并受到高度赞扬。1976 年后,该团陆续恢复了对传统剧目的排练,培养和涌现出了一批青年优秀艺术人才。20世纪 90 年代末,该团与山东艺术学院戏曲中专部联合创办了京剧专业戏曲学校。2006 年 11 月,临清市京剧团在北京长安大戏院进行了京剧专场汇报演出,这在长安大戏院的历史上是从未有过的,为临清市成功申报"全国京剧艺术之乡"及弘扬京剧艺术作出了积极的贡献。

5. 临清琴曲

临清琴曲,原名"小调会",是山东地方稀有曲种之一,产生于临清城东北蛤蜊屯,至今有 100 余年的历史。临清琴曲的出现,与临清历史上时调小曲盛行有直接关系。临清因运河漕运之利,成为明清两代南北小曲主要流行地之一。运河两岸的农村乡镇,也多有传唱者,但多为自发业余自娱演唱,无正式组织,多半也只是会

---

① 张自清修,王贵笙纂《民国临清县志·教育志五·社会教育》,中国地方志集成·山东府县志辑第 95 册,凤凰出版社,2004 年影印版,第 171 页。

数支曲目或片段。紧依临清的蛤蜊屯正是如此,屯子中妇孺老幼都能哼几句小调、小曲。清光绪八年(1882),蛤蜊屯有一位秀才名徐殿元,是个时调小曲爱好者,在当地久已流行的俗曲小令基础上,整理创编了一些曲目,择取各种时调、小曲,组织乡民爱好者习唱,取名"小调会",成为一种近似于说唱艺术的艺术品种。"小调会"之名一直沿用至中华人民共和国成立之前。1949年后,新文艺工作者正式给它定名为"临清琴曲",以有别于历史悠久的"临清时调"。[①]

临清琴曲无职业性演出,纯为农民自娱自乐的一种艺术形式。一般在农闲的冬季,爱好者们相约习唱为乐。因农村娱乐形式很少,每次演唱都聚集了大批乡民围听。在春节、元宵节等大节日,农民们往往自发组织"小调会",到处搭台演唱。自黄昏后开演直至夜半,往往数日不绝。"小调会"内不分尊卑,演唱者中数辈相聚,乐器一响,开口一唱,呼妻唤子,一应曲中角色,虽爷孙倒置也不避嫌,那份认真投入令人羡叹。临清琴曲平时习唱似曲艺,演员徒手而歌,小乐队伴奏。人多时分包赶角,少时则一人跳进跳出,也无身段表演,随手指画稍应曲词而已。在年节演出时又似戏曲,堆土成台,分上下场,演员着装也分丑、旦、生各行,一应做派都模仿戏曲。只是缺戏曲的武场锣鼓,仅有类似文场的小乐队伴奏。

临清琴曲的音乐为曲牌连缀结构,因是农民自娱形式,音乐很不成熟,随意性强,曲牌之间的连缀也无规律,一般照曲套词,自由连接。现存曲牌计有[凤阳歌][四字凤阳歌][叠断桥][粉红莲儿][时谣][边关调][悲调][打调][卫调][剪剪花][雁鹅调][哭五更][反临清]等10数支;乐器曲牌有[小开门][小八板][头通][斗鹌鹑][哭周瑜][苦中鱼]等6支。各种曲牌虽看名目似为普遍流传的俗曲曲牌,但实际上大都名实不副,有许多为农民自行改造的产物,与同名曲牌相去甚远。临清琴曲的伴奏乐器有扬琴、三弦、二胡、四胡、箫、京胡等。因有箫、京胡的加入,使其具有一定的江南丝竹风格,尤其是京胡的左手抹音演奏,音色颇似高胡,这与鲁北流行以鼓吹为主的乐队形式相差甚远,约略可看出运河遗韵。临清琴曲的曲目,相传皆为创始人徐殿元所编,计有《吴踏拉扛活》《小秃闹房》《放风筝》《要陪送》《八仙庆寿》《佳人上吊》等14种。

临清琴曲因为农民自娱演出形式,所以影响面很小,只在蛤蜊屯附近数个乡村中有演出活动。1958年,中央民族乐团曾来临清,搜集了大量的琴曲资料。当时临清松林区文工团曾根据琴曲改编了很多演唱曲目,如《红姑娘》《懒老婆》等。山东省艺术研究所张军还将琴曲《吴塌拉扛活》整理改编后发表在当时的《曲艺》刊物上。蛤蜊屯演唱琴曲比较著名的有徐殿才、徐景秋、徐庆秋、徐印秋、徐孟秋等,演唱者皆为男性。屯中虽有妇女会唱者,也不准加入"小调会"。因此,临清琴曲曲目中的坤角,皆系男性饰演。至20世纪80年代末蛤蜊屯还有琴曲演出。[②]

---

① 张玉柱主编《齐鲁民间艺术通览》,山东友谊出版社,1998年,第636页。

② 张玉柱主编《齐鲁民间艺术通览》,山东友谊出版社,1998年,第637页。

6. 微山湖端鼓腔

端鼓腔,又名"端供腔"或"端公腔",是流行于鲁西南微山湖渔民之中的一种民间演唱艺术形式。因其伴奏乐器为羊皮鞔成、四周缀以铁环的端鼓,表演者将鼓端在手中,边击鼓边演唱,故名"端鼓腔"。

关于端鼓腔的来源,有两种不同的传说。一说是唐王李世民为了给西宫李娘娘治病,还愿"敬天敬地",在金銮殿张灯结彩,请神人唱戏四天四夜,所唱腔调经过演变就形成了现在的端鼓腔。一说是唐王李世民死后,后人为了替他还愿,搭高棚、设香案、摆大供,祭坛之后唱的就是这种端鼓腔。但从其演唱形式与流传情况来看,端鼓腔应该是由江苏扬州一带的香火戏演变而来。① 据老艺人讲,端鼓腔在唐朝贞观年间十分盛行;明万历年间,端鼓腔的发展达到了鼎盛时期。② 清道光、咸丰年间,端鼓腔已经以微山湖为中心,在整个南四湖中广为流传,并流传到了东平湖的湖民中。③ 端鼓腔演出主要是在每年春汛到来,渔民开始捕鱼作业的"打生产"时进行。次则,在邀集流散各省湖泊中的本姓族人,来微山湖论辈续谱时进行。再而年节假期,祈雨、禳灾等也有端鼓演唱。端鼓演唱有较强的民俗性,因为发起的原因不同,演出时有不同形式的仪式、规程,与微山湖一带渔民的生产、生活,乃至道德伦理、自我娱乐等诸多方面有密切关系。

端鼓腔的演唱者被人们称为"端公"。"端公"们在演唱端鼓腔时都会手持端鼓。端鼓是一种击打乐器,状似团扇。鼓身用直径 33 厘米、宽 1 厘米的铁圈,一面蒙上羊皮做成,鼓把长 10 多厘米。把尾装有一套"8"字形的铁环,但"8"字形的上下两部分不等,上部圆圈直径 10 厘米,下部圆圈直径 3 厘米;上部套有 6 个铁环被平均分隔在左右两边,下部套有 3 个铁环,"8"字形铁环上共有 9 个小铁环,谓之"九连环"。演奏时,一手端鼓,一手用鼓条敲打,需要时再晃动鼓把,铁环撞铁圈,哗哗作响,十分别致。④ 端鼓腔演唱具有很强的迷信色彩,开唱以前要先进行请神仪式。仪式开始,坛头身着巫师服饰,手晃"督标"站立船头宣布开坛。随即鞭炮齐鸣,开始"展鼓"。羊皮鼓队由 2、4、6、8 双数组成,分列坛篷两侧一齐敲鼓。展鼓声中,坛头高喊"拜坛",参与者依次至神坛前焚香叩拜。拜坛完毕,展鼓停止。然后坛头宣布请诸神赴位,端鼓艺人组成的羊皮鼓队开始祈祷请神演唱。一般根据仪式目的不同,所请之神也各有别,演唱内容也会随之变化。此类请神演唱一般都是一唱众和,端坐不动,庄严肃穆。所唱主要曲调为七字韵、十字韵、请神调、百神赴号等。所请神仙到位后,由坛头首先跪拜禀明设坛事由,走至船头宣布谢神。展鼓

---

① 李宗伟主编《山东省省级非物质文化遗产名录图典》(第 1 卷),山东友谊出版社,2012 年,第 274 页。

② 田青编《音乐类非物质文化遗产保护的理论与实践:个案调查与研究》,安徽文艺出版社,2012 年,第 248 页。

③ 郭学东主编《曲艺》,山东友谊出版社,2008 年,第 384 页。

④ 张从军主编《山东运河》,山东美术出版社,2013 年,第 96 页。

声中渔民再次参拜诸神,完毕后,坛头宣布"与神同乐",端鼓腔的演唱才正式开始。①

图1-8 微山湖端鼓腔表演

端鼓腔有领唱、合唱、坐唱,每次出场多者为三人,迈着简单的小台步,边唱边舞,另外有4人打端鼓伴唱。按传统的习惯要唱三天三夜,日夜不停。演唱时化妆比较简单,从古至今只有男人演唱,扮演女者下身穿百褶裙。羊皮端鼓伴奏鼓点也有很多的变化,最常用的鼓点经有"货郎三进庄""步步高""白鹤亮翅"等。所有的唱词与一般民歌不同,偏重于唱花、唱鸟,有问有答,可唱出七八十种花、鸟来。演出时几条大船在水上并在一起作为舞台,渔民坐在自家的小船上,围在船舞台周围观看。他们仅在湖中演唱和流传,与陆地隔绝,久居湖边陆地的人们也不曾看到过端鼓腔的演出,是湖中渔民独有的一种民间艺术。② 端鼓腔的书目众多,一类是篇幅较小的段子,如《小秃闹房》《罗成算卦》等;一类是民俗性较强的中篇故事,如《刘文龙赶考》《张相打嫁妆》《许宝童还愿》《韩湘子出家》等;还有一类是号称"十部神书"的长篇神话传奇故事,即《魏征梦斩小白龙》《五鬼昼夜闹皇宫》《唐王宫中许愿》《袁天罡长安卖卦》《老魏征拒诏入监》《魏九官九岁见唐王》《替父职九郎请神》《闯龙宫借马得鞍》《魏九官巧得神鞭》和《唐玄奘西天取经》。③

端鼓腔是以说唱为主,同时夹杂着歌舞的综合性艺术。它承载着湖区许多重大文化信息和原始记忆,保留着濒临失传的湖区民间艺术及民间风俗,是微山湖区

---

① 李宗伟主编《山东省省级非物质文化遗产名录图典》(第1卷),山东友谊出版社,2012年,第274页。
② 张玉柱主编《齐鲁民间艺术通览》,山东友谊出版社,1998年,第40页。
③ 李宗伟主编《山东省省级非物质文化遗产名录图典》(第1卷),山东友谊出版社,2012年,第274页。

历史文化的见证,具有社会学、人类学、民俗学价值。① 新中国成立后,山东省及济宁地区、微山县文化主管部门都对这一稀有的民间艺术形式给以重视、挖掘和抢救。微山县文化馆的陈炎,根据端鼓腔的曲调和舞蹈动作创作改编的表演唱《渔家乐》,参加山东省 1958 年跃进歌舞会演,受到热烈欢迎。接着,他又以端鼓腔的演出形式创作了《喜相逢》《考嫂嫂》《马局长游湖》以及《水乡北京紧相连》《微湖端鼓》《打鱼姑娘多豪迈》等节目。1966—1976 年,端鼓腔演出被禁止,其传承也仅限于家庭内部。1978 年,陈炎根据端鼓腔的传统剧目《刘文龙赶考》,改编出了历史故事剧《三催嫁》,由微山县山东梆子剧团端鼓腔剧组排练,配以新型的服装道具,齐整的乐队编制,由苏习月、周瑞华、孙九主演。经过这次改编后,端鼓腔又重新登上舞台,多次参加省、市文艺会演,受到广大群众的好评。2006 年,端鼓腔入选省级非物质文化遗产名录项目,实现了由量变到质变的飞跃。②

7. 枣庄柳琴戏

柳琴戏,也叫拉魂腔、拉后腔、拉花腔、柳琴书等,1953 年,正式定名为柳琴戏。它形成于清代中叶以后,主要流行鲁南、苏北以及鲁豫苏皖交界的广大地区,距今已有 200 多年的历史。

图 1-9　枣庄柳琴戏演出

清代嘉庆、道光年间,山东枣庄、临沂一带的流浪艺人,融合当地流传的肘鼓子、花鼓、四句腔等说唱艺术形式,并借鉴柳子戏、溜山腔、拉纤号子等民间小调,逐

---

① 王文章主编《第三批国家级非物质文化遗产名录图典》(上册),文化艺术出版社,2012 年,第 228 页。
② 田青《音乐类非物质文化遗产保护的理论与实践:个案调查与研究》,安徽文艺出版社,2012 年,第 248 页。

渐发展演变而成一种地方曲艺形式。该曲种以柳叶琴为伴奏乐器,节奏明快,唱腔生动活泼,表演程式灵活多变,演出剧目多取自生活,角色行当较为齐全,男声高亢,女声婉转,尤以叠句、衬词、衬腔的演唱最为当地群众喜爱,有"叶里藏花"之称。因其曲调优美,演唱时尾音翻高或有帮和,又被当地的人们称为"拉后腔""拉魂腔"。

柳琴戏传统剧目非常丰富,共有本戏、折子戏 180 个,连台本戏 41 个,代表性剧目包括《四平山》《八盘山》《鲜花记》《鱼篮记》《断双钉》《小鳌山》《雁门关》《白罗衫》《喝面叶》《小书房》等。柳琴戏的唱腔以徵调式与宫调式为主,徵调式温和缠绵,宫调式明快刚劲。在柳琴戏演唱中,这种同主音调式转换的手法无处不在,这在中国戏曲演唱中显得异常独特。柳琴戏的唱腔曲调包括起板、导板、拉腔、射腔、叶里藏花、回龙调、四六长腔、男女拉拉腔、叠断桥、打牙牌、千金小姐进花园调等,其板式大致可分为慢板、二行板、数板、紧板和五字紧板等。柳叶琴、笛子、坠琴、二胡、板胡、唢呐、笙及板鼓、大锣等是柳琴戏主要的伴奏乐器。柳琴戏的角色有自己特殊的名称,如小头、二头、二脚梁子、老头、老拐、大生、勾脚、毛腿子、白脸等。小头即闺门旦,二头即青衣,二脚梁子即青衣兼花旦,老头即老旦,老拐即彩旦,大生即老生,勾脚即丑,毛腿子即花脸,白脸即白面。柳琴戏的表演粗犷朴实,节奏明快,乡土气息浓厚,演员的身段、步法明显带有民间歌舞的特点。

民国时期为柳琴戏传播的鼎盛时期。1918—1920 年,峄县拉魂腔艺人孙殿文率班在徐州演出,徐步俊、大毛子率班去蚌埠演出;1932 年,梁学惠等应邀去上海演出;1932 年,台儿庄人韩秀廷、周玉山率班去沂州、高密、青岛等地演出,滕县级索人赵崇喜率常胜班去济南演出。一时间,拉魂腔风靡淮海广大地区,以致生活在苏鲁豫皖交界地区的民众,无论男女老幼都会哼上几句拉魂腔。1953 年,将其正式定名为"柳琴戏"。1982 年 7 月,枣庄市台儿庄区文化馆举办了柳琴戏学员培训班,共招收学员 40 名,其中演员 30 名,乐队 10 名。学员多为初中、高中毕业生和部分艺人子弟,教师有李敬爱、马兰侠等。培训班结束后,大部分学员被分配到台儿庄区柳琴剧团。1985 年 12 月,经滕县人民政府批准,滕县文化局开始筹建滕县戏曲专业学校,并于 1986 年 3 月正式开学。学校分设柳琴戏表演和器乐伴奏两个专业,除了戏曲基本功外,还开设文化、音乐和戏曲常识等课程。学生毕业后,大部分被分配到滕州市柳琴剧团。

柳琴戏不但是枣庄的特色文化项目,也是苏鲁豫皖交界地区群众所钟爱的传统艺术,具有浓郁的乡土气息和独特魅力。2006 年,枣庄柳琴戏被国务院公布为第一批国家级非物质文化遗产保护项目,成为苏鲁豫皖以及泛淮海地区最有影响力、最具代表性的地方剧种。为推动柳琴戏这一国家级非物质文化遗产的保护传承,2012 年 7 月,枣庄市成立枣庄市柳琴戏保护传承中心,不断加强对柳琴戏的保护与传承,在保护特色经典剧目的同时,不断创排优秀新剧目,使柳琴戏重新焕发生机和活力。

8. 台儿庄运河大鼓

运河大鼓是大鼓演奏的一种形式,距今已有400多年的历史,流传于今枣庄市台儿庄一带。

说起运河大鼓,要追踪到"郝祖""丘祖"。郝祖名郝大通,元朝人,与丘处机等同拜重阳王真人为师,修炼于宇海之崂山。丘处机被渔鼓艺人尊为"丘祖",号称"丘祖龙门派";郝大通被大鼓艺人敬为郝祖,自称"郝祖华山派"。据传,明末清初,台儿庄运河两岸渔鼓艺人在渔鼓演唱的基础上,经过加工、润色、提高,演变为今天的运河大鼓,如丘祖龙门派柴门传人、涧头集镇老艺人孙业稳是第18代传人;又如郝祖华山派沙门传人都洪阳是第19代传人。明末至民国年间,台儿庄地区穷山恶水,十年九涝,贫苦农民四处流浪,为了谋生,一部分人就拜师学习大鼓,出师后四处乞讨、演唱。演唱范围南到南京以北、淮南、淮北,北到新泰市,东到连云港东海县,西到微山湖以西。在台儿庄地区,40岁以上的青年男女都能哼上两句大鼓腔,因此,运河大鼓在台儿庄地区流传甚广。

运河大鼓流派较多,主要有郝祖华山派、丘祖龙门派、石门派、海清派。郝祖华山派包括张门、杨门、沙门;丘祖龙门派包括高门、蓝门、柴门、炅门;不属于四大派别的还有新门、王门、于门、陈门、韩三门等。运河大鼓的伴奏乐器是一面大鼓,一副钢板,左手持钢板,右手敲鼓。大鼓扁圆,分一圈鼓、二圈鼓、三圈鼓,一般用二圈鼓较多,二圈鼓直径约40厘米、高约20厘米,两面蒙牛皮,置于竹竿撑起的鼓架上,一敲咚咚作响,能传二五里之远;钢板形如两片半月,于食指、中指、无名指之间夹上,指摇手晃,叮当作响。艺人以坐唱为主,唱到激昂处,也要站起来手舞足蹈一番。运河大鼓讲究字正腔圆,伶牙俐齿,粗犷豪放,激越高昂,其表现金戈铁马、攻城掠寨的战争场面,龙腾虎跃、南征北战的动人场景尤其擅长,常常让听众惊心动魄,记忆犹新。

运河大鼓的演出曲目有几十种。按历史顺序排列,春秋战国秦汉时期的有《春秋战国》《孙庞斗智》《七国》《秦始皇兵退六国》《借吴代楚》《五岳春秋》《姚通征南》《姚钢征西》《西汉》《东汉》《刘秀走南阳》等,唐代的有《说唐》《岳唐》《隋唐》《隋唐演义》《秦英征西》,宋代的有《陈桥兵变》《日锁玉龙》《杨家将》《薛魁打擂》《呼延庆打擂》《金鞭江》等,元代的有《十把穿金扇》等,明代的《五虎英烈》《狸猫换太子》《海瑞罢官》《王琦卖豆腐》等,清代的有《关东传》《白老鼠告状》《九姐大出嫁》等,现代的有《天津暴动》《敌后武工队》《平原游击队》等。

新中国成立后,运河大鼓发展较快,1951—1953年,兰陵县(当时台儿庄区属兰陵县)成立曲艺协会,会员达200多人,会员按等级分发"演出证""临时演出证"和介绍信,按月缴会费。1957—1966年,枣庄市成立曲艺协会。1967—1968年,台儿庄成立说新唱新三人小组,著名评词艺术家罗耀任组长。1979年10月,台儿庄区成立曲艺队,人员近百,下设曲艺、柳琴、杂技几个大组,大组下设若干小组,曲艺人经业务考核,分三等发给"演员证""演出证"和临时介绍信。曲艺队每季度一次例会、换证、开信、缴费,半年一次总结、评比、奖励先进,一年一次会演提高交流技艺。1980 年,由艺人筹资,台儿庄区文化馆兴建占地 200 平方米、可容纳 400 人的曲艺厅,起名"百花厅",曲艺队年均演出万场,听众 100 万人次,年创收 10 万多元。

四、传统体育、游艺与杂技

传统体育、游艺与杂技是我国非物质文化遗产的重要组成部分,它是一门无言的技巧性艺术,是人的力量、智慧相结合的艺术体现,是一种包括各种体能技巧的表演艺术。传统体育、游艺与杂技是非物质文化遗产中的一个独特种类,由三种具有相通性的小类别组合而成。传统体育则更多的是指健身、修身养性、表演或自娱自乐的运动,有的具有一定的竞技性,有的则不具有突出的竞技性,其中,又以传统武术最具有代表性;游艺主要指流传在民间生活中的嬉戏娱乐活动,也称为游戏或玩耍;传统杂技则主要指活跃在民间的一种带有技巧性和表演性的娱乐方式,在我国历史上,传统杂技主要有广场杂技、高空杂技、魔术、滑稽表演、马戏、驯兽等形式。这些传统深厚、历史悠久的民间娱乐活动,与人们的家庭生活、社会生活、生产劳动等紧密结合,具有广泛的群众基础。

山东运河区域传统体育、游艺和杂技类非物质文化遗产共有 55 项(详见附表6),代表性的传统体育、游艺和杂技类非遗项目主要有德州安家拳、临清肘捶、聊城杂技、武城武子拳、梁山武术、滕州五里屯大洪拳、临清潭腿、宁阳斗蟋、济宁查拳、济宁杂技、台儿庄狮子龙灯等。现选择其中较有代表性的几种非物质文化遗产,简述如下。

1. 德州安家拳

山东是武术的发源地,萌发于山东的武术拳种有 70 多个,广泛流传在德州地区的安家拳,就是一个具有地域文化特色和独特风格的拳种。

安家拳源于少林,吸纳京津各大名家之精华,承袭流派精髓,至今已流传 100余年。安家拳始于清末,经先祖勤修苦习、融会贯通,吐故纳新而形成,是经过五代传承人淬炼,融合八极、八卦、形意、太极、少林、六合等众家之长演化而来的家族拳种,功法完善。目前,安家拳主要包括安家八极拳、安家硬功、安家金刚八锤、八极提虎腿、八极金刚锤、八极风魔棍、安家十二形、安家九州棍、安家八卦掌、五龙穿化掌、安家滚手刀、安家八卦实战操手、安家太极拳、安家八剑、安家匕首对战等。

安家拳内容丰富,动作简单易行,特别是功法练习,注重内练与外练的结合,要求意气力合一,尤重养生与保健。通过手眼身法步、精神气力功的高度协调演练,可给人们带来形体美、运动美、艺术美的精神感受。安家拳在实战练习中,要求动作、意念、呼吸高度协调,讲究先柔后刚,发力迅猛,以快制慢,特别注重动作与呼吸的配合,要求以气摧力,发力刚猛。安家拳源流有序,拳理明晰,风格独特,自成体系。该拳融通阴阳五行和天人合一等传统文化精髓,集健身、防身和养生为一体,具有多功能的价值和作用,也是该拳种最鲜明的特点之一。

安家拳源远流长,经久不衰,内容丰富、体系完整,是中国传统武术文化中的一个独具特色的拳种,对深化研究山东传统武术发展史具有较高的参考价值。它一直在民间自发传承,缺少政府部门系统全面的保护。安家拳后继乏人,传承人的培养正处于断层尴尬境地,遗留的一些文字和图片资料也年代久远,面临丢失的风险。目前,第五代传承人安剑秋通过广播、电视、地方武术协会等多种方式,对安家拳加以保护和传承。2017年,安家拳被列入德州市第五批非物质文化遗产名录。

2. 临清肘捶

临清肘捶是一种流传有序、内外兼修、刚柔并重的优秀拳种,为临清瑶坡村张东槐所创,主要流行于山东、河北一带,因其能够了巧妙使用多种肘法、拳法而得名。张东槐生于清道光二十四年(1844),卒于清光绪二十七年(1901)。他家道殷实,秉性豪放,幼承家教,勤奋好学。据传少林寺一腐和尚曾传其拳法,后又游历四方,以武会友,经多年研究,创编了立意精深、法度严谨、简明实用的肘捶拳法。

图 1-10　临清肘捶演示

肘捶的基本内容由功法和理法两部分组成。功法主要有两通、十趟捶、四季捶、八方捶及天地人字号散手等。理法主要有玩意起名说及捶论等。捶论是临清肘捶理法用则,主张学一式得一法,得一法明其所用,学一法须知法中之理,以其举一反三。肘捶的捶论对本门技法功法之要领进行了全面的论述,内容有论两通、交手谱、论身法、论进退、论静法、雷电捶、飞鞭捶、游意捶、透甲捶、伏虎捶、审机捶、缠丝捶、空敌法、无我法、论刚柔、论化境捶、论四节劲、论八面肘、论立身中正等,每一论都以诗歌而概其要旨。① 无论是两通还是十趟捶都可单练,也可对练。习练者皆可根据自身学识、条件去揣摩其中奥妙,达到健体、防身、修身的统一。百余年来,肘捶拳法经六七代弟子传习延伸,受到鲁西、冀东等地人民的喜爱。

临清肘捶作为我国传统武术文化的优秀代表,其可贵之处在于,在中国武艺的高度成熟期,张东槐自觉地运用易、医之理及兵学之理来演绎武技,他创编的拳法起点高、立意准、招法切重实用,是理论和技法的优秀结合。他在拳谱中写下的若干篇"捶论",全面细致地论述了拳的各种性质及临敌交手时的战斗谋略、心理意识等。其见识深刻独到,精辟之至,为其他武术典籍所没有。肘捶中保留了许多中国传统武艺中的原生态元素,为我们研究认识中国传统武艺、发展现代运动提供了借鉴。② 近年来,不但各健身点推广传授肘捶,武校也开设肘捶课程,为进一步弘扬优秀传统文化,促进全民健身运动的开展,起到了积极的作用。临清肘捶分别于2010 年 5 月和 2011 年 6 月入选山东省省级非物质文化遗产名录和国家级非物质文化遗产名录。

3. 聊城杂技

聊城地区是中国杂技的发源地之一。新石器时代晚期,聊城是东夷人活动的主要区域,据说当时东夷人的首领蚩尤便是一位杂技高手,古代杂技就源于角抵戏即蚩尤戏。聊城杂技现分布于东阿、茌平、阳谷等县及其周边地区。

图 1-11 聊城杂技表演

① 李宗伟主编《山东省省级非物质文化遗产名录图典》(第 2 卷),山东友谊出版社,2012 年,第 236～237页。

② 李宗伟主编《山东省省级非物质文化遗产名录图典》(第 2 卷),山东友谊出版社,2012 年,第 237 页。

春秋战国时期,聊城杂技马戏得到初步发展,到汉代已经基本成熟。三国时期,杂技马戏在聊城的东阿一带已很盛行,成为一种以杂技为主兼有其他技艺的表演形式,东阿王曹植曾以"斗鸡东郊道,走马长楸间"的诗句来描述这种状况。历史上黄河经常泛滥成灾,许多农民为了生存不得不弃农学艺,东阿县孟庄、贺庄、张大人集等村就是著名的杂技村。民国初期,仅东阿县就有几十个杂技马戏班。此外,阳谷、茌平、莘县、临清等还有几十个杂技团。其中有些团体曾到朝鲜、日本、新加坡演出。1955年,东阿县正式组建马戏团8个。1970年,成立了聊城地区杂技团。

聊城杂技历史悠久,艺人辈出,逐渐形成了富有齐鲁特色的杂技行业文化体系。聊城杂技主要包括马戏、魔术、表演三大种别,重视腰腿顶功,突出新、难、奇、美、险,艺术风格朴实、英武、粗犷,素有齐鲁英豪之称,深受广大群众喜爱。目前,聊城杂技虽经着力发掘和倡导,但仍存在着衰落的趋势。这主要是因为随着生活水平的提高,原来作为谋生手段的杂技对现在的年轻人已不具吸引力,由此导致严重的后继无人现象。一些颇有造诣的杂技演员因年事已高逐步退出舞台,有的相继谢世,使得一些绝技面临失传的危险。1993年,文化部批准在聊城建立中国少儿杂技基地,并将其列入国务院"蒲公英计划"。聊城市政府依托中国少儿杂技基地,建立了聊城蒲公英杂技艺术学校,培养杂技后备人才。但这仍然与科学的、立体的、全面的、原生态的保护相距甚远,非物质遗产的抢救保护意识和工作力度亟待进一步加强。[①] 2006年5月20日,该遗产经国务院批准列入第一批国家级非物质文化遗产名录。

4. 梁山武术

梁山县位于山东省西南部,是水浒英雄故事的故乡,是历代群雄啸聚、反压迫、反剥削的地方,同时也是中国武术的四大发祥地之一,与河南少林、湖北武当、四川峨眉齐名。

长期生活在梁山这片沃土上的人们崇尚武术,自古以来,民间习武之风盛行,素有"喝了梁山水,就会伸伸胳膊踢踢腿"之说。早在800多年前,梁山的本土功夫——子午门功夫就已诞生。子午门功夫是梁山武术的典型代表之一,是北宋末年由梁山县北部六工山建福寺老方丈元通大师和梁山好汉们共同编创。因练功者每天在子午两个时辰练功,所以被称为"子午门功夫"。在火药发明之前,子午门功夫主要用于军事战争,一般不外传。由于子午门功夫采取隐蔽性传承的方式,其他流派陆续传入梁山,素来尚武的梁山人加入习练队伍,相互切磋,一批武术社团及拳场也应运而生,造就了水泊梁山流派林立、风格各异的武林格局。

---

① 周和平主编《第一批国家级非物质文化遗产名录图典》(下册),文化艺术出版社,2006年,第637页。

图 1-12　梁山武术表演

据统计,梁山一带习练的拳术多达 10 余种,其中梅花拳、子午门、太极拳、少林拳、佛汉拳、洪拳、三晃膀大洪拳、秘踪拳等习者众多,影响较大,是梁山武术的代表拳种。不同拳种各有特色。如梅花拳讲究左右对称,刚柔相济;太极拳讲究气沉丹田,圆活连贯;黄氏二郎拳讲究实打实招,严戒玄虚。各个拳种门派相互学习借鉴,切磋提高,共同促进了梁山武术的传承和发展,形成了独具特色的一大武术流派。①

梁山武术在形成和发展过程中创造了许多拳术、器械的新套路、新技法,有一套完整的理论体系和演练规则,是对传统武术的发展和升华,具有极强的学术价值。同时,梁山本来就是水浒文化的发祥地,梁山地区尚武、习武之风融入了梁山本土文化遗韵,特别是受到了水浒文化、运河文化、齐鲁文化的熏陶和滋养,形成了独特的文化特色,具有重要的历史文化价值。现在,梁山习武之风犹盛,全县习武群众超过 20 万人,各类武术场馆达到了 200 余家,全国各地的学员慕名而来,成了远近闻名的"武术之乡",为中华武术的发扬光大作出了重要贡献。②

5. 滕州五里屯大洪拳

滕州五里屯大洪拳是中华武术的一种,属于长拳类。大洪拳发源于少林寺,是少林第十二代弟子根据关东拳发展演变而成。因少林寺第十二代弟子是洪字辈,又因这种拳打起来大开大合,起伏分明,所以就叫"大洪拳",主要分布在我国北方地区。在鲁南地区,以滕州五里屯最为有名。

滕州五里屯大洪拳的创始人冯佩出生在清朝乾隆、嘉庆年间,早年丧父,家境贫苦,与母亲、姐姐相依为命。冯佩年少时热爱武术,长大后告别母亲,一路乞讨投

---

① 李宗伟主编《山东省省级非物质文化遗产名录图典》(第 1 卷),山东友谊出版社,2012 年,第 286 页。
② 李宗伟主编《山东省省级非物质文化遗产名录图典》(第 1 卷),山东友谊出版社,2012 年,第 287 页。

奔嵩山少林寺学艺。学有所成后回到家乡山东滕县。后来,冯佩在县衙申办官牒,在滕县城北关外开设一家护送银两的镖局,并自任镖局领班镖师。开镖局需要联络远近武功高强的人士协助,于是,冯佩又自设武场,招纳青年习练武功。城西五里屯村的狄玉清等人闻讯,纷纷前来拜师学艺,滕县大洪拳自此振兴,冯佩也随之名扬武林界。

大洪拳包含黑虎拳、卯时拳、六路式、五趟锤、羊角拐等 100 多套拳法,使用的兵器有刀、剑、枪、棍、羊角拐、九节鞭等十几种。其特点是架势优美,舒展大方,起伏分明,攻防有力。因其极具搏杀实效,故近代以来先后被太平天国起义、义和团农民运动的义军和微山湖独山"三唐"农民起义军练兵所采用,并赋予了神拳的色彩,加入军中战斗时的刺枪、托枪、刀劈、落马倒地后翻滚防守等技法,运气为拳,化掌为刀,拳掌并用、刚柔相济、攻守自如。因大洪拳有 100 套拳法,传授时一个徒弟只学其中几种,也就是说每个人都学不全所有的大洪拳,只有所有的徒弟在一起时才能演练全所有的拳法。近些年,由于市场经济的冲击,一些人忙于生计,荒疏了拳脚。随着生活水平的提高,习武的年轻人日益减少,使得大洪拳的传承面临困境。2008 年 7 月,滕州五里屯大洪拳入选枣庄市第一批非物质文化遗产名录;2009 年,被列入山东省第二批非物质文化遗产名录。

五、传统美术

传统美术是指人民群众创作的,以美化环境、丰富民间风俗活动为目的,在日常生活中应用、流行的美术。[1] 传统美术是组成各民族美术传统的重要因素,为一切美术形式的源泉。新石器时代的彩陶,战国及秦汉的石雕、陶俑、画像砖石,其造型、风格均具有鲜明的民间艺术特色;魏晋后,士大夫、贵族成为画坛的主导人,但大量的版画、年画、雕塑、壁画则以民间匠师为主,而流行于普通人民之中的剪纸、农民画、刺绣、印染、服装缝制、风筝等更是直接来源于群众之手,装饰、美化、丰富了社会生活,表达了人民群众的心理、愿望、信仰和道德观念,世代相沿且又不断创新、发展,成为富于民族乡土特色的艺术形式。[2]

传统民间美术具有以下几个显著特征。①原发性:物质生产和精神生产相互交织。与现实生活紧密相关的原发性,带有很大成分的生活原型特点。②集体性:劳动者始终是民间美术的创作者、使用者、传播者和欣赏者。劳动者集体的社会生活需要是民间美术创作的基础,在此基础上进行的创造体现着劳动者集体的聪明才智和创造才能。③传承性:民间美术的传统核心价值观不会因为历史上的朝代更替等时代性的社会需要而改变。同时,具有生命力的传统会因有效性的改变而

---

① 李良品、彭福荣、余继平著《重庆民族地区非物质文化遗产研究》,重庆出版社,2012 年,第 116 页。

② 张宁宁《浅谈民间美术》,《美术大观》2009 年第 5 期。

以新形式被继承下来。④区域性:文化传统塑造着区域内居民的文化性格,制约着民众的生活习性,从而形成了各自民间美术的区域性特征。⑤工艺性:民间美术在创作过程中,始终包含着对材料的人文开发和充分利用,体现出材质自身的肌理、纹饰、光泽等自然形态特征。①

传统美术是人类文化生活的一个重要组成部分,体现中华民族文化精神和审美意识的最普遍的表现形态,对中国社会生活和民族文化艺术有着无法估量的重要意义。"工艺美术的发生、发展、制作思想、制作工艺不仅反映着与时代相对应的文化,也反映出与时代相契合的生产力的发展水平、生活方式、生产方式。"②山东运河区域传统美术类非物质文化遗产共有 84 项(详见附表 7),包括服饰、刺绣、剪纸、雕刻、玩具、面塑、漆器、竹编、陶器、盆栽等等。代表性的传统美术类非遗项目主要有德州核雕、东昌木版年画、张秋木版年画、阳谷脸谱葫芦、东平湖麻鸭蛋壳彩绘、济宁面塑、嘉祥石雕、微山湖民俗绘画、滕县木版年画、枣庄运河梁氏石刻脸谱、台儿庄运河剪纸艺术等。现选择其中几种较有代表性的传统美术类非物质文化遗产,简述如下。

1. 东昌木版年画

东昌木版年画的生产距今已有近 300 年的历史。聊城与潍坊杨家埠并称为山东的两大民间画市,代表着山东木版年画的东西两大系统,很早就在国内享有盛誉。清初,山西、陕西商客首先在"五方商贾辐辏,物阜繁齿"的阳谷县张秋镇开设了 3 家年画店。后来,其中之一的"刘振升画店"迁到东昌府东关清孝街,随后各地商贾蜂拥而至,竞创画店。具有悠久历史的聊城木版印书业为木版年画的发展提供了有利条件。清末,聊城的"五福祥"、堂邑的"同泰"、莘县的"通顺"等 20 多家大堂号画店相继出现。除门神画外,又有了包括当地风俗和历史故事在内的多种年画品种。每年春节前,各种年画纷纷上市,引人瞩目。从鲁西平原到山东各地,从晋、陕、冀、豫到东北 3 省,都有聊城年画的销售市场。③

东昌木版年画的取材范围非常广泛,包括描写劳动生产的耕织图、渔家乐,戏曲故事,民间传说以及福禄喜庆性质的吉利画等。年画的种类也很多,可分为三大类:一类是故事,包括民间故事、戏曲故事、小说故事等,如《庆顶珠》《天河配》《打金枝》《赵云夺阿斗》《长坂坡》《武松打虎》《马超马岱》等;另一类是吉祥喜庆的内容,如《福寿三多》《双喜临门》《招财进宝》《连年有余》等;再一类是生活题材的,以儿童题材的"胖娃娃"为主,这是传统的年画,一个个天真活泼的儿童,有的抱鱼、逗猫、采莲,有的捧花、扑蝶,形象生动,饱满甜润,既给人以美的享受,又给人以幸福美好生活的憧憬,如《麒麟送子》《五子登科》《福寿三多》《吉祥如意》等。其设计、刷色富

① 石鑫《蒙元文化在高等美术教学中的渗透》,《内蒙古教育》(职教版)2011 年第 10 期。
② 杜江、业晓凯《合众艺术馆:艺术修养》,上海科学技术文献出版社,2016 年,第 71 页。
③ 张从军主编《山东运河》,山东美术出版社,2013 年,第 90 页。

丽堂皇,红火吉利,展现着迎春纳福的喜庆心理。①

图 1-13　东昌木版年画

　　东昌木版年画具有独特的艺术风格。它构图简洁,整体感强;人物造型眼型窄长、鼻梁鼻翼瘦窄,形象丰满质朴;线条刚劲、流畅、圆润,弧中有直、柔中有刚;色彩柔和、鲜明、古朴。聊城年画历来只有"草版",即只印不画,全印用木版分色套印,有红、黄、绿、青、黑 5 种基本色,整个画面五彩缤纷,装饰性强。脸面部不着色,使人物形象更加突出醒目。在人物塑造上夸张手法的运用较潍县年画多;在色彩运用上较山西晋南年画更古朴。近年来,随着现代印刷技术的发展,传统木版年画受到很大冲击,东昌木版年画的作坊越来越少,绝大部分木版的版式已面临灭绝,传统的年画刻版技艺和印刷技术的传承也难以为继。2008 年 6 月,东昌木版年画入选第二批国家级非物质文化遗产名录项目。

　　2. 阳谷脸谱葫芦

　　阳谷脸谱葫芦是流传于鲁西一带的民间工艺品,它的最初雏形来源于黄河中下游两岸渔民打鱼时所用的最原始的"救生圈",有的作为酒器用来盛酒用。后来,为了美观好看,或者说是为了作为记号,便在葫芦上刻画各种图案,此后逐渐改进,最终热爱戏剧的人将脸谱刻画到上面,形成了现今别具一格的工艺美术品。

　　葫芦是盛产于鲁西地区的一种装饰植物,每到秋末摘下晾干,去皮后,便可用来绘画图案。绘画时要先打好底子,然后再起草脸谱。待用颜料填完颜色,晾干,罩上面漆,一件脸谱葫芦艺术品也就成功了。葫芦脸谱选用的题材以京剧的净、末、丑为主,主要有《三国演义》《水浒传》《西游记》《施公案》《隋唐演义》《岳飞传》、楚霸王等七大类人物,100 余种,而且一个个栩栩如生,可以说看了脸谱葫芦,就等

---

①　陈清义著《聊城运河文化研究》,山东画报出版社,2013 年,第 241 页。

于在戏剧艺术殿堂里走了一遭,让人了解不少戏剧艺术知识,所以脸谱葫芦深受人民喜爱。

阳谷脸谱葫芦在形成工艺品之前,是刻画不同形状图案作记号来用,直到清末民初,才被京剧爱好者把脸谱刻画到葫芦上,并逐步达到图案清晰、刻工精细的效果。脸谱葫芦传承人辛福春带着他所创作的作品,曾参加了在深圳召开的第二届国际文化博览会和山东省首届国际文化博览会、山东省非物质文化成果展以及聊城江北水城旅游节,受到国内外游客好评。

3. 济宁面塑艺术

面塑,俗称面花、礼馍、花糕、捏面人,它以面粉、糯米粉为原料,调成不同色彩,用手和简单工具,塑造各种栩栩如生的形象。捏面人在我国的真正起源已不可考,但从新疆土鲁番阿

图 1-14 阳谷脸谱葫芦

斯塔那唐墓出土的面制人俑和小猪来推断,距今至少已有 1300 年的历史了。南宋《东京梦华录》中对捏面人也有记载:"以油面糖蜜造如笑靥儿。"那时的面人都是能吃的,谓之为"果食"。面塑从用途上分为两种:一种是可食性的,一种是观赏性的。可食性的如花糕、面鱼和糕点房的糕点。民间流传这样一句歌谣:"做春燕,捏龙凤,描花画叶欢吉庆。"面塑多用于如春节、元宵、清明、中秋等节日,后来延伸至婚丧嫁娶、祭祀和串亲访友的礼品。

济宁面塑艺术历史悠久,鼎盛于孔府供品和运河衙门祭祀。《孔府档案》中记载:清光绪二十年(1894),祝贺慈禧太后 60 寿诞时进贡的面食菜单中主食占 12品,其中饽饽 4 品,分别为寿字油糕、寿字木樨糕、百寿桃、如意卷,充分代表了济宁面塑的国宴级水准。孔府面塑以其细致、精美著称,运河衙门面塑则以古朴、概括、粗犷、豪放见长,这就使得济宁面塑既有长江流域面塑的细致与精美,又有古朴、概括、粗犷、豪放的造型特点。在曲阜,历代为孔府制作面点的高家,到了高福堂辈上,进"万成公"做了糕点师。清乾隆以后,长期为衍圣公府制作精品朝贡糕点,一度誉满宫廷。

面塑通常以历史故事为题材。在济宁,《水浒传》中的 108 将就成了面塑师钟爱的创作题材,还有鲁南风俗系列,如磨剪子、锵菜刀等经典人物形象。济宁面塑历经千年的传承与发展,早已成为中国民间艺术的重要组成部分,是研究历史、考古、民俗、雕塑、美学不可忽视的现存实物资料,更多地体现了传统美学宗旨和技艺特色。因此,面塑又超越了一般的雕塑,不仅仅是民间艺术作品,而是世界艺术宝库中的瑰宝。

4. 滕县木版年画

滕县木版年画主要分布于滕县城郊王楼村一带。据考证,该村的先人自明朝永乐年间从山西洪洞县迁来滕州时,就将山西的年画艺术带到了王楼。王楼年画创始人王弘光继承先人绘画艺术,专攻刻版印刷,但式样较单一,多数是喜神、床公床母、天地直符等品种,农闲时就用红纸印刷一些专门供四邻八庄的乡亲们用。王楼木版年画兴盛于清朝乾隆年间。王弘光的后人王贞瑜将祖先的年画进行了继承发扬,把年画做到了一定规模。王贞瑜的孙子王承河成为王楼年画发展的重要人物,对王楼年画的弘扬作出了重要贡献。道光年间,王承河的父亲王秉元注重年画的品种扩大,由原来几种扩大到 30 多种,如门神、灶君、五子登科、蜡烛、香、钵、黄表、娶媳妇用的床公床母、喜神、麒麟送子等。王承河生于咸丰年间,从小就跟着父亲学习木版年画的印制,六七岁就会刻天地皮子、床公床母、喜神等简单的年画。在刻版印刷方面,王承河采多家之长,不断创新。为了让版面多样化,他大胆地对版面进行了改革,对颜料配兑做了创新,逐渐形成了自己的特色。王建良是王承河的次子,他 13 岁就跟着父亲干印制年画和刻板,练就了一手好活路。20 世纪三四十年代,王楼村年画达到了鼎盛期,把滕县木版年画做到了一定的规模。在刻版上最有建树的是王建良的长子王永恩和次子王永镇。当时滕州所有的雕版大约有2/3 都出自他们之手。王建良父子的雕版都有恒祥老号、恒祥纸店、义祥书局、滕县城西、滕西王楼、滕西三里王家楼等字样。

图 1-15　滕县王楼木版年画

滕县木版年画的制作有备料、选纸、画稿、刻板、印刷、晾画、装裱等工序,最重要的是刻版和印制两部分。年画的题材广泛,内容丰富,以历史故事、神话传说、戏曲人物、演义小说为主要内容。仅门神系列就有十几种,与其他年画一样寄寓了美好的愿望。如常见的《麒麟送子》贺人早生贵子,《灶君》规劝人们为善造福,《武松打虎》则表现了人们崇拜英雄、鞭挞丑恶的情感,《墨子》表现了人们渴望侠道、追求社会公正的愿景。滕县年画一般用大红、粉红、橘红、橙绿、黄、黑 6 色套版,毛边纸印刷,也有光连纸的。刻版刀法刚强有力、饱满流畅,色彩鲜艳协调,有强烈的装饰效果。

"文化大革命"时,王楼村的雕版几乎全部被砸烂、焚烧。改革开放之后,年画传承人王永镇担任技术指导,在他的传授下,王楼村又成为远近闻名的年画村。1982年,以王楼木版年画《状元及第》为代表的滕州16幅作品参加山东举办的民间工艺品展览,受到专家们的高度赞赏。2013年,滕县木版年画参加了台儿庄非物质文化遗产博览会,引起社会和文化部门重视。

5. 枣庄运河梁氏石刻脸谱

枣庄运河梁氏石刻脸谱流传于枣庄台儿庄一带,是一种传统的艺术门类,在国内外流行的范围相当广泛,已成为中华民族传统文化的标识。

脸谱的产生有着悠久的历史。脸谱起源于5000多年前的面具,脸谱将图形直接画在脸上,而面具把图形画在或铸在别的东西上面,再戴在脸上。大家看到的脸谱大致可归纳为两大类,一类是工艺美术性脸,这类脸谱是作者根据自己的思维想象,进行艺术加工,广泛用石、木、竹等雕刻脸谱工艺品;另一类是用编织、刺绣等手法制作的脸谱观赏品或在脸形上用绘画的手法绘制出的脸谱。

图 1-16　运河梁氏石刻脸谱

运河梁氏石刻脸谱是将脸谱图案刻在石头上的艺术,它博采众家之长,雕刻内容丰富,图案清晰美观,集观赏性与收藏性一身,深受人们的喜爱。其制作程序如下:第一,要先雕刻模具,而且一脸一面,不雷同;第二,用纸脱胎成型;第三,粉饰与绘画;第四,涂漆、编扎;第五,装饰美容。梁化中是运河石刻脸谱的传承人,他痴迷篆刻艺术,曾游学于西泠印社,求学于草书大家、浙江大学教授马世晓先生。2002年,梁化中北上天津拜访王学仲先生,被王学仲先生称为"诗、书、画、印、联、赋不可多得的全面型人才"。2013年,他的作品《运河石刻千面脸谱》荣获中国十艺节暨山东第五届工艺美术精品展银奖,堪称"中华一绝"。

六、传统技艺

传统技艺指历史上传承下来的手工业技术与工艺,是非物质文化遗产的一个重要组成部分。传统技艺和人们的社会活动、日常生活有着紧密的联系,是人类的基本活动之一。中国是世界公认的工艺大国,手工技艺源远流长,种类繁多,大体可分为:工具和机械制作;农畜产品加工;烧造;织染缝纫;金属工艺;编织扎制;髹漆;造纸、印刷和装帧;制盐、制笔、制墨、颜料制备、烟花爆竹制作等。[①] 它们具有独特的文化价值和科学价值,是人类早期文明的鲜活见证,值得珍视和珍存。

传统技艺与人们的衣食住行用等日常生活和社会生产密切相关,既具有现实的使用价值、经济价值,又具有很高的艺术价值、人文价值和历史价值。传统手工艺是以手工劳动为基础的技艺表现形式。"每一件手工艺制品都是一次独立的技艺创造过程,这是传统技艺有别于大机器工业化生产的最独特、最显著的特性。"[②] 山东运河区域传统技艺类非物质文化遗产共有264项(详见附表8),代表性的传统技艺类非遗项目主要有德州扒鸡制作技艺、临清贡砖烧制技艺、聊城魏氏熏鸡制作技艺、东昌运河毛笔制作技艺、东昌葫芦雕刻技艺、东平湖传统木船制作技艺、嘉祥鲁锦织造技艺、济宁玉堂酿造技艺、微湖鱼宴烹饪技艺等。现选择其中几种较有代表性的传统技艺类非物质文化遗产,简述如下。

1. 德州扒鸡制作工艺

德州扒鸡,又名德州五香脱骨扒鸡,是一种用小火慢焖而至熟烂的肉制品,是山东著名的风味小吃之一。

德州扒鸡源于明代,盛于清末民初,距今已有300余年的历史。早在明代,德州城内及水旱码头上即有叫卖烧鸡者。康熙三十一年(1692),在德州城西门外大街,有一个叫贾建才的烧鸡制作艺人,他经营着一个烧鸡铺。因这条街通往运河码头,小买卖还不错。有一天,贾掌柜有急事外出。他就嘱咐小二压好火。哪知道贾掌柜前脚走,小伙计不一会就在锅灶前睡着了,一觉醒来发现煮过了火。正在束手无策时,贾掌柜回来了就试着把鸡捞出来拿到店面上去卖。没想却是鸡香诱人,竟吸引了很多过路行人纷纷购买。客人买了一尝,啧啧称赞:不只是肉烂味香,就连骨头一嚼也是又酥又香,真可谓穿香透骨了。事后贾掌柜潜心研究,改进技艺。这就出现了扒鸡的原始做法,即大火煮,小火焖,用如今的说法就是火候要先武后文,武文有序,扒鸡之所以名叫"扒"起因于此。贾家鸡有名了,老主顾建议给鸡起个名字吧。贾掌柜自己也想不出名堂来。过了些日子,忽然想起了临街有个马老秀才,觉得他准能起个好名。于是用荷叶包起两只刚出锅的热气腾腾的鸡,快步走到马

---

① 江小角主编《安徽非物质文化遗产》,安徽文艺出版社,2015年,第215页。

② 贾鸿雁、张天来编著《中华文化遗产概览》,东南大学出版社,2015年,第220页。

家溜口街马秀才家,提出请秀才品鸡起名。马秀才尝了尝鸡,问了问做法,边品边吟,顺口吟出:"热中一抖骨肉分,异香扑鼻竟袭人。惹得老夫伸五指,入口齿馨长留津。"诗成吟罢,脱口而出:"好一个五香脱骨扒鸡呀!"贾建才于第二年,即1693年,把扒鸡提到元宵灯会上去卖,销路大开,名声大振。从此,德州城出现了烧鸡、扒鸡同产同销的局面,延续了若干年。康熙四十一年(1702),康熙皇帝南巡驻德州,下榻于其年少时的老师、著名诗人田雯家中,在田氏家宴上,尝到了五香脱骨扒鸡,龙颜大悦。从此,德州扒鸡作为贡品进入宫廷。乾隆年间,扒鸡制作艺人又被召进皇宫御膳房,从此德州扒鸡名扬天下。

20世纪初,以扒鸡传人德州宝兰斋饭庄的掌柜侯宝庆、德顺斋烧鸡铺掌柜韩世功为代表的几家作坊,认真总结祖辈的制作经验,多方摸索试制,完善了工艺,改进了配方,逐渐形成了新一代扒鸡制作工序雏形。至新中国成立前夕,德州市已有福顺斋、德盛斋、盛兰斋等扒鸡店铺20余家,年销售逾40万只。[1] 凡乘车路过德州者,必然下车买上一只或一蒲包扒鸡带回家中全家分享,或馈赠亲友。新中国成立初期,扒鸡行业走上了合作化道路,开始由26名扒鸡传人组成了德州扒鸡联营社,后又建起(火车)站内小卖部,在火车站站台上专门向旅客供应扒鸡,站前一条街扒鸡摊更是兴旺。到了1956年,扒鸡传人加入国营德州市食品公司,成为正式的国营工人,延续到现在的德州扒鸡集团。

德州扒鸡在历史的长河中经过十几代人的苦心经营,一直畅销不衰,具有极强的生命力。制作德州五香脱骨扒鸡采取传统的烧、熏、酥、炸、卤等多种工艺,其生产过程是:将健康的活鸡宰杀、沥血、褪毛、掏净内脏,加工成白条鸡,然后盘为卧姿,口衔双翅,凉透,周身涂匀糖色,用沸油烹炸,再按照鸡的老嫩排入锅内,加入食盐、酱油、原锅老汤及砂仁、丁香、肉桂等佐料,分别以急火和文火炖6~8小时,起锅凉透即成。德州扒鸡不仅营养丰富,而且具有理气、开胃的作用,是老少皆宜食用的佳品。[2] 德州扒鸡因其独特的工艺、独到的配方、特殊的口味在山东省食品行业中占有重要地位,是中华传统美食的优秀代表之一。2014年,德州扒鸡制作技艺被列入第四批国家级非物质文化遗产名录。

2. 德州黑陶烧制技艺

德州制陶工艺历史悠久,上古时称为"有鬲氏"之国。鬲,是中国古代人烧煮食物的器皿,以"鬲"作为部落的名称,可见德州先民部落的制陶技艺已发展到很高水平。据史书记载,新石器时代的晚期,就已出现黑陶的生产。龙山文化遗址中就有一种薄而有光泽的黑陶,所以,龙山文化也曾被称为"黑陶文化"。德州地处黄河下游,京杭大运河的两岸,属于龙山文化的范畴。据专家考证,德州黑陶不但在制作工艺上独具特色,而且也继承了龙山文化的传统。早在公元7世纪,德州民间生产

---

① 张从军主编《山东运河》,山东美术出版社,2013年,第84页。
② 张从军主编《山东运河》,山东美术出版社,2013年,第84页。

的泥质陶器,如盆、坛、罐等,就远销全国各地,并因工艺精湛、造型美观、色泽鲜亮而享有盛誉。

德州黑陶的艺术特点首先是无釉,它所采用的原料是京杭大运河两岸特有的红胶泥,经过科学方法加工处理,采用传统的手工轮制方法成型后,坯体表面以压光、绘画、雕刻等手段加以装饰,然后进行烧制。因而陶器表面光滑,色泽协调。器皿坚实耐用,轻叩有清脆悦耳之声,好似金属铸品。制作各种花盆,透气适中,可使花根不烂,枝叶茂盛。其中双层镂孔花盆造

图 1-17　德州黑陶

型美观,雕刻细致,适合花卉生长,更为一般花盆所不及。德州黑陶造型也颇为别致,有传统的单层拉型成坯的,也有一底双层组合成坯的。坯型表面采用通体镂孔和阴刻、浮雕、画线、压花等工艺手法处理。陶器表面的花纹,汲取了剪纸、木雕、刺绣等艺术手法,根据产品的不同特点加以融合,使之整体和谐。花纹多取材于松、竹、梅、兰和鸟、蝶、鱼、虫等自然景物,图像生动活泼,妙趣横生。[①]

新中国成立后,这一传统的民间工艺受到党和政府的重视。1979 年,德州市率先在全国挖掘整理黑陶文化。由政府投资,引进祖籍山东的黑龙江省绥棱县制陶艺人寇维军,在当时的于官屯公社卢庄创办黑陶厂。同年 10 月,在秋季物资交流会上,马来西亚客商以每个 18 元的价格订购了 100 个黑陶工艺品,在全国引起轰动,德州黑陶声名鹊起。1984 年,德州黑陶创始人刘贵田创建起中国第一个黑陶研究所——德州市工艺美陶研究所,刘贵田任所长。从此,黑陶这个从远古走来的艺术在德州绽放,德州黑陶产业在全国率先迸发出勃勃生机。2009 年 11 月,德州荣获中国轻工业联合会、中国陶瓷工业协会授予的"中国黑陶城"称号。2014 年,德州黑陶烧制技艺列入第四批国家级非物质文化遗产名录。

3. 古贝春酒传统酿造技艺

古贝春酒是典型的浓香型白酒,是鲁酒的代表之一,也是北方浓香五粮酒的代表之一。其传统的酿造技艺历史悠久。据考证,早在商代,武城即产国酒"秬鬯"。随着大运河的开通,武城的制酒业凭借舟楫之利带来的繁荣快速发展。在隋唐时期,武城一带的制酒业达到鼎盛,渐次取得了领全国风气之先的地位。"要买酒,贝

---

① 　王永桢、王志明编《著名传统手工业产品小传》,轻工业出版社,1987 年,第 12 页。

州走,大船开到城门口","一杯状元红,醉得公鸡不打鸣;一壶高粱烧,醉得船家不开艄"。这些俗语至今仍在武城民间流传。宋至清朝,武城当地政治、经济中心渐渐东移,运河两岸失去了经济领先的地位,但一直保持了"美酒之乡"的盛誉。晚清时期,武城县南屯村的柴、胡、何、马4家酿酒作坊闻名于当地。柴、胡、何、马4家酒作坊采用的是"混蒸杂粮酒工艺",所用粮食有5种:高粱、小麦、玉米、大米和江米。高粱产酒香,小麦产酒糙,玉米产酒甜,大米产酒净,江米产酒浓。5种粮食合理搭配起来,生产出的白酒诸味协调。现在将该酿造工艺称为"混蒸混烧跑窖工艺"。其生产工艺特点可概括为"三高、一低、一长","三高"是入池时的淀粉含量高、酸度高、温度高;"一低"是用糠量低,即熟稻糠的用量低;"一长"是发酵期长,发酵期达90天。

20世纪二三十年代,南屯村的于宝星汲取多家酿造技艺使于家酿酒作坊的影响力不断扩大,逐渐发展成了武城规模最大的酿酒作坊。1949年中华人民共和国成立以后,公私合营时期组合起来成为一家。在1958年推行地方国营时,正式建立山东武城酒厂(即古贝春公司前身)。古贝春酒的传统酿造技艺特色鲜明,工艺精湛,使得其历久不衰,并获得诸多荣誉。2005年,38度古贝春酒在全国浓香型白酒鉴评中被评为第一名,52度古贝春酒被评为第二名;2006年,被中国酒文化专业协会认定为"中国文化名酒";同年被中国市场品牌战略管理联合会认定为"中国历史文化名酒";2007年,被山东省经济贸易委员会认定为"山东老字号"。2009年,古贝春酒传统酿造技艺被列入德州市第二批非物质文化遗产保护名录。2016年,被列入山东省非物质文化遗产保护名录。

4. 临清贡砖烧制技艺

临清贡砖烧制技艺是我国古代建材烧制技艺的重要代表,因其烧制砖窑位于山东的临清而得名。临清贡砖广泛运用于明清皇家及官府建筑,具有"敲之有声,断之无孔,坚硬茁实,不碱不蚀"的特点,历经几百年仍坚硬如石,显示了临清贡砖烧制工艺的高超。2008年6月7日,临清贡砖烧制技艺被列入第二批国家级非物质文化遗产名录。

临清贡砖开始于明永乐年间,当时明成祖朱棣为了迁都,用15年时间在北京大兴土木,营建皇家城池。由于临清傍临运河,运输方便,土质特别,水质不碱,成为当时生产贡砖的首选之地。于是官府在临清划地营建官窑数百座,专设"工部营缮分司"督烧,验收合格的贡砖用黄表纸封装好,通过船只运送到天津直沽厂,复检后运送北京。据清乾隆五十年(1785)《临清直隶州志》记载,"朝廷岁征城砖百万"。在北京城,除了故宫和十三陵外,天坛、地坛、日坛、月坛及各城门楼、钟鼓楼、文庙、国子监、清东陵、清西陵等,无不闪现着临清贡砖的身影。可以毫不夸张地说,是临清贡砖撑起了北京皇城。清代末年,随着北京皇城建设的基本结束,前后共延续了500余年的临清贡砖官窑停烧。

临清贡砖烧制工艺包括选土、碎土、澄泥、熟泥、制坯、晾坯、验坯、装窑、焙烧、洇窑、出窑、成砖检验等多道工序。用土时,先将土用大、小筛子各筛一遍再用水过滤,待其沉淀后将泥取出,用脚反复踩踏均匀后脱砖坯。砖坯要求棱角分明,光滑平整;脱好的砖坯经晾干之后便可装窑烧制。每窑砖需烧制半个月,再经一周时间洇窑后出窑。[1] 临清贡砖生产工艺复杂精细,用料也非常讲究,土必须是当地特有的"莲花土",水则必用漳卫河水(俗称"阳水"),就连烧造临清贡砖的燃料也有要求。"打官司的是秀才,烧砖的是豆秸",讲的就是烧贡砖一定要用豆秸秆。[2]

图 1-18　临清贡砖装窑

20世纪70年代至80年代期间,故宫、天坛、光岳楼等古建筑先后展开维修,纷纷来临清购买贡砖,却发现历史上曾经名震全国的临清贡砖,几乎已经无人烧制,令人扼腕痛惜。1996年,在有关部门的大力支持下,掌握着贡砖传统工艺的景永祥建立了西陶屯砖厂,恢复了贡砖烧制业务。目前,临清永祥贡砖生产基地的砖窑已有8座,是全国唯一专业生产贡砖并已注册的规模化生产基地。近年来,因仿古建筑修建兴起及古建筑修缮带来的贡砖需求,极大地刺激了临清贡砖的需求量与生产量。[3]

---

① 冯骥才总主编《中国非物质文化遗产百科全书代表性项目卷》(下卷),中国文联出版社,2015年,第777~778页。

② 李宗伟主编《山东省省级非物质文化遗产名录图典》(第1卷),山东友谊出版社,2012年,第419~420页。

③ 冯骥才总主编《中国非物质文化遗产百科全书代表性项目卷》(下卷),中国文联出版社,2015年,第778页。

5. 聊城魏氏熏鸡制作技艺

聊城是国家级历史文化名城,自元至元二十六年(1289)会通河开凿以后,聊城得舟楫之便,呈现繁荣景象,城内商贾云集,店铺林立,百业兴隆,成为运河沿岸九大商埠之一。清乾隆年间,聊城魏氏扒鸡店所制作的扒鸡,就被过往客商所青睐,成为地方名吃。

魏氏熏鸡由魏永泰在1810年独创,至今已有200余年的历史。清嘉庆十五年(1810),魏氏扒鸡店传人魏永泰继承祖传扒鸡工艺,吸收传统熏烤方法,研制出能够长时间保存的魏氏熏鸡。此品制作方法,选3~4斤的一年生本地家鸡,配以丁香、八角、桂皮、茴香等12种香料,放在烟火上熏烤而成。既可下酒,又可佐茶,成为馈赠佳品。当时的过往客商竞相购买,用木箱成批运往京津、江浙等地。[1] 在魏永泰和魏兆松主营期间,魏氏熏鸡只限于冬季加工,全年销售,产销量较少。同治十二年(1873),魏永泰四世孙魏金龙仿名士雅意,为魏氏熏鸡店取名为"龙胜斋",寓"龙腾盛世、翔龙致胜"之意。1894年以后,由魏世忠和魏金鉴经营,魏世忠根据市场需要和聊城各界的要求,变冬季加工为长年加工,并竖起了"远香斋"的牌匾,从此使聊城铁公鸡名声大振,年产销量增加到数千只。

1947年,聊城解放后,"龙胜斋"魏氏熏鸡店继续经营。1956年,聊城县食品公司成立后,归属食品公司。魏氏熏鸡传人魏立亭,成为国营企业职工,专门制作熏鸡。1984年,在魏立亭老人的指导下,魏氏熏鸡店第6代传人魏更庆重新启用"龙胜斋"字号,严格按祖传工艺,采用现代加工设备,经过12道工序,配以18种香料制作熏鸡。其制作过程,注重选鸡、配料、烧煮、熏制4道工序。优选1~2

图 1-19　聊城魏氏熏鸡

年的肥嫩活鸡,调入齐全量足的配料,按鸡龄控制烧煮时间,熏出的成品不焦、不腻。严格的质量意识,保证了龙胜斋魏氏熏鸡"水分少、皮缩裂、肉外露、药香浓"的品质,形成了肉嫩、骨酥、色鲜、味美、入口余香深长的特色。1998年,山东著名书画家、聊城师范学院副院长于茂阳题写了"龙胜斋"匾额。为了纪念先祖魏永泰的创始之功,龙胜斋魏氏熏鸡店申请注册"魏永泰"商标,并不断提高产品包装水平,推出礼品袋、礼品箱、真空包装。聊城龙胜斋魏氏熏鸡,自魏永泰创始,经魏兆松、

---

① 张庶平、张之君主编《中华老字号》(第五册),中国商业出版社,2007年,第20页。

魏世德、魏金龙、魏立亭至魏更庆、魏更月,代代相传近200年,制作工艺基本未变,生产设备和产量逐步完善和提高。①

"聊城铁公鸡"是作家老舍先生赠给魏氏熏鸡的誉号。1935年夏,老舍先生在青岛与赵少侯教授和萧涤非先生聚会。品尝到魏氏熏鸡时,大家止不住地赞美,却都不知道其名称,于是赵教授请老舍先生给起个名。老舍先生说:"你看这鸡的皮色黑里泛紫,还有铁骨铮铮的样子,不是像京戏里那个铁面无私的黑老包吗?干脆就叫它'铁公鸡'吧。"事隔50年后,萧涤非先生在1985年《中国烹饪》杂志第三期发表《聊城铁公鸡》一文,从此"聊城铁公鸡"风行全国,享誉四方。

魏氏熏鸡风味独特,鲜香筋韧。它以选料考究,调配合理,制作精细而著称。选用肥嫩良种活鸡,经卤煮,用锯末烟熏制而成。成品鸡皮缩裂,胸腿肉外露,色泽栗红,嚼有余香,脱水适宜,易于存放,便于携带,深受广大消费者的喜爱,被列为聊城名吃之首。② 2006年,聊城魏氏熏鸡制作技艺被列为聊城市第一批非物质文化遗产名录。2009年9月,被列入山东省第二批非物质文化遗产名录。

6. 东昌运河毛笔制作技艺

东昌运河毛笔制作技艺主要分布于聊城运河沿岸、古楼东大街两侧,现在集中在东昌府区道口铺和堂邑镇等地。

东昌府毛笔是聊城一绝。它的历史悠久,由浙江湖州经运河传承而来。据《东昌府志》记载:元代已有制作,明代中叶至清道光年间为聊城东昌府毛笔制作业的兴隆时期,从业者千余人,"东昌作坊,书笔两行"说明了当时的繁荣景象。产品大多销往山西、河北、河南及本省各地。清末始衰,但仍有作坊30余家。较大的作坊有余子尚、玉山堂、老文友、魁允堂、恒顺堂等;小作坊有万元长、文元斋、松华斋等。各作坊工匠多者100余人,少者30人,年产毛笔200余品种、300余万支。毫毛最大的抓笔用六寸猪鬃、羊胡精制而成,最小的毫笔只有半寸。

民国后,随着木版印书业的没落,毛笔的制作业也逐渐呈现凋零景象。东昌运河毛笔的制作工人不足200人,年产毛笔的数量也只有50万只左右。1949年后,制笔业再度兴起,而且从进一步精选原料、改进传统工艺入手来提高产品质量,不仅畅销内地,而且销往中国香港,以及东南亚和日本,东昌运河毛笔遂成为享誉海内外的名牌产品。

东昌运河毛笔选料精良、做工精细、锋长杆硬、刚柔相济,含墨多而不滴,行笔畅而不滞,其基本特征是"尖、圆、齐、健"。制作工艺要经过采毛、梳毛、湿理、剃锋、修头、刻字等大小72道工序。1995年,东昌运河毛笔被评为全国同类产品第一名。2013年5月,东昌运河毛笔制作技艺被列入山东省第三批省级非物质文化遗产名录。

---

① 张庶平、张之君主编《中华老字号》(第五册),中国商业出版社,2007年,第21页。
② 李宗伟主编《山东省省级非物质文化遗产名录图典》(第2卷),山东友谊出版社,2012年,第388页。

7. 济宁玉堂酱菜制作技艺

济宁玉堂酱园位于济宁市城区河南岸,是一家有着300余年历史的"老字号"。玉堂酱园始创于清康熙五十三年(1714),当年有位姓戴的苏州商人顺运河北上,来到济宁州南门口,发现这里经济繁荣,商业旺盛,且水陆交通便利,是个经商的风水宝地,于是便在此盖起几间门面,开了个酱菜铺,取字号"姑苏戴玉堂"。因戴氏经营的酱菜,南北风味兼蓄,且经营有方,深受百姓喜爱,成为济宁州的第一大字号。光绪十二年(1886),玉堂酱菜作为贡品进京,被慈禧太后赞誉为"味压江南、京省驰名"。1915年,玉堂酱菜在巴拿马太平洋万国博览会上荣获金奖。

玉堂酱菜是南北饮食文化交融的产物,吸收江南甜、北方咸的特点,是南北风味兼蓄的特色产品。它是用各种新鲜蔬菜,经过原辅材料预处理、腌渍、改型、脱盐脱水、酱渍等流程酿制而成的食品。酱菜的主料是新鲜蔬菜、玉堂特制甜面酱,天然酱渍的各种蔬菜在腌渍8个月后食用,这样去掉了菜的异味、颜色。在长期的发展传承过程中,玉堂酱菜在两个方面进行了大胆的改革:一是使用天然晒酱,以增加酱菜的酱香味;二是适当增加咸度,以适应北方人口味,形成了光泽鲜艳、甜而不腻、咸而不浊、脆硬适口的独特酿制风味。

玉堂酱园经过300多年的发展,创立了独特的技艺和精细的操作规程。如在酱黄瓜的选料上,鲜黄瓜每斤10~12根,必须顶花带刺,不弯曲;鲜蘑茄要挤水扎眼;酱渍过程中要翻缸、打耙;烈日、下雨天还要掀缸帽、盖缸帽;缝包瓜时,针线密度控制在8针左右。这些规定至今都未改变,工艺要求十分严格。① 新中国成立后,玉堂酱菜多次获奖,1988年,获中国首届食品博览会金银奖;1999年,荣获山东名牌产品称号;2006年,被国家商务部认定为"中华老字号"企业。

8. 微湖鱼宴烹饪技艺

微湖鱼宴主要流行于滕州、济宁一带,是闻名全国的饮食文化品牌。微山湖在滕州的西部,是山东省最大的淡水湖,微山湖鱼类资源非常丰富,盛产200余种鱼、虾、鳖、蟹、螺、蚌,还有莲、藕、菱、蒲等数十种水生植物。特别是四孔鲤鱼是微山湖独有的鲤鱼品种。微湖鱼宴是以微山湖所出产野生鱼虾鳖蟹为主料,运用传统的烹饪制作工艺,通过烧、烤、炖、烩、煎、炸、烹、煮等方式制作出的菜肴。

传说,当年康熙皇帝乘船沿京杭大运河南巡,路过微山岛拜祭死后葬在微山岛的汉朝名臣张良,当时的滕县县令知道康熙爱吃鱼,便亲自在滕州西部寻找会做鱼的厨师,几经周折最后找到了当时在二湖崖上开鱼馆的王崇端师傅。王师傅做鱼的风格讲究南北风味的兼容,所以王师傅做出的鱼很受食客的欢迎。他分别用鲤鱼、草鱼、鲢鱼、泥鳅等微山湖出产的鱼种做出八八六十四道鱼菜,吃得康熙皇帝赞不绝口。尤其对用四孔鲤鱼做出的"鲤鱼跳龙门"更是倍加赞赏,后来该菜被当成

① 李宗伟主编《山东省省级非物质文化遗产名录图典》(第2卷),山东友谊出版社,2012年,第367页。

专供皇室尝用的菜肴。

四孔鲤鱼虽然进了京城，但由于没有微山湖的水做原料，因此做出的味道不佳。后来康熙年龄大了，但他经常给向乾隆谈论微山湖的鱼。后来，乾隆南巡时，他专门到滕县吃"鲤鱼跳龙门"这道菜，当时的厨师则是王崇端的儿子小王师傅。他总共为乾隆皇帝烹制出了九九八十一道鱼菜，道道菜味道不同，每道菜乾隆皇帝都赞不绝口。随行太监看到皇帝如此喜欢厨师做的鱼，便让王师傅跟随至皇宫当御厨。小王师傅在皇宫干了30多年，60岁的时候经皇帝批准回到家乡，并将微湖鱼宴的做法传授给了儿子，后来微湖鱼宴就在滕州广泛流传。

随着社会的发展，生活水平的提高，鱼的营养价值得到市民的共识并受到重视和青睐，成为人们餐桌上不可缺少的佳肴。据微湖鱼宴的传承人段承来介绍，他初识鱼宴时，鱼宴只有200多种菜品，后来他不断学习钻研，并拜访全国各地的名师大厨，将鱼宴菜品恢复至500多种，而现在鱼宴菜品已达到2000余种。仅段承来自己创作，以鱼为主的菜就有200多种，他做的鱼宴营养价值高，深得美食家和消费者的赞赏。段承来通过自己的不懈努力和刻苦钻研，被国家劳动部授予"烹饪高级技师"的称号。同时，因为鱼宴的影响之深远，山东省烹饪协会将滕州市授予"淡水鱼烹饪之乡"的称号。微湖鱼宴历经几百年来的发展历史，始终保持着原始的制作手法，成为鲁南乃至全国的一种著名饮食品牌。保护传承和开发微湖鱼宴，对研究枣庄地区的饮食文化，开发旅游资源具有重要意义。2010年，微湖鱼宴烹饪技艺成功入选枣庄市第二批非物质文化遗产名录。

七、传统医药

传统医药属于传统民间知识体系中的一个重要组成部分，是与古代社会文化密切相连的医学实践，是宝贵的非物质文化遗产。2000年，世界卫生组织（WHO）曾给"传统医药"下过一个定义："传统医药是人类在长期实践和探索中以理论、信仰和经验为基础，以不同文化为背景，无论可否解释，逐步形成的保健和疾病预防、诊断、改善、治疗的知识、技能和实践的总称。"[1]中国的传统医药主要指中医、中药以及一些少数民族的传统医学、医药，如藏族的藏医、藏药，蒙古族的蒙医、蒙药，苗族的苗医、苗药，瑶族的瑶医、瑶药等。[2]在第一批国家级非物质文化遗产名录中的"传统医药"项目中，包括了中医生命与疾病的认知方法、中医诊法、中药炮制技术、中医传统制剂方法、针灸、中医正骨疗法、同仁堂中医药文化、胡庆余堂中药文化和藏医药共9个项目。第二批国家级非物质文化遗产名录中的"传统医药"的项目中，包括了中医养生、传统中医药文化、蒙医药等8个项目，它们都是中国传统医

---

① 李良品、彭福荣、余继平著《重庆民族地区非物质文化遗产研究》，重庆出版社，2012年，第217页。

② 江小角主编《安徽非物质文化遗产》，安徽文艺出版社，2015年，第290页。

学药学中的杰出代表。①

"传统医药是每个国家传统的一部分，并且是执业者世代相传的应用实践。"②传统医药的基础是理论、信仰和经验，它们来源于不同的文化并世代相传和发展。传统的中医学在长期的发展中，形成了自己独特的医学体系，包括阴阳五行、经络、病因病理等学说及治法治则，其基本特点为治疗的整体观念和辨证施治原则。中药学作为中医学的重要组成部分，对中药的采集、炮制，对药性、药量、配方、服用等的分析，都建立在对植物学等学科的深入认知上，具有很高的科学价值。中国传统医药蕴含了中华民族特有的价值观和文化意识，自古口传心授，代代相传。民间中医药现在已融入现代医学并有所发展，尚有一部分医药经验和技术在民间流传，至今还在医疗实践中发挥着实用的、积极的作用。山东运河区域传统医药类非物质文化遗产共有32项（详见附表9），现选择其中几种较有代表性的传统医药类非遗项目，简述如下。

1. 临清健脑补肾丸

临清健脑补肾丸系根据临清著名中医孙锡伍家传秘方制作的药品，成方于清朝道光年间，距今已有近200年历史。经科学研究证明，健脑补肾丸具有镇静作用，并可增强记忆力，在抗疲劳、抗衰老、提高免疫力方面亦有显著功效。

孙锡伍是民主进步人士，20世纪40年代末，曾经为许多患失眠症的病人进行诊治。1949年秋，临清县人民药社成立，当时的县委领导亲自邀请他入社工作，请他出方为一些健忘失眠、肾虚体弱的病人治病，孙锡伍献出健身丸秘方，并正式将其定名为"健脑补肾丸"，由临清县人民药社小批量生产。1950年，人民药社将该丸剂处方呈报县政府，经批准备案，正式生产该药。1954年，药社机构改为县人民医院，该产品停止生产。临清中药厂建立以后，1959年，依据县卫生局13号文件批准恢复生产。1965年，中药厂为提高健脑补肾丸的疗效，降低成本，对处方又做了一次科学调整，形成了现在的健脑补肾丸的处方。③

健脑补肾丸采用人参、鹿茸、狗肾、杜仲、肉桂、白术、山药等药材健脾补肾，温壮命门，可治疗肾虚症状。以茯苓、酸枣仁、当归、白芍、远志、龙骨、牡蛎等药材补气养血，安神益智，健脑补肾，治疗健忘失眠、多梦易醒、心悸气短等脑功能病症。以砂仁、豆蔻等药材理气和中、化湿醒脾。因体弱身虚者易感外邪，故配以金银花、连翘、桂枝、牛蒡子、蝉蜕药材等，既可抑主药之温燥，又防外邪内侵。金牛草、甘草清热解毒，调和药性。生产工艺包括选料、水洗、干燥、配料、粉碎、制丸、筛选、分装等23道工序，每道工序都有严格的操作规范，其选料讲究，采用地道药材，质量上

① 杨妮主编《中国旅游文化》，西安交通大学出版社，2011年，第204页。
② 覃业银、张红专编著《非物质文化遗产导论》，辽宁大学出版社，2008年，第156页。
③ 李宗伟主编《山东省省级非物质文化遗产名录图典》（第2卷），山东友谊出版社，2012年，第420页。

乘,疗效显著。①

健脑补肾丸是按照中国传统医学理论"肾主骨生髓通于腑""脑由肾精所养,肾赖脑助其用"而研制的纯中药制剂,其有效机理是通过调节"肾气"的偏盛偏衰,而收到改善性功能、血流变,调节机体免疫力的效用。补而不滞,温而不燥,标本兼顾。具有健脑补肾、益气健脾、安神定志的功能,用于治疗健忘失眠、头晕目眩、耳鸣心悸、腰膝酸软、神经衰弱等病症。作为纯中药制剂,该产品组方合理,配伍科学,药理作用清楚,疗效明显,产品安全有效。多次荣获山东省医药管理局、国家医药管理局、国家中医药管理局优质产品奖。② 2009 年,临清健脑补肾丸制作技艺被列入聊城市第二批市级非物质文化遗产保护名录。2018 年 12 月,临清健脑补肾丸制作技艺入选山东省第一批传统工艺振兴目录。

2. 阳谷孟氏手针疗法

孟氏手针起源于 18 世纪早期,由孟传道首创,并作为家传至宝代代相传。阳谷孟氏手针疗法是将手掌八卦位置和阴阳经络相结合,用于治疗全身疾病的一种针灸疗法,它与传统的针灸疗法不同,是在手掌上针刺。用"四通八达"的治疗机理来疏通经络、调和肺腑,以达到平衡阴阳治疗疾病的目的。孟氏手针是一种非常温和的针法,操作手法柔和,不追求强烈针感,因此治疗时痛苦甚微,易于被患者接受。

孟氏手针具有较强的适应性,大多数适合针灸的病人都能适应于本针法的治疗,尤以急性运动性损伤和急性痛症见效最快。如感冒咳嗽、急慢性支气管炎、急慢性胃肠炎、急慢性胆囊炎、咽喉炎,以及妇科疾病、男女泌尿生殖系统疾病、中风偏瘫、颈肩腰腿痛等,都能取得较为满意的即时疗效,亦能取得一定的远期效果。

孟氏手针第五代传承人孟宪君,努力继承先人经验的同时,结合自己应用孟氏手针 40 余年的实践经验,对孟氏手针进行了改进、充实、发扬和提高,使孟氏手针更加完善,成为一种新的针灸疗法。2016 年,孟氏手针疗法被列入聊城市第五批非物质文化遗产名录。

3. 滕州生氏正骨术

生氏正骨术,顾名思义,是一套治疗骨折、脱臼、闪挫扭伤、筋骨疼痛等骨伤的综合性医术,由清朝康熙年间生作梅所研创,距今已有 300 多年的历史。

生作梅,字百魁,山东滕县(今枣庄滕州市)人,国子监生,后专门学习医术。清康熙中期,四方行医,后在滕县城西的望庄村(今属滕州市滨湖镇)开设"济生堂"药店,悬壶济世。据清道光《滕县志》载,生作梅自制膏药,为骨科良药,具有舒筋活血、消肿止痛、软坚散结、温经散寒、祛风除湿、强筋壮骨等功效。滕州《生氏族谱》记载他"自制膏药,善接骨术,常合药以疗人跌打损伤,验者唯膏药一方,附其所患,

① 李宗伟主编《山东省省级非物质文化遗产名录图典》(第 2 卷),山东友谊出版社,2012 年,第 420 页。
② 李宗伟主编《山东省省级非物质文化遗产名录图典》(第 2 卷),山东友谊出版社,2012 年,第 421 页。

施以手法,加以药力,能使所伤之筋骨仍复于旧"。生作梅把接骨术和接骨膏药传给子孙后代,至嘉庆十九年(1814),其曾孙生文敏迁至前李店村(今属滕州市姜屯镇)定居,仍承祖业。从此,前李店村便成了"生氏伤科的发祥地"。生氏正骨术世代相传,至今已传承到第10代,第10代有两位代表性的传承人,一位就是姜屯镇前李店村的李店中医正骨医院院长生继广先生,一位是滕州市红十字医院骨伤科的生茂安先生。

据生继广介绍,正骨多采用徒手整复法,要相其形,顺其势,伸其短,纠其偏。正骨术的创始人生作梅将其总结为"正骨八法",即摸、接、端、提、推、拿、按、摩。临床过程中,生继广在继承祖传正骨法的基础上,又将自己的独特见解和创举融合进医疗当中,增加了反折、挤压、拔伸三种方法,使生氏正骨术更加科学有效。正骨之后就是治疗,治疗又分为两步:第一步是在伤处贴生氏正骨膏药,第二步是在伤处用杉树皮包裹,打上夹板固定,再配以活血化瘀、接骨续筋、强健筋骨、补益肝肾等内服药物,使伤处尽快恢复。与西医相比,生氏正骨有两大好处:一是不动手术,使患者免受刀伤之苦,对患者伤害很小;二是治疗快捷,安全、经济,既可节省时间,又节省费用。由于医术高超、医德高尚,2007年,生继广被卫生部授予"全国优秀乡村医生"称号。2016年,生氏正骨术被列入山东省第四批省级非物质文化遗产扩展项目名录。

八、运河民俗

民俗是人们在社会生活中世代传承、相沿成习的生活模式,它是一个社会群体在语言、行为和心理上的集体习惯。目前广泛认同的有关民俗的定义为:"民俗是一种生活文化,它是由人民大众创造出来和传承下去的,包括农村民俗、城镇和都市民俗;包括古代民俗传统以及新产生的民俗现象;包括以口头的民间文学以及以物质形式、行为和心理等方式传承的物质、精神及社会组织等民俗。民俗虽然是一种历史文化传统,但也是人民现实生活中的一个重要组成部分。"①

"运河民俗,就是在运河开凿、经营的长期历史过程中逐渐形成的,是沿运民众自然、社会、精神等层面,自觉或不自觉遵循和认同的、重复进行的生活方式。"②"大运河在便利交通运输的同时,也孕育了运河两岸特有的民情风俗。人们依河而居,以水为生,一代又一代地在运河上劳作、生息,形成了运河沿岸特殊的生产、生活、婚庆、节庆习俗。"③运河民俗是运河区域内部不同地域文化相互碰撞、交流和融合的结果,更具有南北文化融汇、撞击与相互滋养的特色,也更能体现运河文化

---

① 钟敬文主编《民俗学概论》,上海文艺出版社2009年,第4页。
② 刘玉平、贾传宇、高建军编著《中国运河之都》,中国文史出版社2003年版,第189页。
③ 何永年、吴玉山《淮安运河两岸的民俗风情》,《江苏地方志》2013年第5期。

的独特魅力和本质特征。运河的流经带动了山东沿运地区经济的繁荣昌盛,促进了南北文化的交流和融合,形成了各具特色的民俗风情文化。尽管山东运河北段已断航 100 余年,但由运河引发的民风民俗依然在各地人们的生产、生活中延续和发展。山东运河区域民俗类非物质文化遗产共有 34 项(详见附表10),代表性的有聊城山陕会馆庙会、临清歇马亭庙会、微山县夏镇泰山庙会、微山湖渔家婚俗、枣庄青檀庙会、台儿庄运河渔灯节等。现选择其中几种较有代表性的民俗类非遗项目,简述如下。

1. 微山县夏镇泰山庙会

夏镇泰山庙坐落在微山县城南端的泰山村,庙南和庙西为老运河环绕。据载泰山庙始建于明朝天启年间。庙会定在每年的农历四月十八日,会期 4 天。从四月初十开始,周围几百里、一两千里的善男信女,陆续从四面八方赶来。周围数百里的商客也络绎不绝地云集此地,参加或观看圣母出巡,或进行商品交易。会期未至,各家旅店爆满,街面人山人海。会址南起火神庙,北到华祖阁,西自运河西沿,东到小新河西岸,日赶庙会人数五六万人。正会期间(四月十五至十八日)周围三五十里的村庄、小寨,男男女女,老老少少,穿上新衣裳,结队前来赶会。"夏镇泰山庙会的主要内容有三:一是香客敬佛;二是举办大型文化娱乐活动;三是进行物资交流。泰山庙会的这种盛景,自明朝漕运兴起以来,一直长盛不衰,并随社会的发展进步、漕运规模的扩大而越来越兴旺。"①2011 年,夏镇泰山庙会被列入济宁市第三批非物质文化遗产名录。

图 1-20　微山县夏镇泰山庙会

---

① 济宁市政协文史资料委员会编《济宁运河文化》,中国文史出版社,2000 年,第 272 页。

2. 微山湖渔家婚俗

微山湖渔家婚俗是受运河文化浸染下形成的一种独特的婚礼形式。结婚时，在婚船上有高高挑起的"物子"，有专门请来的戏班子表演。姑娘家请几个壮实小伙子，找几条轻便的好船，将姑娘陪嫁如数上船。两家的船都要撑到一块去，男方的船要与女方的船保持一定距离。每条船上彩旗飘扬，鼓乐声声。头船上，新郎立在船头，回来的时候，新娘和他并肩而回。湖区渔家依然保持着这个老传统，除了婚礼更加显得隆重外，其他基本上没有多大改变。每逢谁家有婚嫁时，这一片水域便显得格外热闹，彩旗飘扬、彩绸飞舞，小船来回穿梭，湖面上欢歌笑语。2011年，微山湖渔家婚礼被列入济宁市第三批非物质文化遗产名录。

3. 枣庄青檀庙会

枣庄青檀庙会是集旅游、经贸、文化为一体的地方传统民俗活动，坐落于枣庄市峄城区"冠世榴园"旅游区内。庙会始于明代，每年春季清明节都会举行，距今已有四五百年的历史。

庙会期间，方圆百里的城乡居民都来这里踏青游玩、赶庙会。青檀庙会以青檀寺为中心，寺前寺后长5000米、宽500米的山谷皆为庙会场地。逢会期间，人们扶老携幼，从四面八方赶来。赶庙会的人化们通常是先到庙堂焚纸烧香，以祈求幸福安康，然后游览庙会的自然风光，购买一些自己喜爱的物品，最后再享受一下风味小吃。古老的庙会除了承载着厚重的文化以外，现在又添加了物资贸易的功能。土特产品、铁木器具、生产资料、饮食服务、礼品玩具、牲畜家禽、服装鞋帽等是青檀庙会的主要贸易内容。文化市场则是庙会最吸引人的地方。庙会惯例唱3天"庙戏"，须有"名角"主演。各种地方戏曲、曲艺及杂耍，如琴书、鼓书、坠琴、快书杂技、皮影、打拳卖艺、摸骨、斗鸡、斗鹌鹑、玩鸟等，全都会集在这里。2008年，青檀庙会被列入枣庄市第一批非物质文化遗产名录。

4. 台儿庄运河渔灯节

枣庄台儿庄地区有正月十五举办渔灯节的习俗。据台儿庄文化部门考证，台儿庄在明代就开始举办渔灯节。元宵节这一天的灯彩活动是劳动人民及民间艺人大显身手的时候，一盏走马灯的制作，往往需要一个月时间。那雄武生威的龙灯，栩栩如生的狮子灯、凤凰灯，都渗透着艺人们的辛勤劳动。花灯活动几经兴衰，随着经济基础、年景好坏而起落。民间艺人扎的"百鸟朝凤"灯、"群龙戏珠"灯，在结构上力求牢固、美观，在装饰效果上，力求做到丰富多彩，在灯穗、灯座上变化无穷，一盏灯上出现的图案有100余种，能做到玲珑剔透，形态逼真。到了正月十五这天晚上，运河两岸悬挂各类彩灯，燃放烟花鞭炮，河内放置渔灯。岸上灯火辉煌，河内一河通明。

为庆祝渔灯节，运河两岸人民载歌载舞，不但进行狮子、龙灯、高跷、花车、旱船、黑驴灯各类民间游艺表演，而且扭起了独具台儿庄特色的渔灯秧歌，敲起了独具台儿庄特色的鲁南花鼓。2007 年,渔灯秧歌在山东省首届农民文化艺术节上获得银奖,鲁南花鼓已被列为山东省首批非物质文化遗产项目名录。2010 年,台儿庄文化部门经过查阅有关历史资料,精心策划,在台儿庄老运河两岸举办了台儿庄首届渔灯节,岸上彩灯高挂,鞭炮齐鸣,烟花绽放,河内燃放河灯,空中施放孔明灯,再现了康乾盛世时期,台儿庄"一河渔火,歌声十里,夜不罢市"的繁盛情景。2010 年,台儿庄运河渔灯节被列入枣庄市第二批非物质文化遗产名录。

第二章 运河非物质文化遗产的现状及问题

近年来,在各级部门和社会各界的共同努力下,包括非物质文化遗产在内的运河文化遗产保护工作取得了显著成效,但仍存在一些问题。除部分已被列入各级非物质文化遗产名录外,其余均尚无适当的保护措施,面临濒危、失传。就理论研究而言,非物质文化遗产研究失衡现象严重,大多过于注重文本研究,而在一定程度上忽略了对非物质文化遗产活态传承特性、规律的探索和研究。全社会对非物质文化遗产价值的认知程度普遍不够深入,开发和利用意识不强,导致非物质文化遗产保护和传承工作相对滞后。本章主要对山东运河区域非物质文化遗产的现状以及其在传承和发展中所遇到的困难与问题进行研究、探讨。

第一节 运河非物质文化遗产现状分析

运河非物质文化遗产是沿岸劳动人民创造的宝贵精神财富,同时,也是重要而珍贵的文化资源,如何保护好、传承好、利用好它们是当务之急。对山东运河区域非物质文化遗产现状进行梳理和分析,对于促进运河非物质文化遗产的科学保护和合理利用无疑具有重要意义。

一、非遗项目数量众多

山东运河沿岸非物质文化遗产内容丰富,有国家级、省级、市级、县区级等不同级别,基本上涵盖了非物质文化遗产分类的所有类别。根据学者的统计,截止到2018年12月,德州市共有国家级非物质文化遗产4项,分别是德州扒鸡制作技艺、德州黑陶烧制技艺、临邑一勾勾、宁津杂技,还有"跑驴"等省级非遗项目23项,市级非物质文化遗产名录90项。聊城有国家级非物质文化遗产有11项,分别为冠县郎庄面塑、临清贡砖、东昌木版年画、东阿阿胶、东阿鱼山梵呗、聊城杂技、东昌雕刻葫芦、冠县查拳、临清肘捶、冠县柳林花鼓、阳谷张秋木版年画,省级非物质文化遗产45项。济宁市有国家级非物质文化遗产20项,分别是祭孔大典、梁祝传说、鲁西南鼓吹乐、平派鼓吹乐、四平调、麒麟传说、鲁班传说、山东梆子、孟母教子传说、嘉祥石雕、曲阜楷木雕、鲁锦织造技艺、端鼓腔、孔府菜烹饪技艺、孔子诞生传说、闵子骞传说、大庄琉璃瓦制作技艺、二仙膏古法制作技艺、梁山武术、山东落子，还有诸如梁山枣梆、仙鹤舞、八角鼓、微山湖唢呐、打排斧拉粮船、邹城吹糖人、二仙斗、滚磨成亲、匡衡传说、微山渔家虎头服饰、平阳寺火虎、峄山古会、鸡黍之约、软弓京胡、花棍舞、山东清音、小铜唢呐、民间剪纸、郭氏木雕等省级非物质文化遗产62项。枣庄国家级非物质文化遗产有两项，分别为柳琴戏（戏曲）和鲁班传说（民间文学），有女娲传说、奚仲造车传说、皮影戏、鼓儿词、山东琴书、伏里土陶、藤县松枝鸟、枣庄民间缝绣技艺、滕州张汪竹木玩具制作技艺、枣庄运河船工号子、薛城唢呐、鲁南花鼓、四蟹抢船、独杆轿、大洪拳、石榴盆景栽培技艺、齐村砂陶烧制技艺、人灯舞、骨牌灯舞等省级非物质文化遗产23项。[①]

二、非遗保护成效显著

近年来，山东省作为非遗大省，在省委、省政府的坚强领导下，在社会各界的大力支持下，全省各级文化主管部门认真履行自身职责，紧紧围绕弘扬中华优秀传统文化、扶贫脱贫、乡村振兴、新旧动能转换等重大战略部署，积极主动推进非遗保护工作，在保护工作机制建设、传承能力培养、推动传统工艺振兴等方面，均取得显著成效。

2011年，我国颁布实施了《中华人民共和国非物质文化遗产法》，该法的出台具有里程碑意义，为我国的非遗保护工作提供了坚实的法制保障。原文化部相继出台了关于非遗代表性项目保护与管理、代表性传承人认定与管理、专项资金管理、文化生态保护区建设管理等制度规范。截至2017年底，全国有26个省、区、市颁布了非遗保护条例。《山东省非物质文化遗产条例》经2015年9月24日山东省十二届人大常委会第16次会议通过，2015年9月24日山东省人民代表大会常务委员会公告第106号公布。该条例分总则、非物质文化遗产的调查、非物质文化遗产代表性项目名录、非物质文化遗产传承与传播、文化生态保护区、法律责任、附则7章48条，自2015年12月1日起施行。2018年6月，为进一步规范和加强省级非物质文化遗产保护资金使用管理，山东省财政厅对《山东省省级非物质文化遗产保护专项资金管理暂行办法》（鲁财教〔2008〕29号）进行了修订，起草形成新的《山东省省级非物质文化遗产保护资金管理办法》。暂行办法和管理办法都是为加强山东省省级非物质文化遗产保护，提高专项资金使用效益而制定，它们明确规定了专项资金的使用范围、使用方法与步骤等。

2017年3月12日，为促进中国传统工艺的传承与振兴，文化部、工业和信息化部、财政部制定并发布了《中国传统工艺振兴计划》，该计划明确了未来几年我国振

---

① 徐奇志、王艳《大运河（山东段）文化遗产及其活态保护》，《理论学刊》2018第6期。

兴传统工艺的重要意义、总体要求、主要任务和保障措施。为加快推进山东省传统工艺振兴,山东省文化厅、山东省经济和信息化委员会、山东省财政厅3部门于2018年6月联合出台《关于贯彻落实中国传统工艺振兴计划的实施意见》,意见提出,要探索形成传统工艺振兴"山东模式",创建一批传统工艺发展集群和传统工艺著名品牌,到2035年,涌现一大批具有国际影响、中国元素、山东特点的传统工艺企业和品牌,成为山东省新旧动能转换、经济文化强省建设的支柱产业之一。意见还明确了传统工艺振兴要坚持保护为主、传承利用,精益求精、提升品质,融入生活、创造活力,促进就业、助力脱贫,生态保护、绿色发展的基本原则。并提出了建立传统工艺振兴目录、加强传统工艺传承机制建设、助力新旧动能转换重大工程等11项主要任务。

山东省还逐步建立、健全了国家、省、市、县四级非遗名录体系,建立了代表性项目、代表性传承人制度。山东省共有联合国教科文组织认定的"人类非遗代表作名录"项目8个,国家级名录173项,省级名录751项,市级名录2990项,县级名录9369项。现有国家级传承人51名,省级传承人296名,市级传承人2063名,县级传承人5916名。4处世界文化遗产,其中之一是大运河山东段。173项国家级非遗名录项目中包含临清贡砖烧制技艺、鲁锦织造技艺、德州扒鸡制作技艺等运河区域的非遗名录二三十项。省级非遗名录中运河区域有70多项。近年来,山东不断完善非遗保护工作机制,传统工艺类企业和经营业户达到110万个,从业人员300万人,年营业收入1267亿元,非遗传承活力不断增强。

对非遗进行广泛宣传是非遗保护与传承的基础,只有让更多人认识非遗、了解非遗,才能让更多人参与非遗保护。近年来,山东省,包括运河区域各地市、县,积极开展一系列内容丰富、形式多样的非物质文化遗产宣传工作。《山东省非物质文化遗产条例》规定,每年的农历腊月二十三至次年的二月初二为山东省非物质文化遗产月,这是山东省以立法形式促进非物质文化遗产融入现代生活、实现为民共享、惠民利民的一大创新。2018年2月6日,"2018年山东省非物质文化遗产月暨运河沿线城市非遗展演"正式启动。启动仪式上,来自运河沿线山东、浙江、安徽、河北、江苏5省12个城市的近300名演员表演了杂技、山东大鼓、山东快书、武术表演、山东琴书、鲁西南鼓吹乐、茂腔、扬州清曲、评剧、黄梅戏等国家级、省级非物质文化遗产代表性项目,全面展示了运河流域丰富多彩的民俗风情画卷,生动呈现了运河流域悠久的历史渊源和深厚的文化底蕴。2018年山东省非物质文化遗产月期间,全省各地、各有关单位结合各自实际,组织开展了一系列群众喜闻乐见的非遗展演展示活动。据统计,全省举办了各类活动700余场,观众将超过1700万人次。运河沿线城市枣庄市举办了"闹元宵"民俗文化大拜年活动、济宁市举办了第三届"千年运河曲声扬"曲艺会演,其他城市也都分别举办了内容丰富、形式新颖、群众广泛参与的活动。还启动或举办了"弘扬优秀传统文化、讲好非遗故事"大赛、"我身边的非遗"全省微视频大赛、"走进新时代、展现新面貌"全省剪纸专题展、"齐鲁风韵·匠心传承"——首届山东非遗传统技艺大赛、迎新春灯谜会和元宵佳节文艺演出等活动。

山东省人民政府还与文化和旅游部联合主办了第五届中国非物质文化遗览会,该届博览会于9月13日至17日举行,主会场设在济南舜耕国际会展中心。结合党的十九大精神和新时代对非遗工作提出的新要求,此届非遗博览会以习近平新时代中国特色社会主义思想为指导,坚持创造性转化、创新性发展,体现"见人见物见生活"的非物质文化遗产保护理念。此届非遗博览会通过多种形式进行展演、展示,旨在让非遗走近大众,贴近生活,充分体现我国非遗的丰富性和多样性,体现非遗与人民群众生活的密切联系,体现非遗的活力。此外,山东省还举办了第二届非物质文化遗产精品展、第七届文化产业博览交易会、文化惠民消费季等活动。在第二届山东文化惠民消费季活动中,济宁市举办了"运河记忆"历史文化展览展示活动,此次活动汇聚剪纸、泥塑、虎头鞋、绣球、儒苑青陶、刺绣、烙画、彩印花布、竹木工艺等30多个非遗项目、百余款惠民季商品,更有传承人老师现场进行创作,引得人们纷纷驻足围观。

山东省和各地市、县等还开办了非遗传习大讲堂、非遗名家大讲堂等活动,宣传非遗文化知识。非遗传习大讲堂由山东省非遗保护中心开办,旨在推动非物质文化遗产的传承、发展与保护,弘扬优秀传统文化。非遗传习大讲堂每周六都会举办两场体验活动,邀请国家级、省级非遗传承人手把手地向学员传授非遗知识,共同参与非遗制作和技艺演示。在每次非遗传习大讲堂结束后还会评选出优秀作品,参与山东非遗传习大讲堂传习成果展演与展示。国家级非物质文化遗产泰山皮影戏的代表性传承人范正安、枣庄鲁班锁代表性传承人李浩来、伏里土陶项目代表性传承人甘言地、枣庄核雕传承人朱雄英、枣庄泥塑传承人刘进潮、泰安市五行画代表性传承人侯瑞庆、泰山香代表性传承人孙振礼、泰山石刻碑拓技艺传承人张亚明、聊城市的东昌木版年画传承人徐秀贞、茌平剪纸代表性传承人董月芹、东昌葫芦雕刻省级代表性传承人王树峰、郎庄面塑传承人苏海敏等都曾到非遗传习大讲堂授过课。

山东省还积极组织非遗进校园、进课堂。如聊城市采取校内校外相结合的传承教育与创新发展相结合的办法,取得新突破,"聊城市非遗进校园"活动入选山东省非遗工作十大亮点。在聊城中小学,每周都有一次活动课,学生可以自主选择"非遗"项目学习传统文化。他们还经常组织非遗传承人对学校师生授课,指导学生亲手制作东昌澄泥"小树叶""京剧脸谱"等非遗作品,这些非遗作品多次参加山东工艺美院文创艺术节、山东省文博会、全国非遗博览会等活动。聊城市东昌府区文广新局、水城小学、澄浆玉泥文化传承人还共同筹划建立了聊城市首家东昌府区非物质文化遗产教育传承基地,包含非遗大讲堂,非遗多媒体室,非遗数字保护传习中心,涉及东昌葫芦、东昌木版年画、东昌澄泥、东昌剪纸、聊城八角鼓传习中心等 10 多个国家级、省级、市级非遗代表性保护项目,成为目前全省面积最大、项目最多的非遗教育传习基地。在聊城,传统非遗不但走进了中小学,也走进了高等技术院校和其他高校。义安成高氏烹饪技艺的传承人高文平除了在传习所教授学生,还走进聊城高级财经职业学校,给厨师专业的学生进行实践培训,手把手将非遗技艺带进高等院校,实现了真正意义上的“非遗进校园”。枣庄市也开展了以“弘扬工匠精神、提升人文素质、培养大国工匠”为主题的“非遗进高校”系列活动,在枣庄职业学院,枣庄市鲁南皮影、伏里土陶、枣庄泥塑、巧姐柳编、鲁班锁等 40 余项非遗项目参展,非遗项目代表性传承人进行现场展演展示,让学院师生亲身体验非物质文化的独特魅力,切身感受中华优秀传统文化的博大精深,自觉参与非物质文化遗产保护工作。

近年来,山东省文化部门十分重视非遗对外交流工作,多次组织、推荐非遗传承人参加国家、省、市相关部门组织的对外文化交流活动,有力提升了山东省非遗的知名度与美誉度。2018 年,“文化山东·齐风鲁韵”——山东省非物质文化展演在德国、捷克和匈牙利成功举行。8 月 28 日,“文化山东·齐风鲁韵”山东省非物质文化遗产展演在捷克布拉格国际学校举行。山东省非物质文化遗产传承人展示了精妙绝伦的剪纸、风筝、面人、书法、绘画、拓印等传统技艺,艺术家们也表演了歌曲、武术、吕剧、山东快书、杂技、魔术、民乐、山东琴书等节目,受到师生热烈欢迎。山东艺术家们的表演不仅展示了山东非物质文化遗产的魅力,更传递出山东文化所蕴含的自强不息的精神和海纳百川的情怀。通过展演活动,既传播了优秀中华文化,也加深了两国人民的友情。

三、部分非遗状况堪忧

随着运河职能的转变,运河文化生态发生了巨大变化,一些与运河相关的非物质文化遗产受到越来越大的冲击。一些依靠口授和行为传承的非物质文化遗产正在不断消失,许多传统技艺濒临消亡,加强运河区域非物质文化遗产的保护已经刻不容缓。

东昌运河毛笔的制作历史悠久,工艺精湛,具有重要而珍贵的历史、文化和艺术价值。随着现代社会的发展,人们大多使用钢笔、铅笔、圆珠笔作为书写工具,使得毛笔的使用群体大量减少。因东昌毛笔的制作工序繁多,耗费时间长,年轻人没有耐心,不能静下心来深入钻研,愿意学习东昌毛笔制作的人少之又少。再加上东昌毛笔制作技艺传承人孙金龙老人年事已高,心有余力不足,导致东昌毛笔制作技艺出现后继乏人的局面。目前,在聊城的毛笔市场上,南方的“湖笔”占据了主导。这种毛笔采用机器生产,生产量大,且价格低廉,对东昌运河毛笔造成严重冲击。

"20世纪60年代成立的'张堤口笔刷社',师傅和学徒合计有40人之多,但是,如今只剩下孙金龙一人在坚持从事毛笔制作。"①如今,东昌运河毛笔虽然在各个部门的扶持下,得到了一定的发展,但是仍然存在着不少难以解决的问题,急需采取相应措施对其进行抢救和保护。

聊城道口铺竹马舞自形成以来,经过600多年的传承和演变,仍然保持着独特的地方特色和艺术风格,蕴涵着丰厚的历史文化底蕴。然而面对社会转型带来的人们行为方式、价值观念和生活方式的剧变,以及受以西方体育文化为核心体系的现代体育文化的猛烈冲击,道口铺竹马舞这一极具地方特色的民俗体育活动的发展陷入困境。

图2-1 道口铺竹马舞表演

随着现代经济社会的快速发展,现代流行文化对传统固有文化产生了巨大冲击,竹马舞原生存环境已发生很大改变,活动空间越来越窄,表演团队数量急剧减少。随着时间推移,一些老艺人过世,致使竹马舞部分技艺失传,很多相关资料缺失。在当今市场经济条件下,中年人大多在外谋生,逢年过节才回家。年轻的一代大多在校学习或在外务工,很少有人愿意学,所以后继人才培养难度大。竹马舞面临人才队伍老化、后继乏人的局面。竹马舞属集体性质的舞蹈项目,人物角色多,不仅组织排练难度大,而且服装、道具和演出补助等投入也较大。由于资金投入不足,经费紧张,竹马舞全靠群众捐资和商业演出筹资,运作十分困难。

武城抬花杠,又称"花杠舞",是流传于武城县老城镇南屯村一带的民间舞蹈艺术,迄今已有500余年的历史。抬花杠集舞、乐、武于一体,逐渐形成了独具一格的

---

① 许大海《组织·生产·管理:社会经济史视域中的手工生产——以运河聊城区段手工艺传承为中心的考察》,《理论学刊》2019年第6期。

表演艺术形式。2006年12月,武城抬花杠被列入山东省首批省级非物质文化遗产名录。近年来,在地方政府的大力支持下,在文化主管部门的努力工作下,抬花杠这一民间艺术得到了一定的保护,但仍然存在着诸多问题。随着时间的推移,老一代的抬花杠艺人有的已谢世,有的因年岁太大不能进行表演,如今能够掌握其技巧的人大多已过半百,其体力和灵敏度已不适合参加表演。抬花杠属自娱性民间艺术,由于市场经济的发展,人们的文化生活日益丰富,不可避免地对其造成一定的冲击。抬花杠流传于民间,它的传承方式是靠老艺人口传心授,没有文字资料和相关记载,如不加以挖掘整理,抬花杠将面临表演技艺的衰退甚至消亡。所以,抬花杠的保护和传承工作已经迫在眉睫。

由于京杭运河的流经,运河沿岸地区出现了各式各样的劳动号子,在这其中,又以武城运河号子最具有代表性。武城运河号子源于劳动生活,是在劳动过程中创造出来的音乐,是运河沿岸民众聪明和智慧的结晶,具有浓郁的生活气息和鲜明的劳动节奏,充分体现了武城运河文化的厚重,对弘扬运河文化有着十分重要的历史价值。但由于德州段运河的断航,运河号子的传承受到了极大的影响。随着人类社会的进步,社会生产力和生活方式的改变,群体性的重体力劳动逐渐被个体性机械化劳动所代替,劳动号子已渐渐失去原有的劳动环境和歌唱空间。在当今现实生活中,劳动号子传唱的机会已是越来越少。当年在运河上激情高歌的运河号工们,如今大多已谢世,现已寥寥无几,而且大多数年事已高,无法再唱出当年的状态。柴油机、汽油机以及电动机等现代机械设备在船只上的应用,使得纤夫这一职业逐渐消失,船号自然很少再有人传唱。随着科技的进步,电夯、机械夯以及压路机等的出现,人力打夯已成历史,夯号也同样面临无人传唱的尴尬境地。此外,普通话的推广和流行音乐的传播也对运河号子造成一定的冲击,阻碍了运河号子的传承和发展。

第二节　运河非遗保护面临的困境和问题

虽然现在山东省及沿运各地市都在大力开展非物质文化遗产保护工作,而且也取得了一定的成效,但非物质文化遗产日渐式微的趋势并没有真正改变。在理论研究和实地调研过程中,我们发现非物质文化遗产的保护和传承仍然面临诸多困境和问题。

一、保护机制有待完善

近年来,从政府到民间虽然各方面都在做非物质文化遗产保护的努力,但非物质文化遗产衰弱的颓势似乎并没有从根本上得到扭转。考察非物质文化遗产发展的现实状况可以发现，当今多数遗产保护项目面临的主要困难是经济困难。目前，我国大多数非物质文化遗产保护全靠政府投入，就效益而言，投入巨大而产出甚微，导致非遗保护难以为继。我国具有约5000年不间断的文明历史，流传下来的非物质文化遗产众多，是目前世界上拥有非物质文化遗产数量最多的国家。我国大多数非物质文化遗产的保护主要靠政府投入来维持，这种被动的保护方式一方面给政府财政带来极大的负担，另一方面也很难给传承人提供很好的物质条件，使之安心从事非物质文化遗产的保护和传承工作，长此下去非物质文化遗产的保护和传承将会受到极大的挑战。山东运河区域地处鲁西地区，经济发展相对滞后，资金不足问题尤为严重。

当前，我国非物质文化遗产的保护主要建立在国家、省、市、县四级非遗名录体系的基础之上，主要对代表性非遗项目采取调查、认定、记录、建档等措施，并通过博物馆、档案馆、非遗传习基地等进行遗产的保存、传承和传播。然而，非遗的保护和传承不仅要保存、维护其内涵与形式，使其免受破坏，更要建立一套完整的体系和健全的机制，恢复非遗自身"造血"机能，保持其活性状态。[1] 对于"大运河非物质文化遗产"这一概念，政府和学界定义较为模糊，缺乏统一、权威的认定标准，人们往往宽泛地将运河非遗等同于运河沿线区域内的所有非遗项目，这就导致保护对象和保护范围不明、非遗资源的调查和梳理工作缺乏系统性。[2] 在针对非遗保护与传承的引导制度方面，沿线城市虽然出台了系列政策，但还不够具体化与精细化。[3] 运河沿线许多地区在非遗的保护方式上仍以行政保护为主，且停留在静态的、单点的、项目性保护的层面上。非遗的整体性和生产性保护机制不健全，抑制了非遗生存发展的活力。[4] 部分地方政府片面关注经济效益，只重视对运河物质文化遗产的开发和利用，而忽视对非物质文化遗产的保护和传承。一些地方在旅游开发和城市建设过程中，既没有制定运河非遗保护的具体规划，也没有采取行之有效的保护措施，致使大量运河非遗处在疏于保护、无人管理、少有问津的状态。[5]

运河作为线性文化遗产，具有大尺度、跨区域和开放性、复杂性等特点，其旅游

① 贾鸿雁《论我国非物质文化遗产的保护性旅游开发》，《改革与战略》2007年第11期。

② 言唱《大运河非物质文化遗产的活态保护与活化利用》，《海南师范大学学报（社会科学版）》2020年第3期。

③ 朱季康《大运河文化带沿线城市非物质文化遗产保护与传承工作的现状、分析和提升策略》，《地域文化研究》2020年第4期。

④ 言唱《大运河非物质文化遗产的活态保护与活化利用》，《海南师范大学学报（社会科学版）》2020年第3期。

⑤ 张秉福《京杭运河非物质文化遗产保护与旅游开发互动关系的现状与问题探析》，《艺术百家》2019年第3期。

开发管理涉及旅游、文化、文物、水利、航运、建设、农林、国土、宗教、环保等诸多行业和部门。长期以来,山东沿运各地市在运河遗产旅游发展的过程中一直处于各自为政的状态,城市间缺乏地域协作与联合发展的意识,尚未形成一个有机统一整体。再加上各运河城市内非遗的数量和类别存在差异,旅游发展的阶段不同,导致对运河非遗的利用方式和态度也不一致,因而旅游开发程度各异,合作机制有待加强。① 虽然有些运河城市之间有一定的合作意向,但由于地区与地区之间、项目与项目之间缺乏沟通、协调机制,各地发展不平衡,空间组合不合理,缺少联合营销产品和对运河非遗旅游线、面的统筹与整合,不能形成集聚效应和规模优势,在产品创新上难以取得突破性的进展。这种各自为政、单打独斗式的旅游开发,不利于运河非遗的保护、传承和发展。② 近年来,在沿线城市的非遗保护与传承实践中,虽然进行了一些政府相关部门与科研院所、地方智库的合作,如合作课题、学术座谈、联合调研等,但总体而言,大多带有临时性、短暂性的特点,没有相对固定的协作机制与信息共享的平台,难以形成非遗保护与传承的合力。③

二、非遗传承后继乏人

随着各地城市化进程的加快,运河沿岸各地不少宝贵的非物质文化遗产遭受了极大的冲击,许多非遗传承人因为年事已高且后继乏人,其传承的技艺正面临着失传的危险。因此,加强对非遗传承人的保护,支持与鼓励更多的年轻人投入到非遗的保护和传承工作中,已成为我国当前非遗保护和传承工作的一项艰巨且迫切的任务。当前,我国非遗传承出现问题主要有以下两个方面的原因。

(1)非遗传承方式容易导致非遗失传,非遗传承过程是以人为载体,通过人与人的口传心授、身体示范等方式来传承和发展的,这种传承方式的持续性很容易受到外界因素的影响,很多非遗由于传承人后继无人而消失。因此,非遗的传承方式决定了传承人的重要性,我们应重视对传承人的保护。

(2)年轻一代迫于生计问题,无人愿学或不能持续学习市场需求萎缩的非遗技艺,导致非遗传承后继乏人。年轻一代本身对民族传统文化知之甚少,而且从事非遗传承工作并不能获得较好的经济收益,从而使现代年轻人中很少有人愿意从事非遗的保护和传承工作,导致非遗传承后继乏人。因此,促进年轻一代加入非遗的保护和传承工作中,是解决当前非遗传承问题的关键。

---

① 王雁《运河文化带建设背景下大运河山东段非遗的旅游开发研究》,《山西青年》2021年第4期。
② 张秉福《京杭运河非物质文化遗产保护与旅游开发互动关系的现状与问题探析》,《艺术百家》2019年第3期。
③ 朱季康《大运河文化带沿线城市非物质文化遗产保护与传承工作的现状、分析和提升策略》,《地域文化研究》2020年第4期。

三、缺乏群众基础

"非物质文化遗产不同于物质文化遗产,它们大多是在漫长的农耕社会时期,通过劳动人民的生产、消费与娱乐习惯而积累形成的一种文化遗产,具有特殊的文化内涵、精神属性与艺术形式。"①作为历史烙印很深的文化遗存,非物质文化遗产项目与现代生活相融合往往较为困难,难以满足人们当下的需求。在没有足够的外部力量的介入下,大部分非遗因缺乏与现代社会的黏性,难以与现实社会全盘融合,从而不断式微。就理论研究而言,非物质文化遗产研究失衡现象严重。以口头文学类非物质文化遗产项目的研究为例,此类研究大多过于注重文本,而在一定程度上忽略了对非物质文化遗产活态传承特性、规律的探索和研究。这一现象在整个非遗研究领域普遍存在。②

目前,我国大多数非物质文化遗产的继承缺乏创新,缺乏与时代的紧密联系,导致缺乏对大众的吸引力,运河非物质文化遗产亦是如此。"非遗的保护有赖于社会各界的普遍重视和广泛参与。但目前运河非遗保护工作主要由政府文化主管部门组织实施,没有充分吸纳民间力量、鼓励公众参与,尤其是没有很好地利用文化旅游的影响力和有利条件来增强公众的保护意识,加大公众的参与力度。"③很多非物质文化遗产之所以会消失,都是因为缺乏群众基础,缺乏传承所需要的土壤。大众一旦对非物质文化遗产缺乏兴趣,想要使他们自觉参与到非遗的保护和传承当中将是非常困难的,最终非物质文化遗产的保护和传承将会成为无源之水。只有不断地创新出适应时代需求的新作品,才能吸引更多年轻人的关注,才能真正实现可持续传承。没有创新就很难发展,也很难得到大众认同和参与,非物质文化遗产保护和传承就可能会出现危机。

四、宣传力度不够

非物质文化遗产是一个民族的文化基因和身份认同,它集聚了民族智慧,代表国家优秀传统文化,体现着中华民族世世代代在生产生活中形成和传承的世界观、人生观、价值观。在物质文化高度发达的今天,非物质文化作为我们的民族文化之源,是我们宝贵的精神财富,对复兴中华文化、保护国家文化安全,树立民族自信

---

① 朱季康《大运河文化带沿线城市非物质文化遗产保护与传承工作的现状、分析和提升策略》,《地域文化研究》2020年第4期。
② 白硕《大运河沿岸非物质文化遗产现状、问题与对策》,《人口与社会》2018年第6期。
③ 张秉福《京杭运河非物质文化遗产保护与旅游开发互动关系的现状与问题探析》,《艺术百家》2019年第3期。

心、增强民族自豪感具有重要意义。相对于过去,目前非遗保护的宣传工作已经取得了很大进步,通过各种方式、采取多种手段,使非遗走进社区,进入校园。从非遗宣传接受人数的绝对数字看,跟以前相比有了大幅度提高,但还远远不够。许多地区的非遗保护工作基本上还处在静态的项目申报和相关数据的录入阶段,有些项目沉睡在博物馆或档案馆里,为保护而保护。

运河非物质文化遗产是运河遗产体系中的重要组成部分,也是中华优秀传统文化的重要载体。山东是运河流经的重要省份,作为齐鲁文化与中华文明的重要发源地之一,历史文化深厚,民俗风情特色突出,区域内运河非物质文化遗产资源丰富,旅游价值明显。但与此形成鲜明对比的是,沿线部分地区或部门对非遗保护缺乏足够的重视,民众对运河非遗也普遍缺少了解。因此,要想真正实现非遗的保护、传承和发展,还需要继续扩大非遗宣传的力度,加强对运河非物质文化遗产的研究阐释、活态利用,让保护非遗的观念真正深入人心。

五、开发利用有待加强

运河沿线很多地区虽然拥有丰富而独特的非遗旅游资源,但由于没有充分认识其开发价值与发展潜力,没有将其提升到运河旅游发展的战略高度,缺乏资金、人才、技术和创意,缺乏科学的发展规划、必要的激励政策、完善的配套设施和有效的运作机制,目前尚未形成实质性推动运河非遗旅游开发的良好环境,非遗旅游开发措施乏力,整体水平较低,大多数运河非遗资源尚未得到真正意义上的开发和利用。[①] 首先,从总体上看,非遗资源的利用途径仍有很大的局限性、开发手段较为单一,以博物馆展示、非遗展演、旅游纪念品开发等为主,缺少具有代表性的特色项目和创新型产品,同质化现象较为严重。其次,非遗资源向文化产品转化的有效模式和可持续机制尚未形成,非遗活化利用的程度和层次仍然较低。此外,非遗与旅游、演艺、动漫、会展、艺术设计等相关产业融合不足,资源转化率和利用效率偏低。[②]

从整体看,当前的非物质文化遗产多是处在保护阶段,对非物质文化遗产的开发利用还远远不够。造成这种状况的原因主要有三点:"一是政府重视程度、扶持力度不足;二是传承人的开发利用意识不高;三是非物质文化遗产有特定的历史文化背景,有些与现代人的审美不同,需要创新发展,重新融入当代生活。"[③]非物质

---

① 张秉福《京杭运河非物质文化遗产保护与旅游开发互动关系的现状与问题探析》,《艺术百家》2019年第3期。

② 言唱《大运河非物质文化遗产的活态保护与活化利用》,《海南师范大学学报(社会科学版)》2020年第3期。

③ 白硕《大运河沿岸非物质文化遗产现状、问题与对策》,《人口与社会》2018年第6期。

文化遗产要想更好地服务于当今的社会进步和经济发展,就需要分门别类、有针对性地进行开发利用。在当前市场经济环境中,非物质文化遗产的开发利用必须遵循市场经济的规律,走产业化、品牌化的路径。只有对非物质文化遗产进行生产性保护,并在保护的前提下合理利用,才能推动非遗更好地融入社会、融入民众、融入生活,实现可持续发展。

第三章　运河非遗保护和传承的原则与路径

　　山东运河区域非物质文化遗产的保护和传承是一项长期而艰巨的工程。要通过网络、媒体、出版物等方式扩大运河文化的宣传，不断提高运河文化的影响力与魅力。对运河非物质文化遗产进行普查是有效保护和传承运河非物质文化遗产的基础。通过普查全面了解和掌握运河沿线各地非物质文化遗产的种类、数量、分布情况、生存环境、保护情况及存在问题。各地相关部门要结合当地实际，制定运河非物质文化遗产保护工作规划，完善和健全相关法律法规，明确保护范围、措施和目标，并认真付诸实施。本章在探讨山东运河区域非遗保护和传承基本原则的同时，针对其现状及问题提出相应的对策和建议。

第一节　运河非物质文化遗产保护的原则

　　关于非物质文化遗产的保护原则，国内有很多学者专家对此有过专门的研究。贺学君认为非遗的保护要注重生命、创新、整体、人本、主体协调和教育六大原则。刘永明从国际社会对非物质文化遗产保护工作性质及其理论基础的认识出发，认为权利原则和发展原则是非物质文化遗产保护的基本原则。苑利、顾军提出非物质文化遗产保护的10项基本原则：非物质文化遗产保护的"物质化"原则；以人为本原则；整体保护原则；活态保护原则；民间事民间办与多方参与原则；原真性保护原则；多样性保护原则；精品保护原则；濒危遗产优先保护原则；保护与利用并举原则。李昕提出保护非物质文化遗产应当遵循真实原则、生态原则、人本原则和发展原则4个原则。高小康则认为非遗保护不可缺少文化生态平衡意识，尽量减少重视城市忽视边远乡村的状况。[1]

　　山东运河区域非物质文化遗产分布较为集中，且已有部分非遗得到一定程度的开发和利用。根据这一实际情况，山东运河区域非物质文化遗产的保护和传承应遵循以下几个原则。

---

[1]　引自姚小云、刘水良主编《武陵山片区非物质文化遗产保护与旅游利用》，西南交通大学出版社，2015年，第110页。

一、以人为本原则

非物质文化遗产的保护就是要坚持以人为本，以满足民众各种需要，从而调动民众积极参与非物质文化遗产的保护为首要原则。非物质文化的产生就是为满足人们的精神和物质需求而产生的，现在的保护，也应以满足民众的现实需要作为根本出发点。"目前，在保护非物质文化遗产中出现的意识不高、力量不够、效果不佳的状况，就与以人为本的原则没有真正落实有很大的关系。"①非物质文化遗产的创造和传承主体是人，人的存在是非物质文化遗产能够活性存续的最根本条件，是文化资源的能动载体。历史的具体的人的消失，就意味着非物质文化遗产的消失，这是非物质文化遗产的特征决定的。因此，我们在运河非物质文化遗产的保护与利用中必须坚持"以人为本"的原则。

具体说来，这个原则体现在两个方面。一方面，要重点保护非物质文化遗产的文化主体——传承人，尤其对于一些濒危的非物质文化遗产还必须及时对这种文化主体进行抢救性保护。"事实也一次次证明，只要保护好这些文化遗产传承人，非物质文化遗产就不会消失；只要激励这些非物质文化遗产传承人，他们就会不断进取，产品也会越发精益求精；只要鼓励这些非物质文化遗产传承人继续招徒授业，非物质文化遗产就会后继有人，绵延不绝。"②另一方面，在非物质文化遗产的保护中，要依靠传承主体，坚持"文化持有者是保护第一主体"的原则，培养文化持有者文化遗产的保护能力。保护的根本目的是为了促进人的发展，而只有充分依靠传承人和当地民众才能进行真正的保护。此外，还要加大宣传推介力度，切实增强保护意识，注重对非物质文化遗产群众基础的培育。没有群众，非遗就失去了基础。没有群众，非遗就失去了依托。

二、原真性保护原则

"原真性"是指文化遗产在形成时所具备的基本状况及其沿袭过程中的自然状态。它是文化遗产保护领域定义、评估和监控遗产保护质量的一项基本因素。"原真性"是英文"Authenticity"的译名。它的英文本意是表示真实的，而非虚假的；原本的，而非复制的；忠实的，而非虚伪的；神圣的，而非亵渎的等含义。20世纪60年代"原真性"被引入遗产保护领域，并逐渐在世界范围内达成理解和共识。1964年的《威尼斯宪章》奠定了本真性对文化遗产保护的意义，提出"将文化遗产真实地、完整地传下去是我们的责任"。1994年12月，在日本通过的关于本真性的《奈

---

① 谭宏《非物质文化遗产保护的原则》，《重庆文理学院学报（社会科学版）》2006年第3期。
② 苑利、顾军《非物质文化遗产保护的十项基本原则》，《学习与实践》2006年第11期。

良文件》肯定了原真性是定义、评估、保护和监控文化遗产的一项基本原则。世界遗产委员会明确规定原真性是检验世界文化遗产的一条重要原则,并要求真实、全面地保存并延续文化遗产的历史信息及全部价值,明确提出被登录的遗产不能是按照今人臆想过去历史情况重建恢复的东西。这就是说,原真性是要保护原生的、本来的、真实的历史原物,保护它所遗存的全部历史文化信息。

原真性原则既适用于物质文化遗产,也应该是非物质文化遗产保护坚持的基本原则。相对于物质类文化遗产而言,所谓非物质文化遗产的原真性保护,就是让非物质文化遗产在原生状态下,按其原有方式进行自主传承。那种为保护非遗而随意改变其周边环境的做法,为了让非物质文化遗产更好传承而随意更换其传承空间的做法都是不值得提倡的。坚持原真性原则,有助于提高对文化遗产价值的认识,可以有效地防止"伪民俗""伪遗产"占用宝贵的保护资源和财富。"事实证明,非物质文化遗产保护面临的最大问题,不是客观因素造成的损毁,也不是完全缺乏相应的技术保护,而是人们各种片面的观念和错误的做法。这是当今做好非物质文化遗产保护要解决的首要问题。"①在运河非物质文化遗产保护工作中,我们要"坚决反对那种混淆真伪,在所谓'遗产保护'背后隐藏的种种非保护动机。尤其是反对把文化遗产的价值简单等同于旅游经济效益而由此造成的急功近利行为和对文化遗产的过度开发"②。

三、整体性保护原则

非物质文化遗产的整体是由无数具体的文化事象构成的。因此,这些文化遗产不是某些"代表作"和零散的"文化碎片"所能涵盖的。非物质文化遗产既包含着丰富多样的内容和形式,又与特定的生态环境相依存。我们倡导的保护是以全方位、多层次的方式来反映和保存人类文化的多样性、丰富性。所以,整体性是非物质文化遗产保护的一个重要原则。"所谓整体性就是要保护文化遗产所拥有的全部内容和形式,也包括传承人和生态环境。这就是说要从整体上对非物质文化遗产加以关注并进行多方面的综合保护。"③

非物质文化遗产是一个有机整合的文化整体,是一个系统生成的文化形态,其内涵是一个相互联系、相互依存的层次结构。山东运河非物质文化遗产种类多样,内容丰富,是沿运地区民众勤劳和智慧的结晶。虽然在具体内涵、形式、功能上有所不同,但它们都是运河文化的衍生物,具有内在的统一性,是同源共生、声气相通的文化共同体。我们所要保护的,正是这样一个文化整体。在保护和传承过程中,

① 李荣启著《非物质文化遗产保护研究文集》,文化艺术出版社,2016年,第262页。
② 王文章主编《非物质文化遗产概论》,教育科学出版社,2013年,第308页。
③ 李荣启著《非物质文化遗产保护研究文集》,文化艺术出版社,2016年,第263页。

要将非物质文化视为一个有机的整体,在保护中贯彻整体性原则,具有整体保护的视野和方法。在保护中要维护文化存续环境、保护文化仪式载体、研究和宣传运河文化精神。我国当前试行的"文化生态保护实验区"建设就是一个基于"整体性保护原则"的有益尝试和实践。

对运河区域非物质文化遗产进行整体保护,首先是保护其自身的完整性。任何一种非物质文化遗产,都是由多种技艺、技能,以及相关的物质载体共同构成的,只保护其中的技艺、技能,是不能将其完整地传承下来的;没有了这些物质载体,非物质文化遗产也难以体现。必须对其技艺技能、全部程序以及相关物质载体实施全方位的保护。要注意收集和整理与非物质文化遗产有关的各种道具、器物,如代表了传统村落的文化特征、艺术风格、生活方式、历史遗迹的传统民居、桥梁、祠堂等建筑物;代表了不同民族文化特征的各种服饰;还有举行各种民俗活动及节日庆典表演时的各种道具、民间雕刻、民间工艺品等。另外,还有大量的能体现各种生产技能的劳动工具、运输工具等;大量的能体现传统生活方式的各种家用器具,包括家具、炊具、茶具、酒具、烟具等。具体来说,如保护传统戏曲,就需对剧本、道具、场所、传承人等全面保护;保护传统技艺,就要对其传承人、传承场所、工艺流程等实施全方位保护。

四、民间事民间办原则

关于政府、学者、民众这三方在非遗保护工作中的各自位置和相互关系,学界已经有了很多探讨。在一些非遗展演现场,这三方的代表常常同时在场。其中,政府官员是非遗项目所在社区的不同级别的行政管理者,学者是来自社区之外的相关专业科研人员,民众是非遗项目的传承人和当地社区的人民群众。要保护非遗的本真性,实现非遗的可持续保护和传承,应该遵循"民间事民间办"的原则。

在非物质文化遗产保护这个问题上,无论是政府,还是民间社会,大家都有参与非物质文化遗产保护的权利。但政府与民间在职能上却有着本质上的区别。从职能上说,民间社会是非物质文化遗产的传承主体,而政府则是非物质文化遗产的保护主体。传承主体的工作,就是通过自己的努力,将某一非物质文化遗产以活态的方式继承下来、传承下去。非物质文化遗产的传承,从古至今,主要是通过他们来进行。而所谓"保护主体",则是指在非物质文化遗产传承过程中为保障非物质文化遗产的有序传承而承担起保护工作的行为主体。它们的本职工作就是通过自己的努力,为非物质文化遗产传承人营造出一个非常适合非物质文化遗产传承的环境,而不是亲自参与传承。否则,他们就会像古董商为使藏品增值不惜动手而最终毁掉宝物一样,作为非物质文化遗产保护者的政府也会因直接参与非物质文化遗产活态传承,而使遗产失去原有本色。

非物质文化遗产是劳动人民集体创造、约定俗成并传承延续的,体现着他们的生活理想和价值追求。保护和传承非物质文化遗产,理应依靠当地民众自身。非遗展演现场活动主要由民间人士组织、按民间习惯举办,政府部门只在幕后起组织、联络、支持、保障的作用,学者作为观察者和访谈者散布在民众之中。在非遗展演舞台上唱主角的应该是社区民众或非遗传承人,展演活动如何进行,当地民众自有祖先传下来的规则和方式,即便在现代社会有所调整和创新,也应由民众自己在保持传统的基础上加以调适和改变,政府和学者都应遵循"民间事民间办"的原则,对民间传统给予充分的尊重,如此才能确保非遗传承的本真性。

五、活态保护原则

非物质文化遗产是千百年来活在民众生活中的历史文化传承物,其最根本的特性在于遗产的"无形化"和"活态化"。所有遗产均通过言语、肢体、行为和技能来表达。由于它的完成过程和传承系统完全依赖于人,这就决定了非物质文化遗产"人在艺在,人亡艺绝"的"活态化"性质。正是这一性质使当前的非物质文化遗产传承受阻,走向濒危甚至消亡。因此,我们在对非物质文化遗产进行保护的同时一定要遵循非物质文化遗产的"活态性"特点,坚持活态保护的原则。[1]

"非物质文化遗产的活态保护与只重文化的物化形态和表现形式的客观主义真实性不同,它要求保存文化生态环境的整体性,即传承人、传承环境、生活方式、传承方式、文化价值观等保持与传统的连续性。"[2]具体来说,活态传承就是通过传承人生存方式的延续而得以延续。这种不脱离文化生态环境、保留文化内在精神价值,以更好地适应现代人需要的活态保护方式才是非物质文化遗产保护的终极目标。活态保护区别于以现代科技手段如采用文字、音像、视频的方式记录非物质文化遗产项目的方方面面的"木乃伊"式的保护。通过"木乃伊"式的物化手段尽管也可以保留一部分文化信息,但实际上非物质文化遗产已经蜕变为没有"灵魂"的"木乃伊"了。因此,我们说非物质文化遗产的存在是通过非遗传承人的存在而存在,通过人的活动而得以表现和传承,只有活态保护才能从根本上保护好非物质文化遗产。

这种活态保护包含着两个原则:一是非静止原则,就是说对非物质文化遗产保护的方针策略不能是一成不变的,应该做好跟踪记录的工作,根据社会环境等客观因素的改变而随时做出调整;二是让非物质文化遗产存活于社会生活中,正是因为非物质文化遗产的活态性特点,它必须是"活"的文化,这种"活"的文化不能离开产生它的文化土壤——社会生活。如果非物质文化遗产脱离了社会生活的环境,必

① 姜敬红编著《中国世界遗产保护法》,西南交通大学出版社,2015年,第24页。
② 朱运海著《汉江流域非物质文化遗产保护性旅游开发研究》,华中科技大学出版社,2017年,第18页。

然会成为一件"死"的物品而失去它的意义与价值。因此,保护非物质文化遗产也要遵循"无形的手"的原则,切不可盲目干预。①

俗话说:"活鱼要在水中看。"保护非物质文化遗产犹如池中养鱼,关键是要为"鱼儿们"营造出一个适合于它生长的客观环境。环境好,营养足,鱼儿自然生长健康;如果两眼只盯着鱼而忘记为鱼儿们换水、放食,鱼儿就很可能会因缺氧、缺食而死亡。从这个角度说,对非物质文化遗产的保护,关键还是要为非物质文化遗产,特别是那些非物质文化遗产传承人,营造出一个更加宽松,也更适合其成长的社会环境。随心所欲地改变原有自然环境与人文环境,或是使传承人离开他所熟悉的原生环境,都会对非物质文化遗产的传承带来负面影响。②

大运河山东段有着非常悠久的历史,众多物质文化遗产以及非物质文化遗产一直保存至今,有着非常重要的文化价值。如何对这些文化遗产进行保护是当前亟待解决的重要问题。而"活态保护"作为一种整体性的保护思想,为山东运河文化遗产保护带来了新的启示。③ 因此,在对非遗项目实施保护之前,必须首先在观念上进行一次彻底革命。我们需要建立这样一种观念:物质类文化遗产与非物质文化遗产无论在自身状态还是保护方式上都会有很大的不同。如果把"已经死去"的物质类文化遗产比作"鱼干",非物质文化遗产则是一条"活鱼"。前者的保护方式主要是防腐,而后者的保护方式主要是养生。将非物质文化遗产搜集并记录下来固然重要,但说到底,做成标本、存入库房并不是我们的最终目的。我们的真正目的是想让这些活生生的非物质文化遗产像水中的鱼一样,永远畅游在中国文化的海洋里,生生不息,永无穷尽。④

六、濒危遗产优先保护原则

作为一个历史悠久、幅员辽阔、民族众多的文明古国,中国拥有世界上最丰富多彩的非物质文化遗产。然而,依据我们现有的国力、财力、人力,不可能将所有的非物质文化遗产一并对待并全部保护起来。在这种情况下,就要区分轻重缓急,集中力量将那些处于濒危状态的优秀非物质文化遗产及时有效地实施抢救与保护,避免发生"人亡艺绝"的事件和"人间国宝"的消失。⑤ 随着现代化的迅猛发展,农耕文明正在迅速瓦解,传统的民间文化逐渐丧失了赖以生存的环境。人类经济的全球化,西方强势文化畅通无阻地扩散,人们生活方式的改变和商业行为的侵蚀

① 姜敬红编著《中国世界遗产保护法》,西南交通大学出版社,2015年,第24页。
② 王文章主编《中国非物质文化遗产保护论坛论文集》,文化艺术出版社,2006年,第71页。
③ 卞永良《大运河(山东段)文化遗产活态保护路径》,《当代旅游》2020年第17期;徐奇志、王艳《大运河(山东段)文化遗产及其活态保护》,《理论学刊》2018年第6期。
④ 王文章主编《中国非物质文化遗产保护论坛论文集》,文化艺术出版社,2006年,第72页。
⑤ 李荣启《论非物质文化遗产保护的主要原则与方法》,《广西民族研究》2008年第2期。

等,都对非物质文化遗产的传承和发展构成了严重的威胁。为了使祖先留给我们的文化遗产得到有效的保护,为了减少因抢救与保护不及时而造成的遗憾与损失,我们要坚持濒危遗产优先保护原则。

作为非物质文化遗产保护制度建设的重要一环,濒危性遗产保护必须以制度建设为前提。在非物质文化遗产保护领域,"临时性指定制度"虽无前车之鉴,但确有其制定的可能性与必要性。当然,"临时性指定制度"并不是乱指定,它必须以学者的科学论证为前提。而"临时性制定制度"的实施至少应具备以下条件。

(1)因传承人病危而可能导致非物质文化遗产失传时。传承人是非物质文化遗产传承的活态载体,而这些传承载体又多由年事已高的老人构成。因此,附着于这些传承人身上的文化遗产本身便具有非常强烈的濒危色彩。由于观念、制度、体制等多方面原因,加之文化遗产保护工程刚刚启动,这些才艺卓著的老人很难进入有关政府部门的视野。如果我们按部就班地通过层层申报使这些老人成为非物质文化遗产传承人,并对其技能或技艺实施抢救性整理,许多文化遗产都会随着这些老艺人们的离世而成为永久遗憾。如果通过科学论证,确认他们所传承的非物质文化遗产确有价值,我们完全可以作为"特例",通过临时指定的方式,将这些濒危老人及其作品同时指定为"临时性非物质文化遗产",并通过录音、录像等方式,将这些非物质文化遗产完整地记录和传承下去。①

(2)因文化遗产传承环境的改变而可能导致非物质文化遗产失传时。任何一种非物质文化遗产都是具体人文环境与自然环境的产物,如果因自然或人文环境发生改变而影响到非物质文化遗产传承时,我们便可通过"临时性指定制度"的实施将那些传承于具体环境中的非物质文化遗产抢救并保护下来。否则,这些非物质文化遗产就会随着社会转型、自然环境发生重大改变等客观原因而彻底消失。②

七、保护与利用并举原则

非物质文化遗产的保护和发展并非一朝一夕之功,而是一项必须持之以恒的事业,保护与发展也必须同等看待,将文化遗产的保护与社会发展、文明进步结合起来考量。"保护为主、抢救第一、合理利用、传承发展"的保护方针很好地阐释了这一原则。"保护"和"抢救"是基础和前提,"有效保护、合理利用"则是非物质文化遗产可持续发展的必由之路。"实际上,大多数传统文化遗产都还有一定的生命活力,进入博物馆并非最佳选择,关键在于如何通过思维创新和文化创新,将传统文

---

① 苑利、顾军著《非物质文化遗产保护前沿话题》,非物质文化遗产保护理论与方法丛书,文化艺术出版社,2017年,第88~89页。
② 苑利、顾军著《非物质文化遗产保护前沿话题》,非物质文化遗产保护理论与方法丛书,文化艺术出版社,2017年,第89页。

化蕴藏的深层次价值发掘出来,在不失其原真性的前提下适应、融入现代文化中去,才能真正实现可持续发展,最终达到传承发展的目的。"① 在全球化、城市化的强力冲击下,非物质文化遗产的保护和发展绝不能有任何观望、权宜之念,一方面,要适应急剧变化的社会文化环境,做出相应的自我改变;另一方面,也要从历史的角度坚守传统文化的根本,以为子孙后代负责的态度选择可持续的发展方向。

在确保文化遗产可持续发展前提下,如何科学而有效地利用好这些珍贵遗产并使之造福当代,也是每个文化遗产保护工作者必须思考的问题。如何挖掘和展现非物质文化遗产中符合我们时代精神的价值,是我们必须做出的一个选择。"对非物质文化遗产的保护,不是为保护而保护,必须与一个社会的政治、经济、文化、科技的发展结合起来,才能使我们的保护有意义。如果做不到这一点,这种保护是没有任何意义的。进一步讲,我们的这种保护必须要有促进社会的政治、经济、文化、科技的发展和进步的作用。同时,政治、经济、文化、科技的发展和进步,也会更进一步为我们的保护工作提供更多更好的人力、财力、物力、技术和环境支持。"② "实践证明:单纯的保护不仅因为经济方面的原因很难实现,文化遗产的社会价值也很难在完全封闭的状态下完全展示出来。而在确保文物安全的情况下将这些遗产推向市场,不仅可以解决文化遗产的保护费用,同时也会在最大限度上凸现出文化遗产的社会价值,并力争实现我们利用遗产保存历史、教育后人的最终目的。"③

八、政府主导与多方参与相结合的原则

"作为一种活态传承的文化遗产,大运河文化遗产存在方式要求其保护必须依赖于多方主体。"④ 在这其中,政府的主导性作用是不可或缺的。"因为只有政府具备协调各方面力量的能力,通过立法、政策、财政等多重渠道组织保护资源,构建系统长远的保护和发展机制。"⑤ 当然,这并不代表保护事业可以由政府包办,实际上各种力量都有特定的作用。学术界不是非遗项目的发明者和传承者,但却在保护和发展中起到发现、宣传、指导的作用。学术界最早指出非物质文化遗产的保护危机问题,并呼吁社会关注,同时通过学术研究阐发非物质文化遗产的价值,提出科学的保护和发展建议。媒体和文化机构对非物质文化遗产的积极关注和宣传所起

---

① 袁同凯著《城市化进程中传统文化的保护与发展:基于中国的经验与对策》,南开大学出版社,2017 年,第 208 页。

② 谭宏《非物质文化遗产保护的原则》,《重庆文理学院学报(社会科学版)》2006 年第 3 期。

③ 苑利、顾军《非物质文化遗产保护前沿话题》,《非物质文化遗产保护理论与方法丛书》,文化艺术出版社,2017 年,第 89 页。

④ 徐奇志、王艳《大运河(山东段)文化遗产及其活态保护》,《理论学刊》2018 年第 6 期。

⑤ 袁同凯著《城市化进程中传统文化的保护与发展:基于中国的经验与对策》,南开大学出版社,2017 年,第 209 页。

的作用也是不容忽视的,唤起全社会的保护意识,普及相关保护知识,乃至启发社会的文化自觉,都与其长期不懈的努力密不可分。

"非物质文化遗产的特点决定了它是公共产品,供给主体依然应该是政府。但是,随着社会经济发展、市场经济投资环境改善和公众生活水平提高,越来越多的社会团体、公益组织、私人投资者,甚至一些营利性公司也纷纷投资公共产品领域。"①尽管商界对相关非遗项目经济价值的不恰当利用一直为人们所诟病,但文化产业发展的主要动力就来自商业投资,其对文化创新的作用也是应该肯定的。在非遗保护的过程中,商界作为现代城市社会的核心和主导性群体,也是必不可少的关键力量。

相较上述力量的作用,民众自觉地广泛参与传统文化保护更为重要。一方面是源于民众的影响力更大、更深远,另一方面在于民众的参与也是保护和发展的目标所在。在运河非物质文化遗产的保护和传承中,要切实发挥政府的主导作用,同时积极动员学界、商界、媒体、群众等各种社会力量的参与,夯实非遗保护的社会基础,努力构建相应的统筹协调机制,群策群力,共同促进非遗的保护、传承和发展。

第二节　运河非物质文化遗产保护和传承的举措

随着运河职能的转变,山东沿运地区文化生态发生了巨大变化,一些与运河相关的非物质文化遗产受到越来越大的冲击。一些依靠口授和行为传承的文化遗产正在不断消失,许多传统技艺濒临消亡,大量有历史、文化价值的珍贵实物与资料遭到毁弃或流失境外,随意滥用、过度开发非物质文化遗产的现象时有发生。加强运河区域非物质文化遗产的保护已经刻不容缓。保护运河非物质文化遗产,我们要力求做到以下几点。

一、加大宣传力度

目前,虽然各级政府和文物行政部门对保护非物质文化遗产法律制度进行了广泛的宣传,但从总体上讲,社会民众对非物质文化遗产进行保护的法律意识还很淡薄。全社会对地方历史文化的认知,特别是对非物质文化遗产价值的认知程度普遍不够深入,对非物质文化遗产保护工作的重要性、艰巨性、长期性认识不足,导致非物质文化遗产保护工作的相对滞后。群众参与意识不强,不少人对非物质文化遗产不了解,常常将传统文化的优秀成分与封建糟粕混为一谈,该保护的与不该

---

① 王思煜、龙家玘主编,于鹏杰、陈婕副主编《传承与创新:东莞文化发展研究》,广东人民出版社,2014年,第215页。

保护的界限模糊不清,不能很好地参与保护和传承活动。

运河沿岸的民众对于运河怀有浓厚的情感,对当地文化有着独有的理解和认知,增强当地民众的保护意识极为重要。"如果对大运河文化遗产的保护没有落实到民众自觉参与的程度,保护大运河文化遗产不可能真正得以实现。"①非物质文化遗产的保护和传承也不例外。山东运河文化历史悠久、内涵丰富,沿线地区非物质文化遗产数量众多,且具有重要价值,应该在全民范围内树立和提高对运河文化的整体保护意识,努力让包括非遗在内的运河文化遗产的保护与传承成为广大人民群众的自觉行为。可以通过报纸、杂志、电视、广播、书籍等媒介,向公众宣传、普及非遗知识。可以设立非遗专题博物馆或展览馆,通过博物馆、展览馆的宣传教育功能,让广大公众增加对保护非物质文化遗产的重要性和紧迫性的认识,树立起"保护非遗,人人有责"的观念。利用多渠道、多形式大力宣传、引导公众认识保护非物质文化遗产的内在价值,让公众在无意间自然地接触非物质文化遗产,进而自觉地去发现它、珍惜它,让非物质文化遗产慢慢成为人们生活中不可或缺的一部分。充分利用图书馆、博物馆、文化广场等公共文化设施,创造一批与非物质文化遗产有关的书籍、报刊、动漫作品、电影等文化产品,将非物质文化遗产以百姓喜闻乐见的形式进入千家万户,营造保护非遗的良好氛围。

二、完善保护机制

相关部门对保护非物质文化遗产重要意义的认识不深,存在重"物质",轻"非遗"的思想,缺乏保护的紧迫感、责任感和使命感是导致非遗保护形势日益严峻的重要原因。除部分已被列入各级非物质文化遗产名录外,其余均尚无适当的保护措施,面临濒危、失传的危机。搞好运河非物质文化遗产普查,是有效保护和传承运河非物质文化遗产的基础。通过普查,全面了解和掌握运河沿线各地非物质文化遗产的种类、数量、分布情况、生存环境、保护情况及存在问题。在普查过程中,要运用文字、录音、视频等多媒体技术手段,对沿岸各地的非物质文化遗产进行真实、系统、全面的记录,建立档案和数据库。文化、文物部门应进一步增强运河非物质文化遗产保护和利用工作的危机感和紧迫感,抓紧制定出台相应的政策,使运河文化得到更好的推广,运河文化遗产得到更好的保护。沿运各级政府要结合当地实际,制定运河非物质文化遗产保护工作规划,明确保护范围、措施和目标,并认真付诸实施。对列入各级名录的运河非物质文化遗产代表作,采取命名、授予称号、表彰奖励、资助扶持等方式,鼓励代表作传承人(团体)进行传承活动。

各级管理部门应从行业管理的需求出发,建立满足运河文化事业健康发展需

---

① 徐奇志、王艳《大运河(山东段)文化遗产及其活态保护》,《理论学刊》2018年第6期。

要的工作体制和机制,加大资金投入和行业管理力度,积极培育和探索建立健康、稳定、繁荣的运河文化市场机制。要全面贯彻"保护为主、抢救第一、合理利用、传承发展"的方针,坚持真实性、整体性和传承性有机统一,实施非物质文化遗产传承发展工程,进一步完善非物质文化遗产保护制度。加大对运河文学艺术、传统工艺、地方戏曲、风土人情、餐饮文化、神话传说、名人轶事、民间故事等非物质文化遗产的挖掘力度,做好整理编纂工作,为子孙后代留下珍贵的文化基因,夯实传承基础。加强对非物质文化遗产重要载体和空间的保护,实施周边自然、人文环境和遗产集聚区整体性保护,推动台儿庄古城、济宁竹竿巷、聊城东昌古城、临清中洲古城等运河文化生态保护试验区规划建设。牢固确立以人为本的保护机制,加大对濒危的非物质文化遗产项目和年龄较大的代表性传承人保护力度,支持专家学者、技艺大师从理论和实践层面进行探索指导,鼓励支持社会资本参与建设传习所、展示馆、授徒坊等设施,资助传承人授徒传艺、交流切磋。实施传统工艺振兴工程,对具有市场前景的传统工艺项目实施生产性保护。加强传统工艺人才培养,鼓励开展传统工艺科学理论研究和技术攻关,支持改进工艺、完善功能、拓展用途、提高品质,培育发展具有地域特色的知名品牌。加强数字化信息采集记录,提高非物质文化遗产的数字化展示水平。定期举办弘扬传承非物质文化遗产的研讨论坛、技艺交流和群众喜闻乐见的节庆等活动,加强对非物质文化遗产的研究阐释、活态利用,推进非物质文化遗产走进现代生活。加强传统技艺、传统美术、传统医药等非遗生产性保护,推进非遗可持续发展。

三、保护运河生态环境

文化遗产是人类文明发展过程中历史积淀的精华,它镌刻着一个民族文化生命的密码,既是宝贵的物质财富,又蕴含着深刻的精神内涵。运河促进了南北文化的交流与融合,改变了中国文化的延展空间,也使山东运河文化呈现出丰富、多元、交融的面貌和格局,要将有形的物质遗产和非物质文化遗产结合起来,将运河遗产中的实物以及与实物有密切关联的传统手工技艺、民间传说、传统音乐舞蹈、传统竞技、曲艺、礼仪、传统节庆、风俗习惯等非遗项目和文化生态作为一个密不可分的整体来考量,使运河遗产的保护与展示更为全面、直观、生动、形象。

非物质文化遗产尽管具有非物质形态,但其生存与发展离不开特定的文化土壤,没有生态环境就失去了非物质文化产生的源头活水。生态环境包括自然生态环境和文化生态环境,两者相辅相成、相得益彰。运河文化广泛地存在于运河两岸人们的生产生活当中,与沿岸居民的生产、生活、文化交流活动相融合,为当地民众所适应,成为人们生活的重要组成部分。运河文化与地理、环境、生态密切关联,与周围的生态环境互相阐释、互为依存,完全依赖生态环境作为文化背景才能显现其文化特色。保护运河文化不但要保护运河文化遗产自身,更要注意保护其所依赖、所因应的生存环境,要高度关注和细心呵护运河文化赖以生存、赖以依托的自然生态环境与文化生态环境,提高对保护运河遗产真实性的认识,尽量保留运河的原有肌理,使运河成为展示山东运河文明的重要窗口。要特别注重运河文化内部的关联性,坚持族群整体保护与杰出传承人保护相结合,生态保护与人文保护相结合,让运河文化成为当代人文化生活的一个有机组成部分,在当代自然和文化环境中继续存活、传承和发展。

四、实行分类保护

对于不同类的非物质文化遗产,要注意采取不同的保护手段和方法,实行分类保护。首先,应该对非物质文化遗产进行全面的普查工作,摸清各地区非物质文化遗产的现状。对于因生产方式、生活习俗的改变而无法继续"活态传承"的非物质文化遗产应该采取静态的保护方法,即尽量搜集与之相关的音响、图像、文字、曲谱、乐器、服饰、道具及文化背景资料,以便于"博物馆式"地传承。比如民间文学类的非遗、民间音乐类非遗,像史诗、神话、谚语、民歌等,以口耳相传为重要特征。受工业化和城镇化的冲击的严重影响,生存状态普遍比较濒危,就应该采用抢救性的保护方式进行记录和整理。例如山东运河区域的武城运河民谣、夏津民歌、枣庄女娲神话、运河船工号子等非遗项目,均可采用此种保护方式。对于像传统美术类传统手工技艺类和部分传统医药类的非物质文化遗产,他们大都来源于群众的生产实践活动,可以采用科学的生产性保护方法,通过传统元素的利用带动经济的发展,但前提是在传承和保护好"核心技艺"的基础上进行的开发与创新。例如德州扒鸡、临清贡砖、东昌运河毛笔、东昌木版年画、东昌葫芦雕刻等传统手工技艺。而某些带有祭祀性质,在特定时间和空间举行的民俗活动,则不能进行生产性保护,否则会严重损害非遗的本真性,对非遗造成不可挽回的破坏。对于传统戏剧类非遗,比如柳琴戏、京剧、山东梆子、吹腔等综合性的舞台艺术,就应把握各剧种、流派的特点,以录像、视频、音频手段为主,辅助以文字的记录整理,把原汁原味的表演形态记录清楚,并保护和传承下来,而不是将地方戏剧混杂为一团进行单一化的舞台改编。总的来说,不同类别的非遗保护应当是"车走车路,马走马路,相互配合,互不相扰"。[①]

五、合理利用非遗资源

关于非物质文化遗产保护与旅游开发的关系存在两种观点。一种观点认为旅

---

① 王博颖著《环县道情皮影的民俗文化与造型观念》,甘肃人民美术出版社,2014年,第181页。

游开发有利于非物质文化遗产的保护,开展遗产旅游是非物质文化遗产保护的必由之路,对非物质文化遗产旅游开发持积极态度,理由有:发展旅游能给非物质文化遗产保护提供经济支撑;丰富了非物质文化遗产的内涵和载体;使非物质文化遗产得以宣传,提高民族认同感和自豪感;使一些衰落的非物质文化遗产得以恢复和振兴;可以提高政府和民众对非物质文化遗产的保护意识;凸显地方特色和民族特色,提高本地旅游业的吸引力和竞争力。① 另一种观点则认为旅游开发破坏了非物质文化遗产的文化原真性、造成了文化的庸俗化、舞台化及商品化,使非物质文化遗产的独特性和多样性遭到冲击,使非物质文化遗产赖以生存的文化环境遭到削弱和破坏,对非物质文化遗产的旅游开发持消极态度。② 经过多年的实践和理论探索,学者们日益认识到非物质文化遗产保护与旅游开发之间存在一个合理的区间:如果旅游开发控制在一个可控的范围内,就可以实现良性互动发展。在旅游开发为非物质文化遗产保护带来诸多好处的同时,非物质文化遗产的保护反过来也能够增强区域旅游的文化独特性和旅游竞争力,从而实现非物质文化遗产保护与旅游开发二者之间的良性互动发展。③

关于非物质文化遗产开发与创新的问题备受争议,但提取非遗这一元素并将其用于新型工业产品或文化产品是可以实施的,因为开发出来的是产品,是非遗的衍生品而不是非遗。作为非遗要对其进行严格的保护,但作为非遗的衍生品可以进行开发创新。"在非遗产业化开发过程中,必须建立起社会分工的观念,让传承人与开发商各司其职,传承人管传承,开发商管开发,互不干扰。"④

对于运河非遗的开发,开发主体不应该是传承人而应该是相关文化产业的从业者,并且开发出来的产品并不能算是非遗,而只是利用了非遗元素的工业品、文化用品和旅游纪念品。值得注意的是,并非所有的"非遗"都可以文化创意产业化,也不必将所有非遗全都产业化。有些"非遗"项目的核心价值正在于其"原汁原味",一旦加以人为的改变,必然会损失其历史传承过程中的民族文化记忆;同样,某些文化创意本身就来源于最为朴实的生活,不能在产业化的过程中造成人为的"非遗化",这反而消弭了其生活的原真性。

六、保护传承主体

非物质文化遗产的传承主体,是指民间文化艺术的优秀传承人,即掌握着具有

---

① 雷蓉、胡北明《非物质文化遗产旅游开发的必要性分析——基于保护与传承的视角》,《贵州民族研究》2012年第2期。
② 郭颖、赵晓宁《国内非物质文化遗产与旅游的相关研究综述》,《中华文化论坛》2012年第3期。
③ 朱运海著《汉江流域非物质文化遗产保护性旅游开发研究》,华中科技大学出版社,2017年,第13页。
④ 王博颖著《环县道情皮影的民俗文化与造型观念》,甘肃人民美术出版社,2014年,第183页。

重大价值的民间文化技艺、技术,并且具有最高水准的个人或群体。他们被称为"人类活财富""人类活珍宝"或"人间国宝"。由于非物质文化遗产是植根于民间的活态文化,是发展着的传统的行为方式和生活方式,因而,它不能脱离生产者和享用者而独立存在,它是存在于特定群体生活之中的活的内容。它无法被强制地凝固保护,它的生存与发展永远处在"活体"传承与"活态"保护之中。从这个意义上说,传承主体是进行非物质文化遗产保护的核心因素。如果非物质文化遗产的传承人日益减少,乃至青黄不接、后继乏人,一些民间传统艺术、技艺就会不断消亡。"无论是民间故事、神话传说、英雄史诗的讲述者,还是传统戏剧、曲艺、民间美术的表演者,民俗节庆活动的组织者、实施者,可以说,非物质文化遗产的灵魂和魅力就体现在这些人的身上,没有他们就没有非物质文化遗产的传承。"[1]此外,"非物质文化遗产的传承人是整个利益主体圈的核心,其他的利益主体都是围绕着传承人发生各种各样的经济的、社会的关系。非物质文化遗产的存在与传承是以传承人为依托的,如果传承人消失,原形态的非物质文化遗产也就不复存在。因而,非物质文化遗产保护的重点与核心是传承人"[2]。总之,重视发挥传承主体的作用,是做好非物质文化遗产抢救与保护工作的根本。

在保护传承主体之前,我们首先要明确传承人的分类。非物质文化遗产项目由于传承人数量的不同,被分为以自然人名义传承的"个体传承项目"、以团体名义传承的"团体传承项目"和以群体名义传承的"群体传承项目"三个大类。于是,传承人也被分为个体传承人与团体或群体传承人数种。传承人的种类不同,保护的侧重点自然也有所区别。

以自然人名义传承的"个体传承项目",多出现在传统工艺技艺类、民间文学类及部分以个体名义出现的表演艺术类非物质文化遗产中。这些能工巧匠、民间艺人在保护和传承传统手工技艺、民间文学、音乐舞蹈等方面发挥了重要作用。这类遗产的传承基本上也都是通过个体传承的方式世代相传的。由于同类传承事项很多,为确保指定对象的唯一性,在指定这类遗产的过程中,传承项目需与特定传承人一并指定。

以团体名义传承的"团体传承项目",是指以团体的智慧和力量创造并传承下来的非物质文化遗产项目。这类项目多出现在表演艺术、传统手工技艺、传统生产知识、传统生活知识以及传统节日与仪式类遗产中。在现实生活中,绝大多数非物质文化遗产项目都是通过团体传承的力量代代相传的。例如,武城抬花杠、聊城运河秧歌、临清驾鼓、临清五鬼闹判舞等,都是这类遗产的典型代表,反映出这类遗产在传承过程中所具有的公众普遍参与的特点。在这类遗产的传承过程中,尽管某些个人发挥着重要作用,但没有众多传承人的集体参与,这类遗产是不可能获得有

---

① 朱运海著《汉江流域非物质文化遗产保护性旅游开发研究》,华中科技大学出版社,2017年,第18页。

② 石美玉著《非物质文化遗产旅游发展战略研究:以北京为例》,中国旅游出版社,2015年,第34页。

效传承的。所以,这类遗产的传承人不是某个个体,而是由若干自然人组成的某个团体。在保护这类遗产时,要充分考虑传承团体的作用。任何一种过分强调个体而忽视团体的想法与做法,都会对这类遗产的传承带来负面影响。

"群体传承项目"是指以群体名义传承的非物质文化遗产项目。与以团体名义传承的非物质文化遗产项目相比,两者的传承人都具有明显的复数特征。所不同的是,团体传承项目只需要一个团体,而群体项目则需要多个团体共同完成。这主要体现在某些传统节日或是传统仪式上,如临清歇马亭庙会、微山夏镇泰山庙会、台儿庄运河渔灯节等。这种大规模的仪式活动,仅以团体名义申报显然是不合适的,故传统节日、传统仪式类遗产项目的传承人,不可能是某个个体,甚至是某个团体,而应是某些群体。由于团体传承、群体传承人数众多,管理困难,所以,在申报这类遗产时,通常都会指定一名总会首担任联系人,而无须对所有传承人都一一登记。此外,根据风险利益共担原则,这类遗产的传承由该项目中所有团体负责,所获利益与名誉,也由该群体共享。

如何采取措施,有效保存并实现非物质文化遗产的传承,是政府保护工作和政策法律制定工作中需要解决的重要课题。"首先要解决的是观念认识上的问题,要高度重视传承人在非物质文化遗产保护中的价值和地位,真正把传承人的保护作为整个保护工作的重点和中心来抓。其次就是要采取多种措施,保障传承活动的实现和可持续发展。"①在传承人的保护和发展问题上,各级政府作为公共文化的建设者、优秀传统文化的维护者和行政资源的使用者,其职责必然要求发挥重要和积极的作用。总的来说,政府应主要发挥三个作用:一是普查建档作用,即根据非物质文化遗产保护的需要,政府要利用行政资源和手段,通过对传承人的普查、记录和整理,建立非遗档案和名录,最大限度地避免重要和优秀的非物质文化遗产及其传承人的消失;二是资助保障作用,政府不是传承的主体,并不直接干预传承,而是采取各种措施帮助支持传承人的传承活动,例如提供经费支持,提供相应生活待遇和社会待遇,开发利用传承人的民间文化资源,保护传承人赖以生存的村寨、社区的传统文化生态环境,提供公共教育的传承途径等;三是宣传、引导作用,即通过大众传媒、舆论工具大力宣传非物质文化遗产保护,积极维护并创造有利于非物质文化遗产传承活动的文化环境、社区环境和公众环境,同时,对社会力量参与的各种保护行为,政府要发挥积极引导作用。② 鉴于当前非物质文化遗产及其传承人所面临的艰难濒危状况,以及抢救保护工作的必要性和紧迫性,进一步强化政府行为,加大政府保护力度,并使这种保护制度化、规范化,是保护和传承运河非物质文化遗产的一个有效途径。

---

① 姚向东、孙建中主编《文化探索》,河南人民出版社,2010年,第167页。
② 王云霞主编《文化遗产法学:框架与使用》,中国环境出版社,2013年,第274页。

第四章　运河非物质文化遗产的开发和利用

近年来,山东运河区域旅游已初具规模,各地都在充分挖掘运河文化,开展各具特色的运河旅游项目。非物质文化遗产独特的文化价值为文化、休闲旅游开发提供了重要的资源基础,能够增强旅游资源的吸引力和文化内涵,满足旅游者的文化求知需求,带给游客独特的精神享受。同时,旅游开发作为非物质文化遗产保护和利用的有效方式,能够更好地展示和宣传非物质文化遗产,为遗产保护注入资金,培养受众群体,促进非物质文化遗产的更新和传承,实现保护和开发的良性互动。本章在对山东运河区域非物质文化遗产旅游价值和开发模式进行分析的基础上,概括、总结其开发和利用的基本原则与总体构想。

第一节　非物质文化遗产旅游价值

文化是旅游的灵魂,旅游是文化的载体。非物质文化遗产是我国深厚的历史积淀与文化遗存,承载着我国各民族的历史记忆,构成了中华民族文化的基因,具有很高的旅游价值。从非物质文化遗产的资源价值和特征可以发现,旅游产业和非物质文化遗产之间有着很深的内在联系。首先,非物质文化遗产的历史价值、文化价值、精神价值和审美价值可为旅游开发提供丰富的、高质量的旅游资源。其次,非物质文化遗产价值的独特性使其可能成为稀有的旅游资源,我们可以利用其独特性开发出高质量的旅游产品。最后,非物质文化遗产形式的多样性为旅游产品的多元化的开发提供了基础,不同种类的非物质文化遗产可以分类开发成不同的旅游产品,满足不同年龄、不同职业旅游者的旅游需求。[①]

一、历史文化价值

历史文化价值是非遗旅游价值的核心。大多数非遗都具有久远的历史,承载着一个民族或地区的历史记忆,有十分丰富的文化底蕴。这些文化遗产生动记录了各民族或地区在不同时期的生活风貌和文化传统,反映其历史变迁的轨迹,从而具有较高的历史文化价值。非遗的历史文化价值能够深深吸引游客,游客在旅游

---

① 邵际树《非物质文化遗产的旅游价值和旅游开发模式探讨》,《当代经济》2012 年第 8 期。

过程中可以了解当地的过往生活和历史变迁,进而产生历史认同。因此,探究非遗旅游资源的内涵,挖掘其历史文化价值,能够提升旅游资源的层次,树立起鲜明的旅游特色,从而提升非遗旅游的吸引力和文化品位。

德州扒鸡,又名"德州五香脱骨扒鸡",距今已有300余年的历史。德州扒鸡因其独特的工艺、独到的配方、特殊的口感在我国食品行业中占有重要地位,在世界范围影响也很大,它是中华传统美食的优秀代表之一,有着很深的文化底蕴。传统德州扒鸡制作工艺严谨,具有浓厚的乡土地方特色,亦具有极高的历史价值。

聊城市东昌府区位于黄河下游的鲁西平原腹地,在历史上就以盛产质量上乘的葫芦而闻名,现在的东昌葫芦雕刻主要以堂邑镇为中心,包括梁水镇、闫寺办事处、柳林镇等地。东昌葫芦雕刻用料考究,刻工纯熟,线条流畅,图案丰富,制作精良,具有独特的民族、地区特色与艺术风格。艺术风格淳朴、典雅,洋溢着浓郁的乡土气息;饱满、匀称的造型与写实手法相结合,形式和内容有机地结合,传承着中国文化传统的审美观、理想情趣和精神追求。[①] 东昌葫芦雕刻的价值主要有三点,一是文化价值。其内容在神话、民俗、工艺美术领域占有相当重要的位置。其寓意与仙道、富贵、长寿、子孙繁盛等有密切相关,文化内涵极其丰富。东昌葫芦是中国葫芦文化的重要组成部分。二是学术价值。其地域的适宜性,质地的独有性,题材的广泛性,技法的独特性,风格的多样性,在中国民间工艺品中实不多见。三是社会价值。发掘、抢救、保护东昌葫芦雕刻,对丰富聊城市、东昌府区的文化积淀,推动文化事业的全面发展,促进精神文明建设,都将产生重要的促进作用。

枣庄女娲神话主要包括造人、补天、创立婚姻制度三个方面的内容。作为中华民族重要创始神话的女娲神话,除了具有民间文学本身的珍贵价值、典型的地域文化特色和民族特色外,还有其重要的思想、文化与学术价值。①思想价值。女娲神话承载着中华民族的传统文化基因,深刻体现了对女性和母亲的讴歌,对不畏困难、敢于胜利的非凡勇气和毅力的赞颂。保护和弘扬女娲文化,对于传承中华文明,增强民族凝聚力,建设社会主义和谐社会具有积极的意义。②文化价值。女娲神话是中华民族优秀传统文化的重要组成部分,具有极其珍贵的神话学、民俗学、宗教学、社会学、民间文艺学价值,对于中国文化具有多方面的重要影响。③学术价值。枣庄地区曾经是东夷部族的重要活动区域,是中华文明的重要发源地之一,具有极其重要的考古学价值。

端鼓腔是流传于济宁微山湖地区的一种民间演唱艺术形式,它以说唱为主,同时夹杂着汉族民间音乐、民间舞蹈、武术、杂技、绘画、剪纸等表现形式,整个表演活动洋溢着浓郁的远古气息,有着重要的文化艺术价值。它承载着湖区许多重大文化信息和原始记忆,保留着濒临失传的湖区民间艺术及民间风俗,是微山湖区历史

---

① 杜云生、王军利编著《中国民间美术》,河北人民出版社,2013年,第137页。

文化见证,对研究湖区发展变化和弘扬运河文化具有重要意义。2006年,微山湖端鼓腔被列入山东省第一批非物质文化遗产名录。

二、艺术审美价值

艺术审美价值是非遗旅游的重要价值之一,它能够满足游客的审美需求,给他们带来美的享受,是现代旅游的主要功能。非遗作为各民族或地区的劳动人民的智慧结晶和精华,具有浓郁的地方风格与较高的艺术审美价值,充分反映了一个民族或地区的艺术创造力、生活风貌及审美情趣。比如民间音乐、舞蹈、传统戏剧等表演艺术类非遗,就具有极高的艺术审美价值,游客在旅游活动中不仅可以获得美的享受,而且可以感受民族文化的魅力,从而获得更好的旅游体验。

临清市金郝庄镇自古就有着悠久的古筝演奏传统,系金氏古筝的发祥地之一。据老艺人年谱追溯,至少有200年的流传历史。金氏古筝的演奏风格古朴典雅、声纯韵正、肉甲并用,推崇中国传统音乐的怡情养性,其风格体现"古奇鲁派"的高古淡泊、宏、雄、健、溜、奇、逸、古的文人音乐特点,其演奏稳健、以情感人,其效果"重而不燥,轻而不浮,急而不促",古朴典雅,疏而有味,断而似连,刚柔相济,清浊协调。在点、按、吟、揉方面均具独到,为同行所青睐。2013年5月,金氏古筝被列入山东省第三批非物质文化遗产名录。

济宁仙鹤舞是流传在济宁城区的一种古老的民间舞蹈,它原始形态属道具舞范畴。道具仙鹤用竹子扎成,其长颈、双翅、尾部均用白色绸绢覆盖,再缀上象征羽毛的穗子。演出时由一位女演员藏于道具鹤中驾驭,称"白鹤仙子"。仙鹤舞一般由8个"白鹤仙子"和一个领舞的"丹顶鹤"组成,表演象征鹤飞翔、行走、抖羽毛、戏水、嬉戏等动作,同时变换各种传统程式的队形。仙鹤舞既可以作为一种单独的舞蹈形式进行表演,也可以跟随"灯舞"跑大场,做伴舞。晚间演出,鹤顶、双翅均点燃灯火,更增添此舞迷人的风采。①

枣庄四蟹抢船,又叫四蟹抢亲、四蟹夺船,是流传在枣庄市中区税郭镇一带的民间舞蹈之一,距今已有700多年的历史。四蟹抢船主要采用民间游艺的表现形式,加入戏曲的表演手法,角色有渔翁、渔姑和4只螃蟹精。渔家父女多以轻盈飘逸的划船、撒网、赶场动作为主;四蟹多以爬行、翻滚为主,骄横顽皮,变化多端,逗人欢快。四蟹抢船音乐为民乐合奏,伴奏乐器以唢呐为主,配以笛子、二胡、扬琴、笙、打击乐烘托气氛。乐曲时而热情欢快,又时而婉转抒情,配合剧情的反复变化。四蟹抢船多在逢年过节、庙会社日时演出,是深受广大群众喜爱的地域性民间舞蹈,在丰富群众文化生活方面发挥着重要作用。

---

① 高建军编著《山东运河民俗》,济南出版社,2006年,第244页。

鲁南皮影戏大约起源于清初。其原生态地集民间音乐、戏曲、曲艺、手工艺、画绘于一身,唱词、道白具有鲁南民俗语言特点,是枣庄地区深受群众喜爱的民间剧种之一,与河北唐山皮影、陕西华县皮影并称为"当代中国尚存的三大皮影"。至今已历经 4 代,传承百年。鲁南皮影最初产生时,使用牛皮制作,民国初年,制作材料由牛皮转为驴皮。当时皮影艺人发现,牛皮比较坚硬,制作的皮影容易变形,驴皮价格便宜,并且质地更好。其中,以脊梁皮最好,薄且细致,可以用于雕刻人物的面部,大腿部的皮适合做人物的靴子。制作需要经过选皮、制皮、画稿、过稿、镂刻、敷彩、发汗熨平、缀结完成 8 个步骤,使用直线刀、月牙刀等十几种刻刀,一个皮影制作完成要雕刻 1000 多刀。鲁南皮影在全国三大皮影流派中保存数量最多、演出场次最多,被皮影专家称为"中国皮影最具活力的代表"。2007 年,鲁南皮影戏入选山东省第一批非物质文化遗产名录。

三、教育科研价值

教育科研价值同样也是非遗旅游资源的重要价值之一。非遗蕴含了丰富悠久的历史、艺术、科技等知识和信息,是人类艺术的精华,也是当代教育和科研的重要的知识来源。非遗具有跨领域、学科的知识属性与文化特征,因而对于民俗、历史、考古等科考人员来说,具有较高的科研价值。非遗旅游活动,不仅可以让游客获得一种美的体验,同时还可以起到教育的作用,使得游客充分了解历史文化知识,增强民族自豪感,从而产生民族认同感。

临清贡砖烧制技艺是我国古代建材烧制技艺的重要代表,因其烧制砖窑位于山东的临清而得名。临清贡砖广泛运用于明清皇家及官府建筑,具有"敲之有声,断之无孔,坚硬苗实,不碱不蚀"的特点,历经几百年仍坚硬如石,显示了临清贡砖烧制工艺的高超。现保留下来的古代贡砖及砖窑遗址,不但具有较高的文物价值,也为运河文化的深入研究及大运河申报世界文化遗产提供了重要的实物资料。

聊城市东阿县生产的东阿阿胶在全国享有盛誉。东阿阿胶从汉唐至明清一直都是皇家贡品。据史料考证,阿胶的应用迄今已有 3000 年的历史,阿胶自古以来就被誉为"补血圣药""滋补国宝",历代《本草》皆将其列为"上品",称其为"圣药",我国首部药物学专著《神农本草经》称其"久服,轻身益气"。正宗阿胶的制作,在制胶用水、材料、季节等方面都非常讲究。《中国药学大辞典》"阿胶目"载:"每年春季,选择纯黑无病之健驴,饲以狮耳山之草,饮以狼溪河(今称浪溪河)之水,至冬宰杀取皮,浸狼溪河内四五日,刮毛涤垢,再漂泡数日,取阿井水、狼溪河水用金锅银铲桑木柴火熬三昼夜,去滓、滤清,加参、著、归、芍、桔、甘草等药汁熬至成胶,其色光洁、味甘咸、气清香,此即真阿胶也。"经过千余年的传承积淀,东阿阿胶形成了复杂精湛的制作工艺,包括整皮、化皮、熬汁等五十多道工序以及挂珠、砸油、吊猴、醒酒等关键技术,且全由手工完成,堪称我国中药传统生产工艺的典型代表。目前,东阿阿胶工艺规程已被列入医药局首批科技保密项目。[①]

四、休闲娱乐价值

休闲娱乐是现代游客旅游活动中的一项重要体验和追求。我国先后于 2006 年、2008 年、2011 年、2014 年及 2021 年公布了五批国家级非物质文化遗产名录,包含项目共计 1557 项。这些非物质文化遗产大多数都是我国汉民族和各少数民族传统休闲活动的产物,是特定历史时期我国人民闲暇和传统节假日里休闲活动的具体体现。直到今天,它们仍然对人民休闲生活产生着强烈的影响。因此,挖掘非遗旅游资源的休闲娱乐价值,可以使游客游在其中、乐在其中。

聊城道口铺竹马舞流行于聊城道口铺街道办事处四甲李村、肖香坊村及聊城周边一些村庄,是道口铺办事处的特色文化,也是聊城有名的民间舞蹈形式,距今已有约 600 年的历史。竹马舞是春节期间民间的一种花会形式,多在元宵节前后表演。表演竹马者一般要求 4 男 4 女,分生、旦、净、末、丑等角色,正生骑红马,青衣(俏闺女)骑黄马,小生骑绿马,花旦(花大姐)骑白马,小丑骑黑马。竹马的表演在跑动时,各角色分工明确,各司其职,配合默契,以走场为主,有"双进门""开四门""水溜溜""绕八字""蛇蜕皮""十字靠""剪子股""跑圆场""三龙出水""南瓜蔓"等 10 余种。演员手中的道具,或马鞭,或刀枪剑戟,或棍棒,根据人物身份选定。表演者通过表情、姿态和唱腔,表现剧情和人物性格。表演时,伴奏乐器多为锣、鼓、镲等打击乐器。目前,这种活动已与秧歌、戏曲小唱如弦子戏、三句半、吕剧、豫剧等有机结合,逐渐发展成为一种内容更鲜活的寓教于乐的民间娱乐健身运动。每逢节庆,五颜六色的"群马",生龙活虎,跳跃奔驰,大大活跃了节日气氛,表达人们对美好生活的祝愿,深受广大群众的喜爱。

德州高跷源远流长,距今已有 600 多年的历史。德州地处鲁北,冬春两季,天寒地冻,以农为本的庄稼人大都在家赋闲,市区商号在春节至正月十五期间大都闭门歇市,所以人们就渴望借庆新春,实实在在地热闹一番,"闹元宵"的习俗就这样一直延续开来,而高跷就成了当地群众自娱自乐的极好形式。[②] 除春节和元宵节以外,如遇重大庆典活动或有人邀请,当地较有名气的高跷队也会临时出演。德州高跷以队伍庞大、场面热烈、表演丰富、技艺独特等特点,深受群众欢迎,久盛不衰。每逢高跷出演,周围十里八乡的农民带着干粮前往观看。如今德州高跷仍能为活跃节日气氛、丰富人民群众的精神文化生活作出贡献。

东昌弦子戏是聊城市著名的地方剧种之一,距今已有近 200 年的历史。作为

---

① 李宗伟主编《山东省省级非物质文化遗产名录图典》(第 1 卷),山东友谊出版社,2012 年,第 454 页。
② 张玉柱主编《齐鲁民间艺术通览》,山东友谊出版社,1998 年,第 269 页。

一种古老的民间艺术,东昌弦子戏在清代曾经名噪一时,官宦人家争相聘请庆寿诞、庆升迁;商贾庆开张、庆乔迁;新年伊始从正月十五一直唱到三月初三,很受当时官府的重视和群众的欢迎。清末民初,弦子戏更是红极一时,在戏剧苑中独树一帜,其他剧种改编借鉴弦子戏的曲牌、板式、行腔的情况屡见不鲜。新中国成立后,人民安居乐业,东昌弦子戏的演出队伍更加壮大,最多时曾经有60余人。弦子戏唱腔优美,老少咸宜,具有比较深厚的群众基础,当时有"宁可荒了地,不舍弦子戏"的说法。由于其深受老百姓的欢迎,至今在广大农村集镇还时有传唱。2006年,东昌弦子戏被列入聊城市第一批非物质文化遗产名录。

渔灯秧歌,又称"太平歌",它流传于台儿庄运河沿岸的黄林庄一带,是一种歌、舞、打击乐和曲牌唱腔相结合的民间表演艺术形式。据当地老艺人说,清代中期,渔灯秧歌在台儿庄一带就已极为盛行。那时台儿庄古运河两岸普遍流传着一种民间文艺乡会,每年春节期间,各个乡镇、村庄自发地不约而同地组织起各种大小不同的"民间乡会"。乡会演出的节目多种多样,有"狮子""龙灯""旱船""高跷""花车子""花鼓""渔灯秧歌"等各种民间文艺活动,渔灯秧歌即是民间乡会中最引人注目、最受人们欢迎的舞蹈节目。① 渔灯秧歌以歌舞为主,有时也表演一些有故事情节的戏曲片段,也有表现男女说逗、调情的小场,表演内容极为丰富,能够很好地渲染节日气氛,故深受当地民众的喜爱。

五、经济价值

非物质文化遗产通过旅游开发,可以把非遗资源转化为旅游吸引物,为旅游地带来经济收入,体现了非遗旅游资源的经济价值,这是非遗旅游可持续发展的重要前提条件。在经济高速发展的今天,人们已经不仅仅满足于吃饱穿暖了,对于精神文化的需求达到了空前的高度。为了满足人们的文化需求,各个国家或地区都纷纷推出自己的文化品牌,发展文化产业,从而拉动当地的旅游经济和就业水平。而非遗作为国家或民族历史文化的精髓,对于提升文化品位,带动文化产业发展起到极大的推动作用。

临清庙会在唐代就很盛行,城乡均有,时间不同,规模不一,其中最有名的当属临清城东的歇马亭庙会。临清歇马亭地处临清市东郊古运河岸边,始建于明嘉靖年间。乾隆《临清州志》记载岱宗驻节:"在东水门外,俗称'歇马亭',明嘉靖三十年,鸿胪寺序班秦闾建。"②歇马亭庙宇规模宏大,供泰山娘娘,曰"碧霞元君"。是日城乡群众云集庙会,各种民间文艺团体纷纷上街,如高跷、驾鼓、龙灯、舞狮子、旱

---

① 张玉柱主编《齐鲁民间艺术通览》,山东友谊出版社,1998年,第423~424页。
② (清)王俊修:乾隆《临清州志》卷11《寺观志》,载临清市人民政府编《临清州志》,山东地图出版社,2001年,第476页。

船等集于庙会,尽情歌舞,并举行"接驾"仪式(接泰山娘娘)。整个四月连绵不断,故称"四月会"。邻近 10 余县的善男信女亦来此进香、赶会。[①] 1993 年,临清市筹资近 200 万元,在原址上对庙宇进行重建。每年 4 月、9 月来歇马亭庙会旅游、参观的达上万人。[②] 2011 年,临清歇马亭庙会被列入聊城市第三批非物质文化遗产名录。

临清济美酱园,又名"远香斋",由安徽歙县洪琴村人汪永春于乾隆五十七年(1792)创办,与北京的"六必居"、保定的"槐茂"、济宁的"玉堂"齐名,一并称为"江北四大酱园"。济美酱菜传统产品为进京腐乳和甜酱瓜。临清进京腐乳是临清济美酱园的传统产品,至今已有 200 多年的历史。其中进京腐乳是选用当年优质大豆为原料,经浸泡、过滤、煮浆等 10 多道工序制成。临清进京腐乳滋味鲜美,咸淡适口,质

图 4-2　临清进京腐乳

地细腻,是理想的佐餐食品,颇受人们欢迎。甜酱瓜,又称"闷瓜",是济美酱园的又一传统产品。甜酱瓜以优质二青瓜和九道筋瓜为原料,加面酱采取独特的工艺酱渍后,再用酱黄闷制发酵而成。色泽金黄透明,质地嫩脆香甜,酱香浓郁,咸甜可口。包瓜是济美酱菜除进京腐乳和甜酱瓜之外的另一道传统美味小菜。它以一窝蜂小甜瓜为原料,去瓤后加花生仁、杏仁等 8 种瓜馅酱渍而成。成品呈褐色,瓜稍咸微甜,酱香突出,质脆味鲜。1935 年,济美酱菜在南京国货博览会上获奖。1987年,被国家轻工业部评为优质产品。1995 年 3 月,因济美酱菜的卓越品质,中国农学会、中国优质农产品开发服务协会国务院发展研究中心农村发展研究部、经济日报农村部、中国特产报社授予临清市"酱菜之乡"称号。[③]

改革开放以来,济美酱园已改制为有限责任公司企业,在市场经济和高新技术飞速发展的时代,在新的领导机制下济美得到了飞速发展。1987 年,济美牌甜酱瓜被国家轻工部评为优质产品。1988 年,济美牌酱莴苣荣获首届食品博览会"银牌奖"。1990 年,全厂有职工 294 人,拥有各种设备 112 台(套),固定资产原值 406 万元,完成产值 297 万元,实现利税 75.8 万元,其中创利润 57.6 万元。1995 年,济美牌酱菜被山东省经委命名为"山东省传统名特食品";同年,济美酱园被中国食品工业协会评为质量达标企业。1996 年,该厂共有职工 449 人,固定资产原值 2099

---

① 山东省临清市地方史志编纂委员会编《临清市志》,齐鲁书社,1997 年,第 721 页。
② 临清市地方史志办公室编《临清乡村概况》,五洲传播出版社,2003 年,第 427 页。
③ 陈清义编《聊城运河文化研究》,山东画报出版社,2013 年,第 263 页。

万元,完成工业总产值 1642 万元,实现利税 105 万元。① 2001 年,济美牌甜面酱被中国农产品博览会评为名牌产品;2006 年,被评为"山东省名牌产品";同年,被山东省商贸委评为"山东老字号"企业。2014 年,临清进京腐乳制作技艺被列入聊城市第四批非物质文化遗产名录。

牛筋腰带是聊城的传统产品,也是全国独有的民间工艺品。其第 4 代传人郑怀仁、张庆洪和第 5 代传人梁成贵、邹福智、张元杰等人在继承传统制作工艺的基础上,注重运用现代科技手段,特别是对着色工艺进行了改进,增强色彩的附着力和耐磨性,提高了产品的内在品质,生产工艺和部分花型获得了国家专利。产品现已远销北京、上海、石家庄等大中城市,中国港澳地区以及东南亚等国家和地区创造了可观的经济效益。② 近年来,山东聊城"御封"工艺腰带制品厂,成为生产传统牛筋腰带的专业厂家,该厂在充分挖掘传统历史工艺的基础上,不断对其改进和完善,先后开发出"老板带""鸳鸯带""一条龙""乾隆带""金钱花"等系列产品,在国家专利局注册了生产工艺专利和 4 个产品花型专利,现又研制开发出百余种花色的真皮领带与之配套组合,实为佩戴、收藏的精美珍品,更是馈赠亲朋的难得礼品。③

第二节　非物质文化遗产旅游开发原则

非物质文化遗产的旅游开发是一项艰巨而复杂的系统工程,开发过程中需要全方位的调研和审视,做到恰到好处的开发,尽量避免肤浅开发和过度开发的情况发生。在旅游开发过程中,我们应尽可能弱化旅游对非物质文化遗产的负面影响,强化旅游经济的带动作用,努力实现旅游开发与非物质文化遗产保护的双赢。因此,在对运河区域非物质文化遗产进行旅游开发时,需要坚持原真性开发、可持续发展、特色开发、利益共享等原则。

一、原真性开发原则

原真性是指保护非物质文化遗产本来的、原生的、真实的原貌,也包含遗产的完整性,即遗产的保护是不能与其生存环境相分离的,强调整体性的保护。原真性保护是非遗旅游开发的基础及核心,尤其是在我国,很多非遗都处于濒临灭绝的境地,当前旅游开发的主要目的还是为了更好地保护和传承非遗,破坏了非遗的原真性也就从根本上破坏了非遗的保护和传承,因而原真性保护是旅游开发之本。从

---

① 山东省聊城地区地方史志编纂委员会编《聊城地区志》,齐鲁书社,1997 年,第 212 页。
② 陈清义《聊城运河文化研究》,山东画报出版社,2013 年,第 255 页。
③ 于平主编《传统技艺》,山东友谊出版社,2008 年,第 190 页。

游客的角度来看,原真性的文化遗产更加具有魅力,且更引人注目,游客希望通过旅游体验到原汁原味的民俗风情和遗产文化。只有坚持原真性开发原则,避免对非遗做过多的改动或修饰,才能使其价值得到真正的展现,游客才能体验到真正的、完整的非遗文化。因此,在旅游开发过程中,在旅游规划、分析、设计及实施的各个阶段,都要力求保持文化的原真性,尽量使非遗的外在表现与内在含义协调一致,使游客真正体验到非遗的独特魅力。

二、可持续发展原则

可持续发展指的是既能满足当代人的需求,同时又不会对后代人满足其需求的能力造成危害。可持续发展是人类在经历了长期的发展之后,遭受一系列挫折和失败,经过深刻反思之后产生的理念,适用于人口、环境、资源等相关领域。非遗作为一种文化资源,对其进行旅游开发,同样也应该坚持可持续发展的原则。"必须在非遗保护与旅游开发之间找到一致性和契合点,着力构建二者良性互动机制和可持续发展机制,实现保护性开发与开发性保护的有机统一。"[1]对非物质文化遗产的滥用,可能会带来旅游经济的短期繁荣,但最终会加速非物质文化遗产的消亡和旅游经济的倒退。只有保护好非物质文化遗产,才能吸引旅游者的到来,促进非物质文化遗产旅游的持续发展。在对非物质文化遗产进行活态旅游开发中,要防止过度商业化、低级趣味化和庸俗化。"要对旅游开发的适宜性做科学评价,选择合适的开发模式,达到非物质文化遗产保护传承与旅游产业同步发展的目的。"[2]

非物质文化遗产的可持续发展必须尊重文化发展的规律。发端于农耕时代的非物质文化遗产,不管是信仰还是习俗、手工技艺都是在人们同自然、外来入侵进行抗争的过程中产生和发展的。先人们依靠它获取物质利益并获得精神安慰。但是随着社会的发展,上层建筑的不断革新,不同族群之间生产力发展失衡,社会资源的利益分配格局出现了变化,部分族群所秉持的传统文化失去了寻求财富增长的竞争优势,生存空间被挤占。固有的传统文化或者被融入新的内容以适应新的生产力发展的要求,或者改变了原有的发展轨迹而走向衰弱直至消亡,这就是文化发展的规律。尽管以非物质文化遗产为代表的传统文化,在当代社会转型时期走向衰弱是文化规律使然,但是这并不等于人类不能有所作为。对于人类所创造的所有非物质文化遗产,我们都应当给予保存和维护,使之成为一本生动的教科书供后人参考借鉴。在文化规律的作用之下,传统文化的自身发展有一个进化和淘汰的过程,那些不符合人类发展趋势和前进方向的文化,必然要逐渐被淘汰或自行消

---

① 张秉福《京杭运河非物质文化遗产保护与旅游开发互动模式研究》,《甘肃理论学刊》2020 年第 1 期。
② 林惠彬《浅谈非物质文化遗产保护与旅游开发的关系》,《文艺生活(文艺理论)》2014 年第 8 期。

失。我们现在保护它们,正是从文化多样性和历史延续性的角度出发。在非物质文化遗产的保护工作中,我们应当尊重文化发展的规律,针对不同形式的非物质文化遗产采取不同的保护方法,实行不同的保护政策。由于非物质文化遗产的脆弱性,过快开发或过度开发都有可能致使非遗的外在形式和内在含义的分离,以及非遗蕴含的内在价值和精神的逐步消失。因此,只有坚持可持续发展的原则,适度合理地开发非遗旅游资源,才能够在满足当代人文化需求的同时,又不会剥夺子孙后代享受非遗独特魅力的权利。

三、特色开发原则

原真性既是非遗保护的主要内容,也是非遗吸引游客的根本因素。旅游产品是否具有吸引力和市场价值,关键在于其是否具有特色,特色是旅游产品的生存根基和主要卖点。运河非遗的原真性蕴含和彰显着鲜明的运河特色和地域特色,并由此形成文化差异性,表现出长盛不衰的生命力,这也是其作为旅游资源的最大优势和亮点所在。所以,运河非遗旅游产品、景点和线路的开发设计,必须切实尊重、深入把握、合理利用运河非遗的本真特色,尽量就近甄选开发项目,突出本地运河风情,将更多原汁原味的运河非遗文化元素融入旅游产品中,切忌盲目跟风效仿,一味贪新求洋,而丢失自身特色和根本。[1]

四、市场化开发原则

我国旅游业的发展在旅游开发领域经历了两个发展阶段:一是资源导向阶段,二是市场导向阶段。在旅游业发展初期,只有少部分拥有一流资源的地区进行了旅游开发工作,把资源稍加整理就变成了旅游产品,产品类型基本上都是观光产品,旅游区的建设也是围绕资源进行整理与提升,也就是资源能变成什么产品就开发什么。当旅游开发变成一种普遍行为的时候,旅游产品供求关系发生了变化,特别是观光产品由供不应求变成了供大于求,此时市场的作用凸显出来,旅游开发模式由资源导向转变为市场导向,也就是市场需要什么就开发什么。

当前,运河非遗保护和开发工作主要是政府主导的模式,社会资本参与较少,市场化运作非常不完善。然而我国非遗项目众多、覆盖面广,政府财政投入比较有限,非遗的保护和开发要完全依赖政府是非常困难的,也不利于非遗保护和传承工作的可持续发展。因此,非遗的旅游开发应在政府主导之下,积极鼓励社会资本的参与,这样做既能够让非遗得到更好的宣传和保护,又能减轻政府的财政压力,使

---

[1] 张秉福《京杭运河非物质文化遗产保护与旅游开发互动模式研究》,《甘肃理论学刊》2020年第1期。

得政府可以把有限的资金投入到急需保护的项目中去。但是,我们也应该看到,市场化运作又是一把双刃剑,使用不当也可能会加速非遗的消亡。因此,非遗的市场化运作一定要有政府的严格监管,避免非遗的舞台化、庸俗化倾向,防止出现过度开发的现象,协调好非遗保护和旅游开发之间的关系,培育出富有地域文化特色、个性鲜明的非遗旅游产品,做到非遗的文化价值和经济价值的双赢,真正走上一条良性的发展之路。[①]

五、利益共享原则

抢救和保护运河非物质文化遗产是一项庞大的工程,需要大量的人力、物力、财力,而现在国家和地方政府对此投入的资金却非常有限。因此,旅游业的发展无疑是解决抢救和保护非物质文化遗产资金问题的最佳途径。要协调好两者之间的利益关系,解决好利益分配问题,因为旅游业发展在非物质文化遗产的开发中与保护中增加了游客量,提高了经济效益。这部分经济效益应通过相应的利益分配机制,对非物质文化遗产的价值进行补偿,从而实现利益共享。[②] 在旅游开发过程中,必须遵循协调合作的原则,协调各方利益关系,本着互利共赢的目标加强合作,共同促进非物质文化遗产旅游的发展。

非物质文化遗产是在社区内传承发展的文化旅游资源,其旅游开发应强化社区民众的参与,赋予民众应有的话语权。非物质文化遗产旅游开发涉及多方利益相关者,旅游企业、政府、学者、社区居民等,而作为传承主体的社区居民多居于弱势地位,忽略社区的参与,非物质文化遗产旅游就缺乏其本身的文化内涵,影响旅游的持续发展,打击居民保护非物质文化遗产的积极性。在旅游开发中,必须注重传承人、非物质文化遗产受众群体,以及社区传统文化爱好者等的参与,将他们纳入旅游决策和利益分配的机制,使其发出应有的声音。

除以上原则外,在旅游开发过程中还应注意以下几个问题:一是开发者应有较强的文化意识,对非物质文化有较全面的了解,对文化与旅游开发的重要性有充分的认识;二是开发者要从多学科,如历史学、民俗学、社会学、文学等角度来研究某地区或某类非物质文化遗产,发掘遗产内涵和价值,丰富旅游项目的文化意蕴,唤醒全社会对文化遗产的珍视程度和保护意识;三是旅游项目要创造和实现一种文化氛围,提高旅游者在旅游活动中的参与程度,让旅游者无论是欣赏歌舞表演、品尝风味小吃,还是参与工艺制作、游戏活动,都可以感觉到是在享受文化;四是项目开发不仅具有文化遗产的"形",而且还要有民俗的"神",也就是"神形合一",把文化遗产的精华完整地表现出来;五要注重接受文化、艺术学者的指导建议。关键是

---

① 张魏著《非物质文化遗产旅游开发系统的动态仿真研究》,江西人民出版社,2014年,第36页。

② 林惠彬《浅谈非物质文化遗产保护与旅游开发的关系》,《文艺生活(文艺理论)》2014年第8期。

要处理好非物质文化遗产的保护利用与旅游开发二者之间的关系,在文化资源深度传承与转化上做文章。①

第三节 非物质文化遗产旅游开发模式

近年来,随着非物质文化遗产旅游开发在全国各地蓬勃发展,形成了许多类型的开发模式,根据这些开发模式的特点,大致可以把它们归纳为六大类,分别是民俗博物馆模式、城市 RBD 模式、舞台表演模式、主题公园模式、节庆活动模式和文化生态保护区模式。当然,任何事物都不是一成不变的,非遗旅游开发模式同样也是在变化当中,随着国内外对开发模式研究和实践的深入,其类型将会不断地丰富与深化,因此我们需要不断学习、调查和实践,进一步完善非遗旅游开发模式。

一、民俗博物馆模式

博物馆作为一个搜集、保管、展示、研究有关艺术、文化、历史、科技等方面的标本或文物的机构,不仅能够展示一个民族或地区的文明,而且能够进行科普宣传和国民教育,是非遗旅游开发的主要模式之一。博物馆模式重点针对的是那些濒临消亡、正常传承比较困难、但又有一定生存希望的非遗。对于这一类非遗的保护和开发需要采取积极的抢救措施,使用现代科技手段,把非遗活动内容全景式地保存下来,同时尽可能地搜集相关的物质实体,归类存档,在非遗原生地建立博物馆,最大程度上保持了非遗的原真性,为子孙后代留下一份宝贵的财富,同时也能供当代人观览、体验和研习。②

"民俗博物馆主要是为保护民俗文物、丰富收藏并为参观者了解民俗文化内涵而建立的,其主要功能是教育功能和传播文化功能。"③目前,国内有以展示一个地区或民族及多个民族乃至全国各类民俗文物的综合性民俗博物馆,如苏州民俗博物馆、山西汾县丁村民族博物馆、洛阳民俗博物馆等;也有以民俗的某一专门内容为征集、收藏、展示对象的民俗博物馆,如山东潍坊风筝博物馆、贵州酒文化博物馆、安顺文庙蜡染博物馆、河南安阳民间艺术博物馆等。这两类民俗博物馆在对民俗文物保护、传播民族文化、满足旅游者体验民族文化等方面起到了一定的作用,但在满足旅游者的参与体验方面存在着不足。

近年来出现了一种新的民俗博物馆形式——生态博物馆。它是指不移动文物

---

① 吴国清著《多维视域城市区域旅游发展研究》,上海人民出版社,2016 年,第 300 页。

② 张魏著《非物质文化遗产旅游开发系统的动态仿真研究》,江西人民出版社,2014 年,第 37 页。

③ 周灿著《德昂族非物质文化遗产保护与民族村寨旅游》,云南人民出版社,2014 年,第 159 页。

的原始位置,而是把文物、文化保持在其原生状态下的一种博物馆。它打破了传统集中收藏式的博物馆建设模式,让人们了解文化遗产本来或原始的面貌。这种模式的最大意义在于,它是在一种原生的状态下,以"活态博物馆"的形式和手段来展示民俗文化,既将分散于人们生产过程中的民俗旅游资源整合到一起进行集中展示,又没有使其完全脱离现实生活而保持了民俗文化的"原汁原味"。①

对于已经失去生存环境和条件,同时又适宜采用博物馆展示方式保存的非物质文化遗产,应该采用博物馆式旅游开发方式。在运河沿线选择合适地点建设大运河非物质文化遗产博物馆,或在省、市级博物馆中开设非物质文化遗产展厅,集中展示大运河非物质遗产的全貌,同时建设各种非物质文化遗产专项博物馆,如大运河文学博物馆,收集并集中展示和运河有关的古诗词、民间文学等文学作品;大运河传统技艺博物馆,展示大运河相关传统技艺的制作工具、制作过程、工艺产品;大运河民俗博物馆,展示大运河沿线相关民俗的起源、发展与演变;大运河饮食博物馆,介绍并吸引游客体验大运河沿线具有鲜明地域特色的运河饮食;大运河传统音乐博物馆,用现代化的技术手段,诸如录音、录像、数字化存储等方式保留运河传统音乐和戏曲;等等。

二、城市 RBD 模式

山东运河沿岸各地拥有众多成片的历史文化街区,是运河区域经济社会变迁的历史见证。"历史文化街区,是指经国家有关部门、省、市、县人民政府批准并公布的,文物古迹比较集中,能较完整地反映某一历史时期传统风貌和地方、民族特色,具有较高历史文化价值的街区、镇、村、建筑群等。"②历史文化街区可以是古代某时期历史风貌的存留,如扬州的东关街;可以是地方或民族特色的体现,如嘉兴的月河区历史街区;也可以是体现因历史原因而带来的外国的或混合式的风格,如广州骑楼街。③ 历史文化街区作为一座城市整体风貌、社会变迁、文化传承的历史见证与真实写照,是城市极其重要的文化名片。④ 在对这些历史文化街区进行利用和开发时,我们可以尝试采用城市 RBD 模式。"RBD"是英文"recreational business district"的缩写,直译为"游憩商业区"。"所谓的 RBD 就是为季节性涌入城市的游客的需要,城市内集中布置饭店、娱乐业、新奇物和礼品商店的街区。"⑤"其主要特点是与商业设施和商业活动有着高度的产业共生性和空间共生性。"⑥

①　余永霞编《中国民俗旅游》,华中科技大学出版社,2011 年,第 361 页。
②　杨文棋编著《旅游资源管理法规概要》,厦门大学出版社,2002 年,第 181 页。
③　孙敬宇主编《小城镇街道与广场设计指南》,天津大学出版社,2015 年,第 194 页。
④　丁旭光、黄丽华著《超大城市基层社会治理实证研究》,广州出版社,2017 年,第 89 页。
⑤　保继刚、楚义芳编著《旅游地理学》(修订版),高等教育出版社,1993 年,第 126 页。
⑥　朱立新编《城市游憩学》,南开大学出版社,2009 年,第 18 页。

台儿庄明清街巷、济宁竹竿巷、济宁土山、临清古街巷、聊城东昌古城等传统历史区域都可以用来展示运河城市民俗风情。

三、舞台表演模式

舞台表演是艺术实践中将作品创作与欣赏衔接的桥梁,非物质文化遗产的舞台表演是非物质文化从平面形态变为时空形态、从生活状态转化为艺术表演的具体过程,通过服装、道具、表演者的肢体语言等来表达形态美、形式美、色彩美、韵律美、动态美、意境美,满足旅游者审美鉴赏的需求。舞台表演的体验性、娱乐性均较强,符合游客心理偏好,具有很高的艺术价值和观赏价值。

适合舞台表演的运河非遗种类有传统音乐、传统戏剧、民间舞蹈、传统技艺等,台儿庄古城、聊城东昌古城、临清宛园等景区中均有山东快书、戏曲演唱、葫芦雕刻、杂技武术等文艺表演和传统技艺展示活动。这些非物质文化遗产具有较强的舞台表现力,对游客具有很强的吸引力。随着生产、生活方式的变迁,某些运河非物质文化遗产面临失传、绝迹的境地。通过舞台艺术创作,可以使非物质文化遗产传承人的技艺获得展示的空间,同时吸引、培养新一代传承人和爱好者。

四、主题公园模式

主题公园是现代旅游业在旅游资源的开发过程中孕育产生的新的旅游吸引物,从1952年荷兰海牙市建造的"小人国"作为主题乐园的雏形出现,到1955年美国洛杉矶建造的迪斯尼乐园标志着主题公园的诞生,距今已有近70年的历史。根据美国NAPHA(National Amusement Park History Association,国家游乐园历史协会)的定义,主题公园(Theme park)是指乘骑设施、娱乐景点、表演和建筑围绕一个或一组主题而建的娱乐公园(Amusement Park)。我国学者一般对主题公园的定义是,根据某个特定的主题,采用现代科学技术和多层次活动设置方式,集诸多娱乐活动、休闲要素、服务接待设施于一体并且封闭管理,独立收费和运营,满足消费者多样化的休闲娱乐需求和选择,而建造的一种具有创意性活动方式的现代旅游场所。它是根据特定的主题创意,主要以文化复制、文化移植、文化陈列,以及高新技术等手段来迎合消费者的好奇心,以主题情节贯穿整个游乐项目的休闲娱乐活动空间。①

"主题公园模式主要是为了满足客源地文化旅游的需要,在异地而非原生地为旅游开发而建立起来的园区,通过仿造和移植非遗的生存环境、传统技艺及表演项

---

① 刘志芳著《旅游综合体开发模式与融资》,中央广播电视大学出版社,2017年,第63页。

目等,集中且规模化地展示多个非遗项目,是目前非遗旅游开发的主要模式之一。"①文化主题公园模式富有创造性,它的兴建需要发挥文化创造力,集合文化、科技等诸多吸引物,构建一个具有想象力活动空间的文化景区,增强游客旅游的文化体验和参与度。对于这种旅游开发模式,目前褒贬不一。一方面,它通过把分散在各地的非遗集中在一起展示给游客,可以节省成本,避免重复投入,同时可以满足客源地游客文化多样性的需求,让游客领略到各地多姿多彩的文化遗产;另一方面,主题公园里的"非遗"毕竟是为了旅游的目的而建立的,缺乏真实体验感,这种虚拟、移植的非遗降低了其原真性,从而影响到游客的满意度。但是不管怎样,主题公园模式还是有利于非遗的宣传与交流,使更多人了解和熟悉非遗。山东运河沿岸各地可以努力发掘当地特色文化,建立梁祝爱情文化园、墨子科技园、水浒文化园、金瓶梅文化园等主题公园,树立精品意识,使之成为民俗旅游开发的经典。

五、节庆活动模式

节庆活动是民俗文化旅游资源的一部分,节庆旅游具有文化性、传统性、民族性及动态性等特点,对于提升旅游地的整体形象与知名度有很大作用。"节庆活动模式是以传统的民俗节日、民俗活动或民俗文化为主题,以举办大型节庆活动为形式而进行的一种民俗旅游开发模式。"②根据利用的资源本身特征和节庆活动的形式,又表现为两种类型。一是民俗节日-节庆活动形式。即利用传统的和已经俗成的民俗节日,开发成一种观光与参与相结合的旅游活动。如傣族的泼水节、福建的妈祖节和藏族的展佛节、达玛节、林卡节等。二是民俗活动-节庆活动形式。即以传统的民俗活动为主题,举办专门的文化旅游活动。这种民俗活动本身在生活或生产中并不是一种固定或约定俗成的节日活动,而是在现代旅游发展过程中专门开发而成。如潍坊市一年一度的"国际风筝会"就属于这种类型。借助节庆活动开展各类民俗活动,不仅可以为旅游地带来可观的经济收入,还可以弘扬民族文化,促进非遗的保护和发展。

山东运河沿岸各地可通过举办国际运河旅游节、梁祝爱情文化节,水浒武术文化节、金瓶梅文化节、微山湖渔民节、微山湖红荷节、运河河神文化节、运河庙会等节庆活动以保护和传承运河非物质文化遗产。运河两岸仍在举行的庙会、仍然流传的民间习俗等,还可采用"原生境"方式展示。"原生境"原指未经人类活动扰动的生物物种繁衍、演化的自然环境。非物质文化遗产的"原生境"展示式旅游开发,就是指把运河非物质文化遗产置于其孕育和演化的环境之中,游客仅作为外来的

---

① 张魏著《非物质文化遗产旅游开发系统的动态仿真研究》,江西人民出版社,2014年,第37页。

② 何佳梅、王德刚主编《山东省文化资源旅游开发研究》,齐鲁书社,2004年,第201页。

"旁观者"或"参与者"对其进行研究和欣赏。①

六、文化生态保护区模式

文化生态保护区是指在一个特定的区域中,通过采取有效的保护措施,确保非物质文化遗产与相关的物质文化遗产(不可移动文物、可移动文物、历史文化街区和村镇等)、自然环境、生产生活方式、经济形式、语言环境、社会组织、意识形态、价值观念等构成共生共存、相互作用的文化生态系统的真实性、活态性、完整性,使其自我调节、自我发展的能力得以充分实现。划定文化生态保护区,使非物质文化遗产活态存在于其所属的区域及环境中,是保护非物质文化遗产的一种有效方式。②文化生态保护区主要针对的是传统文化保持比较完整且具有特殊价值的村落或特定区域,对其进行整体性的动态保护。③

从 2007 年起,我国陆续建立了 15 个国家文化生态保护实验区。这些国家级文化生态保护实验区具有以下三个共同点:第一,非物质文化遗产较为集中;第二,区域文化特色鲜明,历史积淀深厚;第三,文化生态环境保存较为完整。我国文化生态保护区建设具有以下共同点:①在管理上,由政府、专家和社会民众及团体共同参与。②在资金支持上,经过国家文化部门的论证审核,由中央财政拨付专项保护经费;保护区所在地政府将所需建设经费纳入本级财政预算,同时,通过政策引导等措施,鼓励个人、企业和社会组织对保护区建设予以资助,提倡多渠道吸纳社会资金投入。③在保护内容上,对保护区内各级非物质文化遗产名录项目,针对不同项目的特点,采取不同的保护方式,制定相应的保护措施。④在保护方式上,在保护区内划定"重点区域",对自然环境和传统文化生态保存较为完好的街道、社区、乡镇和村落进行整体保护;对濒危非物质文化遗产项目进行抢救性保护;对传统技艺类项目进行生产性保护。④

非遗具有地域性特征,真正意义上的保护不仅要保护非遗本身,还要保护非遗的生存空间。建立文化生态保护区,不仅可以为非遗的保护提供安全的屏障,还可以将非遗原状地保存在其所属的环境之中,使之真正成为"完整的文化",只有完整的传统文化才会对游客有较大的吸引力。在山东运河沿岸的南阳古镇、济宁竹竿巷、台儿庄古城、临清古城、东昌古城等地均可设立类似的文化生态保护区,用于保护和传承运河非物质文化遗产。

---

① 李永乐、杜文娟《申遗视野下运河非物质文化遗产价值及其旅游开发:以大运河江苏段为例》,《中国名城》2011 年第 10 期。
② 宋俊华、王开桃著《非物质文化遗产保护研究》,中山大学出版社,2013 年,第 161 页。
③ 张魏著《非物质文化遗产旅游开发系统的动态仿真研究》,江西人民出版社,2014 年,第 39 页。
④ 汪欣著《传统村落与非物质文化遗产保护研究》,知识产权出版社,2014 年,第 69 页。

第四节　运河非物质文化遗产旅游开发策略

2014 年 6 月,中国大运河成功申遗,开启了运河文化遗产保护、传承和利用的新篇章。近年来,运河文化遗产的保护和传承力度得到空前加强,运河文化的影响力也随之有了很大提升。社会各界日益重视运河非遗的旅游开发,并进行了一些初步的开发探索和尝试。但是,我们也应该看到,一方面,目前对运河文化旅游资源的开发总体上还处于初级阶段,而对其非遗资源的旅游开发则刚刚起步,不仅开发层次较低,而且明显滞后于物质文化遗产的开发;另一方面,作为无形、活态流变的文化遗产,非遗的保护和旅游开发相较有形的物质文化遗存而言,更为复杂和困难,一些不合理的旅游开发不仅未能起到保护运河非遗的作用,还导致运河非遗的扭曲、异化甚至灭亡。① 在后申遗时代,探讨运河非物质文化遗产旅游开发的思路和对策,对于更好地助力大运河文化带建设、推进大运河文化与旅游的融合发展、实现运河非遗保护与旅游开发的良性互动以及非遗社会效益与经济效益的共进共赢,具有重要的现实意义。

一、运河非遗旅游开发存在的问题

非遗旅游开发是指利用非遗资源发展旅游产业,因而,非遗旅游开发过程就是非遗与旅游产业的互动过程,非遗保护与旅游开发互动关系中存在的问题也体现在非遗旅游开发之中。目前看来,山东在运河非遗旅游开发中还存在一些亟待解决的问题,主要表现在以下几个方面。

1. 宣传力度不够,内涵挖掘不足

目前,虽然山东沿运各地有为数不少的政府及民间文化艺术组织,他们对当地的非物质文化进行了广泛而深入的研究,但在如何使这些研究成果为旅游业服务方面还做得不够。在山东的内外宣传工作中,特别是旅游产品的营销过程中,运河非物质文化遗产的推广力度不强,宣传形式较为单一,沿运各地许多代表性非物质文化遗产不仅对外界而言不为人知,甚至连当地民众也不了解。现有的运河旅游产品突出沿线自然风光及文物古迹的游览,但缺少与运河非遗地域特色和文化内涵的深度整合,非遗拳头旅游产品不多,非遗主题旅游功能区极少。

2. 存在过度开发现象

在市场经济背景下,一些旅游开发商不仅很少考虑非遗保护传承,而且在利益

---

① 张秉福《后申遗时代促进京杭运河非物质文化遗产旅游开发科学发展对策新探》,《长沙大学学报》2020年第 4 期。

驱使下,一味求新求异以吸引游客眼球,对运河非遗随意滥用,过度开发,致使非遗内涵和形态严重扭曲、异化,变得面目全非,显得不伦不类。① 在相关旅游景区中,时常看到利用"非遗"的号召力,或者说仅是噱头进行包装,把自然风光的游览、休闲娱乐购物与"非遗"打包,"非遗"往往成了陪衬。大多数表演的形式、内容、水平简单且表面化,"非遗"的艺术含量基本体现不出来,只是商业和传统文化的勉强嫁接。如此简单、粗糙的开发形式,尽管在短期能够取得一定的经济效益,但是"非遗"背后人文精神所蕴含的社会价值却被忽视了。不仅消解非遗的原真性,破坏非遗文化生态,还会使游客对非遗产生错误认知,对旅游购物产生厌恶心理,不利于运河非物质文化遗产的长远保护和可持续发展。

3. 旅游开发层次较低

运河沿线很多地区虽然拥有丰富而独特的非遗旅游资源,但由于没有充分认识其开发价值与发展潜力,没有将其提升到运河旅游发展的战略高度,缺乏资金、人才、技术和创意,缺乏科学的发展规划、必要的激励政策、完善的配套设施和有效的运作机制,目前尚未形成实质性推动运河非遗旅游开发大发展的良好环境,繁荣运河旅游产业的非遗资源优势没有得到充分利用和发挥,非遗旅游开发措施乏力,整体水平较低。实际上,大多数运河非遗资源尚未得到真正意义上的开发,运河非遗的内涵和价值以及与之相关的实物和场所,均未得到充分挖掘、整理、展示和利用,产品内容与形式有待丰富和创新。② 现有的运河旅游产品突出沿线自然风光及文物古迹的游览,但缺少与运河非遗地域特色和文化内涵的深度整合,非遗拳头旅游产品不多,非遗主题旅游功能区极少。

4. 运河非遗旅游开发各自为政

运河非遗旅游开发涉及旅游、文化、文物、水利、航运、建设、农林、国土、宗教、环保等诸多行业和部门,而运河沿线各旅游目的地又分属不同行政区域管辖。沿运各地市和各级行政管理部门往往站在自己局部利益角度考虑问题和进行决策,从而形成地区、部门之间在运河旅游资源合作开发上的体制机制障碍。目前沿运各地区域联合开发意识仍然比较薄弱,运河非遗旅游开发的整体规划也未形成。虽然有些运河城市之间有一定的合作意向,但由于地方保护主义及管理体制不顺,认识难以统一,步调难以协调,合作成效甚微。③

---

① 张秉福《京杭运河非物质文化遗产保护与旅游开发互动关系的现状与问题探析》,《艺术百家》2019 年第 3 期。

② 张秉福《京杭运河非物质文化遗产保护与旅游开发互动关系的现状与问题探析》,《艺术百家》2019 年第 3 期。

③ 张秉福《京杭运河非物质文化遗产保护与旅游开发互动关系的现状与问题探析》,《艺术百家》2019 年第 3 期。

二、运河非遗旅游开发策略

运河非物质文化遗产是运河遗产体系中的重要组成部分,也是中华优秀传统文化的重要承载。大运河山东段非物质文化遗产丰富,类型多样,具有良好的旅游开发潜力。随着运河文化带建设上升为国家战略,运河文化遗产资源与旅游的融合发展进入一个新的阶段。[1] 我们要以大运河文化带、大运河国家文化公园建设等国家战略为契机,深挖运河非物质文化遗产的内涵和价值,推动运河非遗文化资源的合理开发和利用,真正将大运河山东段打造成为文旅融合示范区。针对山东运河非遗开发过程中存在的问题和不足,我们可以采取以下措施。

1. 加强宣传推介

随着我国对于非物质文化遗产保护工作重视程度的不断提高,对于相关工作的开展给予了较多的政策、经济等方面的支持,使得相关保护工作获得了极大的进展。但目前非遗保护工作仍集中于保护方法的探讨,有关其开发和利用的研究相对不足,没能够充分发挥出非物质文化遗产在推动当地社会、经济建设上的作用和价值。[2] 运河非物质文化遗产的开发和利用同样面临这一问题。我们要以运河成功申报世界文化遗产为契机,进一步加强非物质文化遗产挖掘、整理、保护和利用的研究,充分发挥广大文艺工作者的智慧,依靠科学和艺术手段,有继承、有发展、有创意地繁荣文学艺术,创造出面向广大群众,人民喜闻乐见的作品和形式,使运河文化更加灿烂、辉煌。积极组织引导开展多形式的非物质文化遗产项目展演活动,多渠道、多形式地展示民间音乐、舞蹈、戏曲、美术、工艺等优秀乡土艺术,以及节庆活动、餐饮、服饰等传统民俗文化,激发非物质文化遗产的内在活力。加强对山东运河旅游整体形象的包装、策划和宣传,利用电视、广播、报纸、杂志、互联网等多种传播媒介加强宣传;建设智慧城市和智慧景区,构建沿线城市的旅游网站体系,强化网站功能,实现旅游在线服务、网络营销、网络预订和网上支付,增加信息量和服务效率,提高宣传覆盖面和服务便捷性;运河沿线城市要以整体营销、资源共享为原则,以市场为导向,构建统一促销体系,打造无障碍旅游区创新促销方式,统一组团参加国内外旅游交易会,通过旅游节庆活动、整体形象广告、产品推介会、户外展销活动等方式实现促销手段的多样化和现代化,建立完整有效的促销体系,提升运河品牌的影响力。

2. 正确处理保护与开发的关系

非物质文化遗产既然作为遗产,无论是文化产业发展还是旅游开发,都必须坚持"保护"的原则。破坏性的旅游开发行为,不仅有愧于前人,而且对不住后代子

---

① 王雁《运河文化带建设背景下大运河山东段非遗的旅游开发研究》,《山西青年》2021 年第 4 期。
② 王素春《我国非物质文化遗产与旅游开发现状探讨》,《卷宗》2020 年第 12 期。

孙。非物质文化遗产的旅游开发应全面贯彻落实"保护为主、抢救第一、合理利用、传承发展"的方针。在旅游开发中,要坚持保护非物质文化遗产的真实性、完整性和原生态性,正确处理好旅游开发与文化遗产保护的关系,力争实现非遗资源的永续利用。这既是非遗生存发展的客观需要,也是非遗开发利用的必要前提。

运河非物质文化遗产作为一种宝贵的文化资源,在旅游开发过程中必须遵循以下原则:一是开发者有较强的文化意识,对非物质文化遗产有较为全面的了解,对文化与旅游开发的重要性有充分的认识;二是开发者要从多学科,如历史学、民俗学、社会学、艺术学等角度来研究某地区或某类非物质文化遗产,发掘遗产内涵,丰富旅游项目的文化意蕴,唤醒全社会对文化遗产的重视,增强民众的保护意识;三是旅游项目要创造实现一种文化氛围,提高旅游者在旅游活动中的参与程度,让旅游者无论是欣赏歌舞表演、品尝风味小吃,还是参与工艺制作、游戏活动,都可以感觉到是享受文化;四是旅游项目开发不仅具有文化遗产的"形",而且还要有民俗的"神",也就是"神形合一",把文化遗产的精华完整地表现出来;五要注重接受文化学者的指导建议,切实保证非物质文化遗产的真实性和完整性,做到合理、适度开发。① 在旅游开发过程中,要制定科学系统的运河非遗保护规划,严防、严惩各类破坏非遗行为,尽量避免非遗遭受任何形式的开发性、建设性损害。要开展运河非遗普查,对运河非遗进行全面记录、系统整理和深入研究,建立遗产档案和数据库,为有效保护与合理开发奠定坚实可靠的基础。要划定保护红线,明确保护对象和范围,制定切实可行的保护措施,实施分类分级保护,确保保护规划、制度和措施在各类开发中切实得到贯彻和执行。②

3. 促进区域合作

由于行政区划和管理体制的制约,沿运各地在运河文化旅游开发方面没有统一的规划与开发战略,在景区开发、项目建设、市场促销方面各自为政、缺乏合作,难以形成合力。山东沿运各地应加强合作,出台运河区域旅游整体规划,全面协调各地市运河旅游开发工作。要破除行政壁垒,理顺管理体制,实施整体规划、分段管理、协调行动。要立足于运河旅游一盘棋的大局,加强沿线各地非遗旅游开发和市场监管方面的交流与协作,定期进行工作会商,互相推介产品、交流信息、分享客源、支持促销,实现平台共建、市场共育、品牌共塑、营销共行,建立重大旅游投诉处理和联合执法检查机制,联手打造和提升运河非遗旅游品牌知名度和吸引力。③

沿运各地市在非遗旅游产品开发过程中,一方面,要在运河旅游整体规划和统

---

① 吴国清著《多维视域城市区域旅游发展研究》,上海人民出版社,2016 年,第 300 页。
② 张秉福《京杭运河非物质文化遗产保护与旅游开发互动关系的现状与问题探析》,《艺术百家》2019 年第 3 期。
③ 颜敏《江苏运河文化遗产的旅游市场分析与开发建议》,《洛阳理工学院学报(社会科学版)》2015 年第 6 期。

筹协调之下,坚持差异化发展,发挥区位资源优势,彰显本地运河非遗特色,突出本地运河非遗亮点,设计开发出具有较强市场吸引力的区域内非遗旅游产品和旅游线路,建设自己的运河非遗集聚区和主题旅游功能区,形成地区之间旅游产品内容和特色的优势互补。另一方面,也要与其他运河旅游联盟地区协作创新非遗旅游产品,丰富和完善非遗旅游产品结构,整合运河各区段内和区段间的非遗旅游资源,推出跨区段一体化、规模化、系列化非遗旅游产品,将各区段非遗旅游点有机串联成线,打造针对性较强的跨区段精品旅游线路,形成较为完整的运河非遗旅游体系,增强品牌合力和集聚效应,促进沿线各地均衡发展,从而共同弘扬运河非遗,实现非遗旅游经济效益与非遗保护社会效益的双赢和最大化。[①]

4. 发展运河文化产业

运河非遗旅游资源非常丰富,但目前市场上的运河非遗旅游产品比较单一,致使整体开发效益欠佳。要提高运河非遗旅游开发的质量和实效,不仅要根据非遗项目的具体特点及游客需求,采取适宜的旅游开发模式,开发出各具特色、丰富多彩的非遗旅游单项产品,还要整合相关旅游资源,打造各类套餐型旅游产品,形成产业合力,发挥整体优势,实现运河非遗旅游与相关产业的联动发展。要高度重视区域的联合,有计划地建立运河文化产业园,加快文化产业项目建设,打造以运河文化为核心的文化产业矩阵,做大产业集群,做长产业链条,推动运河文化产业的形成与发展。要紧紧围绕"运河文化"主题,以旅游服务、影视制作、出版发行、印刷复制、广告策划、演艺娱乐、文化会展、数字内容和动漫等产业为重点,策划运河主题公园、会展中心、商贸服务场所、影视创意基地等大型文化产业项目,促进运河文化产业又好又快发展。要加速文化旅游产业化进程,整合提升运河文化资源,引导社会力量对非遗资源进行整合包装、重新打造,为非物质文化遗产展示展演提供活动平台和宣传窗口。

5. 创新非遗旅游产品

"非物质文化遗产是不同时代的文化呈现,因此在对非遗进行传承和开发的过程中,也要对传统的非遗文化进行改革和创新,只有结合时代文化的发展进行创新,才能符合现代社会下游客的文化和精神需求,促进非遗文化的传承和发扬。"[②]目前运河文化旅游产品基本上属于单一的观光旅游产品,尚未形成综合的产品体系,缺乏高层次的专项旅游产品,难以展现运河文化的真正魅力,也难以满足当前旅游者日渐多样化、层次化、专门化的消费需求。

针对这一现状,我们要积极培育创意开发思维,把握游客消费理念和趋势,对运河非遗旅游业态进行创意设计,切实推进非遗旅游产品转型升级,不断开发出高

[①] 张秉福《京杭运河非物质文化遗产保护与旅游开发互动关系的现状与问题探析》,《艺术百家》2019年第3期。

[②] 田媛《长沙市非物质文化遗产旅游开发研究》,《经济视野》2019年第19期。

度市场化的非遗旅游项目。① 要善于运用科技手段为运河非遗旅游产品研发寻找创意突破点,在非遗旅游产品中有机融入高科技元素,提升非遗旅游产品的市场竞争力。同时,要将非遗产品设计与某些流行审美元素巧妙结合起来,进行艺术再创造,在旅游产品的特色和细节上多下功夫,做到精益求精,打造优质品牌。② 要深入挖掘运河非遗的文化内涵,结合消费群体和目标客流状况,提炼、确定具有鲜明特色的运河非遗旅游体验主题,努力营造逼真的文化情境,为游客提供更加人性化、多样化的体验型非遗旅游产品,满足游客自主择项、置身境中的个性化体验需求。要精心设计游客参与环节,吸引游客亲身参与非遗产品的设计和制作,从而更好地彰显非遗的文化魅力,提升游客满意度,增加旅游开发效益,最终实现非遗保护与旅游开发的互促共赢。③

　　山东作为沿运重要省份,运河文化遗产资源极为丰富,在开展运河文化旅游方面具有得天独厚的优势。通过旅游开发保护非物质文化遗产,能够挖掘非物质文化遗产的文化价值和经济价值,为保护非物质文化遗产提供充足保护资金,促进非物质文化遗产得到更好的保护、传承和发展。由于非遗是不可替代、不可再生的珍贵文化资源,在开发过程中,我们要始终坚持"保护第一,开发第二"的原则,正确处理好运河非遗保护与旅游开发的关系。对运河非遗既要加强保护,又要合理开发,将保护与开发有机结合起来。既不能以破坏非遗为代价进行过度的旅游开发,也不能闭门保护而拒绝开发。要在深度开发和系统整合基础上,最终实现非遗保护与旅游开发的有机结合、良性互动和可持续发展。

---

① 段圣奎《旅游体验视阈下淮安非物质文化遗产开发模式》,《四川旅游学院学报》2017年第6期。
② 孔华《非物质文化遗产文化旅游开发对策研究——以安徽池州为例》,《黑河学刊》2018年第6期。
③ 张秉福《后申遗时代促进京杭运河非物质文化遗产旅游开发科学发展对策新探》,《长沙大学学报》2020年第4期。

第五章　运河非遗保护和传承的个案研究

大运河不仅是古代中国连接南北方的水路大动脉,更是一条流动的文化之河。运河在孕育了丰富灿烂的物质文化遗产的同时,也孕育了大量非物质文化遗产。这些非物质文化遗产是运河两岸劳动人民勤劳和智慧的结晶,是具有重要价值的珍贵文化资源。本章选取山东运河区域 10 种较有代表性的非物质文化遗产作为研究个案,在分析其发展概况及传承现状的同时,重在探讨非物质文化遗产保护和传承的具体策略与措施,以求为当前非遗的保护和传承提供借鉴与启示。

第一节　民间文学的保护与传承:
以武城四女寺传说为例

武城县滕庄镇四女寺村位于德州市德城区与河北省故城县三县区交界处的大运河南岸。其"四女"之名,源于一个美丽、动人而又千古不衰的民间传说。该传说讲述的是汉代傅氏四女为侍奉双亲,终身不嫁,最后得道成仙、举家超升的感人故事。"四女孝亲"的传说在民间千百年广为流传,至今约有 1700 多年的历史。四女寺传说是历代劳动人民社会生活的产物,体现了古代人民追求家庭和睦和幸福生活的美好愿望,具有丰富的文化内涵和重要的文学价值,对于弘扬中华民族"和睦事亲"的传统美德,构建社会主义和谐社会亦具有深远的现实意义。2006 年,四女寺传说被列入德州市第一批非物质文化遗产名录。

一、武城四女寺传说概述

四女寺传说的诞生地四女寺,位于武城县、德城区与河北省故城县两省三县区交界处的大运河南岸,因地处水陆交通要冲,明清时期在此设有漕运、盐铁、税收等众多管理机构。这里常年商贾云集,繁华非常,尤其一年两度的四女寺庙会,船舶辐辏、车水马龙、人山人海。清代曾在此设立左衙,即恩县第二衙门,故有"恩县二衙"和"恩县的衙门在寺上"之说,因此,四女寺古建如林、鳞次栉比。除"四女祠"外,尚有石佛寺、清真寺、玉皇庙、娘娘庙、城隍庙、关帝庙、药王庙、山西会馆等 10 余座院落,而最著名的自然景观"槐荫清风"(又名"四女遗槐"),曾被列为恩县"八景"之一,四女寺的传说也随之声名远扬。其流传渠道既有历代民间口头传播,也有多种形式的文字记载。

图 5-1　武城四女祠

　　明嘉靖年间,河南参政左杰所作的《槐荫清风》诗一首,其中就有"庭留四女槐"之语。① 明末清初史学家谈迁在其《北游录·纪程》亦载四女祠:"山东恩县西北五十里……其祠古安乐镇,汉历亭傅氏,家富亡子,四女不嫁,矢志终养,植槐表誓,有龙爪之瑞,因拔宅飞升仙去。今女像裹帧羽服,补槐四,以续其旧。"②

　　清顺治年间,恩县知县张光祖在其所撰《四女传》中对"四女寺"地名的由来做了详细论述:"四女不知何时人,其姓氏无考,但俗沿传,汉历亭旧地有傅公长者,乐善好施,夫妇年尽五旬,止生四女,俱殊姿色,且奇颖异敏过于男子。……及长,邑之子弟有以媒妁向之者,公以告妇,妇转以告四女,令从夭桃之宜,勿致标梅之感。四女皆不许,遂卸女子妆,衣冠一如男人,取古今典籍而读之,无不博极理奥,友于若兄弟,质疑又若朋友,绝口不道夫妇事。其父母亦视之如父子,不复强;其邻里亦知之志坚,亦不复求。菽水殷勤益二十年如一日矣,四槐郁葱成荫,枝节畅茂,居人咸以为贞、静、诚之应。乃四女又移庭阶而建梵宫,朝夕焚修,以祝父母寿,且日夜诵藏经,卷不释手。厥后,有异人入其门,亦不知何所为,越旬日,举家超升而去。"③

　　黄始,字静御,江苏吴县(今苏州市吴中区、相城区)人,其纪实随笔《山东四女祠记》叙所见"明成化碑",亦载四女孝亲事:"丙辰(康熙十五年,1676)十月,出都

① 孟昭贵主编《齐鲁八景诗大观》,山东省地图出版社,2007 年,第 462 页。
② (清)谈迁撰,汪北平点校《北游录·纪程》,中华书局,1960 年标点本,第 38 页。
③ (清)汪鸿孙修,刘儒臣纂:宣统《重修恩县志》卷 9《艺文志》,清宣统元年刊本,第 392 页。

门,畏陆行之劳悴也,舍而之舟。舟行六七日,将至黄河崖,过一村,风急不得行,遂泊舟。人曰:'此四女镇也。'初未详四女何以名。泊少间,风息,卧舟中闷甚,起行崖岸间。一望荒沙,市人皆闭户,无憩立所。迄市尾一古祠,若无人焉者。入门,阒如也。庭一碑,藤薛网布,碑前古树,半无枝叶,秃而龙身。右转得一径,进则老屋三楹而已。中坐像二:一老翁,庞眉而古衣冠;一老媪,白发高髻,咸非近世饰。独两旁侍坐者四人,虽儒衣儒冠,而修眉皓齿,皎若好女子,心颇疑之,无从询其说。乃扪藤剥薛,拭其文读之,盖明成化年碑也。碑载汉景帝时,地有傅姓长者,好善,年五十,无子,生四女皆明慧知礼。寿日觞父,父曰:'吾五十无子,奚寿为?'四女愀然曰:'父期于子者,为终养计也。儿即女,亦可代子职,养父母,父母其勿忧。'明日,俱改男子装。四女共矢不嫁,以侍其亲。……庭前古柏树,叶生龙爪,树身生鳞,金色灿然,乡里咸骇异,以为孝感所致,如是者三十年。一日,天神鼓乐降于庭,树化为龙,载翁媪及四女上升而去。里人感之,遂为建祠,今所树趾遗迹也。呜呼!自汉景帝迄今,不知千几百年。及遍考东国舆图纪载,都无所谓四女祠者。而孝感之报,徒得之于荒烟蔓草中。乃知古人轶事,其湮没不传者概不乏云。"[1]

由以上几则史料的记载,我们可以得知"四女孝亲"传说的全貌:西汉景帝时期,在安乐镇(今四女寺),有一户傅姓人家,傅氏夫妇为人和善,且经常救济周围的穷苦乡邻,因此,他们颇受百姓们的称赞。傅氏夫妇年届50岁,膝下只生有4个女儿,四女不但长的姿色出众,而且个个聪慧过人。有一年,她们在为双亲做寿时,发现父亲并无喜悦之容,于是便问父亲为何不悦,父亲长叹道:"为父只有你们姊妹四个,惜无男儿,如今你们已到出嫁的年龄,日后无人为我们养老送终,我怎能不忧?"四姊妹听后恍然大悟,于是便商定,没有兄弟,我们为父母养老不也一样吗?从此,四姊妹就改着男装,矢志不嫁,以共祝二老长寿。同时她们为表心愿,还各自种下一棵槐树,并对天盟誓:"槐枯则嫁,槐茂则留。"后来为争养双亲,四姊妹各在暗中用开水浇她人之槐,以期将她人的槐树烫死,免得贻误其他姊妹的青春。没想到,用热水浇槐树,槐树却越长越繁茂。结果,四姊妹只好同室事亲,从早到晚读书诵经,卷不释手,祈祝父母长寿,遂修道成仙,举家超升。人虽然已去,但傅家宅院还在,四棵槐树依然亭亭玉立,于是世人遂改"安乐镇"为"四女树镇",后人为纪念四女,使其美德世代相传,便为其建祠塑像、树碑立传,又将"四女树"更名为"四女寺",一直沿传至今。[2] 据该村老人们讲,在原四女祠附近有一个水湾,湾名就叫"傅家湾",在村东河流拐弯处,人们称之为"傅家嘴子"。由此可见,四女寺传说对当地百姓的影响之大。[3]

---

① (清)张潮辑,王根林校点《虞初新志》卷5,上海古籍出版社,2012年点校本,第61~62页。
② 张从军主编《山东运河》,山东美术出版社,2013年,第85页。
③ 德州市文化广电新闻出版局编《德州市非物质文化遗产集粹》,内部资料,2010年,第197页。

二、传承及发展现状

四女寺传说的主要价值在于这一口头文学源于民间,植根于民间。由于其本身具有典型、生动、感人等特点,反映了劳动人民对家庭和睦、老有所养的憧憬和愿望,因而具有强大的感召力和生命力,曾打动一代又一代的当地老百姓,乃至千百年流传不衰。传说在当地民间产生了巨大的影响,四女的德行已深入人心,成为百姓争相仿效的典范。四女"和睦事亲"的传说,体现了古代人民善良、质朴以及对家庭幸福生活的美好愿望,是我国文化传统的精华,也是中华民族强大凝聚力和亲和力的具体体现。早在数百年之前,四女寺就有"春季植槐"的习俗,历代沿传,至今遗风犹存,以至形成"古槐参天、槐荫清风"的自然景观。该习俗所寄托的既是对四女的纪念与敬仰,又是对自己美好生活的向往与追求。传说的形成与流传,是历代劳动人民社会生活的产物。其人物形象历经千百年的锤炼,日趋完美,被当地百姓视为心目中崇拜的偶像。其文学价值在于它的丰富的人文内含,弘扬了中华民族"和睦事亲"的传统美德。尤其在当今,对于实现家家团结和睦、人人尊老养老,构建社会主义和谐社会,仍然具有深远的现实意义。①

四女寺的传说,在民间流传已有 1000 余年的历史。然而随着运河漕运的废止,昔日四女寺码头繁华景象已不复存在,流传区域也逐渐缩小。据相关资料记载,原四女祠内的碑刻为明代,但四女祠建于何时已无从考证。遗憾的是,1957 年运河拓宽时四女祠被拆,除仅存四女塑像照片及碑刻碑文外,其他祠内文物皆失。另据史料记载,四女祠东侧不远处还有佛光寺,原名"石佛寺",相传一名大德高僧云游至此,见膜拜四女祠的人络绎不绝,有感当地民风的淳朴和对孝行美德虔诚的操守而占潭建寺。四女祠和佛光寺一东一西交相辉映,参拜人之多更是久盛不衰。遗憾的是,佛光寺在 1953 年春和 1957 年冬,两次拓宽大运河中被河道占去。

王和平,男,1945 年生,武城县四女寺人,四女寺传说的市级非遗传承人。1961 年,他中学毕业后回家务农。虽然只是一个普通农民,但由于热爱家乡文化,几十年来,他不断努力搜集整理四女寺传说的相关史料。四女寺的传说没有传承谱系,是他根据自己几十年收集的资料,一手整理出来的。在他看来,挖掘和整理"四女孝亲"的传说,对于弘扬孝道文化、促进男女平等和家庭和睦具有重要意义。②

虽然四女寺村地名来源于该传说故事,但如今生活中,人们的工作和生活都非常紧张,相互之间闲谈的机会和次数减少,导致这一民间口头文学生存的土壤越来越少。如今电视、网络等媒体令人们目不暇接,人们的业余文化生活资源丰富多

---

① 德州市文化广电新闻出版局编《德州市非物质文化遗产集粹》,内部资料,2010 年,第 197 页。
② 2021 年 7 月 15 日,对四女寺传说非遗传承人王和平的访谈。

彩,从而导致民间传说等文学形式日渐淡出人们的视野。"四女寺的传说流传于民间,虽有文字的相关记载,但均属于资料性质的书籍,出版量极少,故如不加以挖掘整理,进行广泛的宣传和弘扬,将面临消退或不能发挥其应有的价值。因此,四女寺的美丽传说目前面临着较为严峻的濒危状况。"①

为了保护四女寺的传说故事,武城县委、县政府制订了长期保护计划并负责组织实施,由武城县文化局、文化艺术中心负责管理、督导。努力加大力度宣传四女寺传说的内容,让其故事感召更多的人,并将其纳入旅游文本。继续挖掘四女寺的相关传说,进行整理、存档,鼓励文学创作者以该传说为素材,创作、出版不同形式的作品。采取吸引民间投资,政府支持的政策,尽快复建四女祠。以其得天独厚的地理位置,确定其在德州乃至山东的旅游定位,做到开发与保护相结合,近期与远期相结合,努力使四女寺的传说流传下去,让世世代代的人们了解四女侍亲的美丽故事。② 2010 年,为了保护文化遗产,弘扬运河文化、礼孝文化和佛教文化,武城县借运河通航和南水北调之机,按照"以史为根、以文为魂、以河为脉、以湖为韵、以树为景、以孝为先"的设计理念,复建四女祠、佛光寺等人文景观,形成以运河文化、礼孝文化和佛教文化为主要特色的综合性主题景区,主要景点有孝文化广场、孝门、明德湖、四女祠、十二生肖园、佛光寺、菩提院、槐荫清风湿地公园等。2012 年,四女寺镇被文化部中国传统文化促进会授予"中华传统美德教育基地"和"中国孝德文化之乡"称号。2013 年底,被省旅游局批准为"山东省旅游强乡镇"。

三、保护与传承策略

在当代非遗保护的语境下,民间文学类非物质文化遗产要想获得大的发展,需要立足自身的发展现状和特点,扬长避短,利用有利因素,克服自身缺陷和局限。具体来说,可从以下几个方面做起。

(一)提高重视程度,加大政府保护力度

民间文学的抢救和保护是一项长期的系统工程,传承人在保护中起着非常重要的作用,是民间艺术精髓保存和发展的必要条件。因此,民间文学的保护措施都必须以传承人为中心,注重提高他们的社会地位、文化自觉与文化自信。庙会、祭祀活动或是其他的传统习俗是民间文学的传承场域,是文化生态的组成部分,政府相关部门和社会各界要给予尊重,并在此基础上力所能及地给予支持。要提高重视程度,增强保护意识,完善保护机制,为四女寺传说的传承创造良好的环境。要增加资金投入,鼓励社会力量的参与,加大对民间文学类非物质文化遗产的经济扶

---

① 德州市文化广电新闻出版局编《德州市非物质文化遗产集粹》,内部资料,2010 年,第 197 页。
② 德州市文化广电新闻出版局编《德州市非物质文化遗产集粹》,内部资料,2010 年,第 197 页。

持,切实改善非遗传承人的生活条件和工作环境。

民间文学保护和传承的关键环节是民间文学作品的收集与整理,国家和地方政府在资金、政策上应给予一定的支持与保证,各民间文学团体、学术研究机构及高等院校,应加强对民间文学作品、资料的普查、整理和研究。在此基础上,通过旅游活动,有效地宣传推广和开发利用民间文学资源。① 要鼓励专家、学者积极挖掘、整理四女祠传说及孝德文化,努力打造四女寺孝德文化品牌,努力扩大四女寺古镇的影响力和知名度。

(二)保护民间传说赖以生存的地方文化生态

文化生态是文化的重要组成部分,也是文化成长的环境与土壤。文化生态是从生态学的视角提出来的。如同自然界一样,文化也有内在的发展规律与要求,其要求文化按照自身的规律去发展,不能违背这个规律,这是文化存在的生态性依据。② "文化生态理论"最初由美国人类学家斯图尔德(J. H. Steward,1902—1972)在《文化进化和过程》一书中提出。斯图尔德认为人类文化的发展和变化很大程度上是适应自然生态环境的结果,"文化生态"是所有文化活动必备的有机条件。③ 文化生态具有不可再生性,许多历史文化遗产一旦损毁,传统风格一旦变异,人居环境一旦破坏,将是人类文明的损失。文化生态保护所要保护的正是这些千百年流传下来的、融入百姓生活中的东西,比如民风、民情、民俗。④

"由于民间传说往往是和地方历史、风物相结合,在长期的民众传承过程中流传至今,传说存在的原生环境对于传说的发展有着重要影响。一个传说能够在特定的地域里落地生根绵延流传,一定离不开当地的文化土壤。"⑤ 就四女寺传说来说,它在当地的传承和发展经历了漫长的历史过程,是不同历史时期多种因素共同累积的结果。"传统是社会的一种生存机制,是民族内聚力的源泉、维系民族生命的抗体,借助它,各代人方能相互联系起来,并将前人的经验传递给后人;通过传统,社会的精神成就才得以保存和实现。正因为如此,文化传统绝非仅仅滞留于博物馆的陈列品和古籍室的线装书之间,它还活跃于今人和未来人的实践当中,成为其思想、行为范式的重要构造因素。"⑥ 四女寺传说在长期的流传过程中,逐渐成为地方文化传统的一个象征。由于四女寺传说与当地的历史、地理紧密结合,四女寺镇每年举办的传统民俗活动都会融入四女寺传说的文化。"相较于其它传说,四女

① 李烨著《非物质文化遗产旅游化生存模式及风险研究——以天津为例》,南开大学出版社,2015年,第167页。

② 王明著《大数据视域下贵阳市非物质文化遗产研究》,中国科学技术大学出版社,2018年,第47页。

③ 徐望著《文化资本时代的中国文化产业论》,中国经济出版社,2017年,第168页。

④ 侯中良著《新安江之恋》,合肥工业大学出版社,2018年,第84页。

⑤ 孙英芳《非遗保护语境下民间传说的传承与发展——以晋南"赵氏孤儿传说"为例》,《晋中学院学报》2019年第5期。

⑥ 冯天瑜等著《中华文化史》,上海人民出版社,1990年,第6页。

寺传说并不只是单纯存在于书籍文本当中的静态传说,而是摇身一变,渗透入当地村民的民俗生活当中,例如春季种槐习俗、四女寺传统庙会、新京剧《四女槐》的创作。正是如此,四女寺传说变成一种动态的,更加富有生命力文化象征。"①因此,民间传说在传承和发展过程中,往往不是单一的独立的,而是与特定地方的地理环境、历史文化、社会风俗密切结合,作为文化生态系统中的一分子和其他文化要素有着或多或少的内在关联,所以要保护、促进民间传说的传承和发展,保护地方文化生态是其重要基础。

(三)与地方风物、民俗活动相结合,打造特色旅游品牌

民间传说不是孤立的口头文学,而是包含丰富精神内涵的一个故事载体,是村落民众在长期的历史发展中,在多种因素共同的作用下创造的地方精神文化的一个鲜明表象。"四女孝亲"的传说故事能够在当地流传如此久远,除了历代口头传承之外,还有一个很重要的因素是和地方风物紧密相关,这些在当代人们的生活里依然可视可见,成为民间传说保持生机和活力的重要依据。历史遗迹和地方风物是民众日常生活景观的一部分,构建着民众日常生活的场域,它们无时无刻不存在于人们的生活中,其意义不仅是一种可视的存在,更重要的在于其附带的传说精神内涵让人们在耳濡目染中了解当地的历史文化,成为其信仰的重要载体。

四女寺地处山东、河北两省三县交界处运河南岸,自西汉时期建镇,明清时期常年商贾云集,繁华异常,一年两度的四女寺庙会,更是船舶辐辏,车水马龙,游人络绎不绝。四女侍亲的传说在当时流传广泛,其德行成为百姓争相效仿的典范,后人为纪念四女建祠塑像、树碑立传。作为当地民众的集体文化记忆,四女寺传说不仅有地方风物的依托,在地方民众的庙会和民间戏曲表演中也有体现。纵观四女寺传说在当地的传承和发展,它之所以能够流传这么久远,根本的原因在于它与当地的社会风俗和文化传统相契合。在传统社会里,由于生产生活方式的相对稳定,与这种传说伴随的民俗活动也会长期延续下来,并流传至今。由此我们可以看出,地方风物、民俗活动是民间传说的传承和发展的重要载体,因此结合地方风物、民俗活动进行民间传说的传承和发展是实践证明的有效途径。

"不同旅游景区中的旅游文化产品都具有各自独特的特点,会根据自身的特色,采取多种方式向消费者进行旅游信息的传递。所以,推动旅游景区品牌的推广以及提升旅游景区吸引力的关键,在于确保景区信息的有效传递从而实现对消费者的吸引。"②民间传说大多带有鲜明的地域文化色彩,可以说是一个取之不尽、发掘不完的民间文学宝库。这些民间传说肯定会成为吸引游客的有用素材。结

① 朱会芳《女神文明的解构与重塑:山东德州四女寺传说研究》,内蒙古师范大学硕士学位论文,2019年,第42页。
② 王若楠《民间文学资源的使用与旅游景区文化的构建——以山西盂县藏山景区赵氏孤儿传说的调查为例》,《忻州师范学院学报》2016年第3期。

合景点的恢复建立,略作一番收集整理,引入人文景观,将会增加城市和地区的魅力。①

武城境内运河文化资源丰富,打造运河文化旅游有着得天独厚的优势。2012年,四女寺镇被文化部中国传统文化促进会命名为"中华传统美德教育基地"和"中国孝德文化之乡"称号。2017年11月,成功入选德州市市级特色小镇创建名单。目前,四女寺风景区主要分为礼孝文化区与佛教文化区两部分,由孝文化广场、孝门、明德湖、四女祠、十二生肖园、佛光寺、菩提院、槐荫清风湿地公园等景点组成。但是由于位置较为偏僻、宣传力度不够、特色不突出等原因,游人稀少,门可罗雀。相关部门要以南水北调和大运河成功申遗为契机,以"四女孝亲"传说和四女寺水利枢纽等自然景观为依托,打造特色文化旅游景区。要深入挖掘四女寺传说所蕴藏的文化内涵和时代精神,通过包装、宣传,使其真正具有开发和利用价值。在旅游景点的开发、建设中,要注意赋予其深厚的文化底蕴和观赏审美价值,树立特色文化旅游品牌,实现保护、利用历史文化资源与经济发展的相互促进,让四女寺重现运河古镇风采。

(四)采取多样化的传播形式

"在新媒体快速发展和传播方式日趋多样化的今天,民间传说的传承和发展应该摆脱比较单一的以口头讲述为主的传播方式,采取多样化的形式,使其在更大范围内更有效地进行传播。"②2012年7月,新编京剧《四女槐》在德州市武城县升平广场开演,首次将该县四女寺镇四女寺村流传了2000多年的"四女孝亲"传说搬上舞台,这也是德州市首个将传说搬上舞台的非物质文化遗产项目。2015年,武城京剧《四女槐》选段被推送到中央电视台戏曲频道进行展播。在当代社会中,民间传说的传承和发展可以借助多样化的传播形式,达到更好的效果。

四女寺传说是历代劳动人民社会生活的产物,体现了古代人民追求家庭和睦和幸福生活的美好愿望,具丰富的文化内涵和重要的文学价值,对于弘扬中华民族"和睦事亲"的传统美德,构建社会主义和谐社会亦具有深远的现实意义。除广泛流传于武城周边县区外,还沿大运河远扬千里之外。在当今非遗保护的大潮中,民间传说在获得极大发展的同时,其自身也面临着诸多困难和挑战。在四女寺传说的传承和发展过程中,要加大宣传和保护力度,采取多样化的传播方式,注意保护民间传说赖以生存的地方生态环境,把民间传说和地方风物、民俗活动结合起来,打造特色文化旅游品牌,以此实现遗产保护和旅游开发的共同发展。

---

① 刘金忠著《运河文化采风:行宜轩随笔》,作家出版社,2004年,第20页。
② 孙英芳《非遗保护语境下民间传说的传承与发展——以晋南"赵氏孤儿传说"为例》,《晋中学院学报》2019年第5期。

第二节 传统音乐的保护与传承：以临清驾鼓为例

元明清时期,临清依运河而兴,成为运河沿岸闻名遐迩的重要商业都会,享有"繁华压两京""富庶甲齐郡"的美誉。运河的流经为临清留下了众多的物质和非物质文化遗产,临清驾鼓便是其中之一。临清驾鼓,又名羯鼓、架鼓,是一种纯打击乐合奏的艺术形式。它的鼓点丰富多变、声音洪亮威武、气势磅礴雄伟,被广泛应用于节日庆典、社火表演和大型比赛等活动中,在民间传统音乐中占据十分重要的地位,具有很高的研究价值。临清回族人口较为集中,回族人民在较长的历史时期内传承、发展着汉族所创造的驾鼓艺术。本节在梳理临清驾鼓传承历史和艺术特色的同时,针对其生存和发展现状,提出保护、传承的策略和建议。

一、临清驾鼓概述

大桥村位于临清市先锋路街道办事处北部,更道街则是村里最主要的一条街道。据村内老人讲,此村至迟在明代时已有居民。嘉靖年间,土城扩筑后,最终奠定了临清城镇的规模,更道街则在土城西侧紧邻城墙。回族人口占70%以上,其余为汉族。其中,回族人口较多的姓氏有王、钱、洪、李、沙、陈等。因此,从历史上来看,大桥村更道街很早就具有城乡接合部的性质而且一直延续至今(当然今天的城市化程度更强了,已经属于城区)。人们的职业有工人、农民、艺人和商人等,甚至还有些人有着多重的身份。他们参加城里的各项活动具有比较优越的便利条件,临清驾鼓在临清回族中的流传也与此背景密不可分。①

据临清驾鼓第四代传承人洪林介绍,临清驾鼓起源于东汉末年的"羯鼓"。羯鼓,又称两杖鼓,原是我国古代西北少数民族的打击乐器。《旧唐书·音乐志》记载羯鼓:"正如漆桶,两手具击,以其出羯中,故号'羯鼓',亦谓'两杖鼓'。"②羯鼓在南北朝时期传入中原地区,盛行于唐开元至天宝年间。唐人南卓的《羯鼓录》一书对羯鼓的乐器形制、演奏特点做了详细的记载:"击用两杖,其声焦杀鸣烈,尤宜促曲急破,作战杖连碎之声;又宜高楼晚景,明月清风,破空透远,特异众乐。"③

元末明初,临清因战争频发而人口锐减,明王朝建立后,从山西迁来大量移民,山西锣鼓也随之传来。当时移民思念家乡时常常击鼓解忧,遂称之为"家鼓"。明代以来,临清因是咽喉要地,所以常有驻军,尤其明初大将常遇春在此驻兵攻打元

---

① 王新磊《临清驾鼓的保护、传承和发展研究》,《北方音乐》2014年第18期。
② 孙晓辉著《两唐书乐志研究》,上海音乐学院出版社,2005年,第119页。
③ 徐元勇著《中国古代音乐史研究备览》,安徽文艺出版社,2015年,第89页。

大都,留有众多回族驻军。因"家鼓"高亢激昂、威武宏大,逐渐被驻军作出征作战之用;临清本地居民也逐渐接受,将其作为婚丧嫁娶、迎神送佛的必备乐器,其名称逐渐演化为"驾鼓"。清末,1880年前后,洪鹤龄自今河北枣园一带学习驾鼓技艺,发起并组织群众购置锣鼓,成立了"更道街驾鼓会",成员大多为回族群众,也有部分汉族群众。1943年,洪鹤龄归真(时年80岁)后,驾鼓会由第二代传人洪德河、王树德带领继续活动。

新中国成立后,破除迷信,各鼓会改建,并归街道管理,其中以"更道街驾鼓"和"南坛驾鼓会"活动最好。"文化大革命"期间,临清驾鼓与其他民间艺术一样被当作"四旧"而遭到摧残和破坏。1979年,富裕起来的少数民族村大桥村,在市文化局、市民委及先锋办事处的支持下,邀请鼓技第三代传人洪玉卿、沙福河和其他老艺人孙振东、王子民、王树德、郑延龄、李云岭(汉族)、王凤林(汉族)等一起探讨鼓技,村委则出资万余元购置了近百面锣鼓和演出服装、彩旗等,恢复了驾鼓会,并将"更道街驾鼓会"更名为"大桥村驾鼓会"。2006年9月,临清驾鼓被列入第一批山东省非物质文化遗产名录,洪玉卿成为临清驾鼓代表性传承人。①

图 5-2　临清驾鼓表演

临清驾鼓是一种锣鼓打击乐合奏的形式,乐队分成大、小两种。大队一般由24面鼓、8面点锣和2面大筛锣组成,小队一般由8面到12面鼓、2面到4面点锣、1面筛锣组成。演奏分行街和圆场两种,行街时,点锣领头在前,起指挥作用,鼓成两排纵队,大锣由两人抬着,一人敲击,边走边演奏。鼓点的变换要看前面点锣的指挥。常演奏的鼓牌有老排鼓、小排鼓和长鼓等。当鼓队行至十字街口或广场时,

---

①　王新磊《临清驾鼓的保护、传承和发展研究》,《北方音乐》2014年第18期。

鼓队围成一个圆圈,筛锣居中,点锣面对筛锣,立于圈内一侧进行演奏。这时演奏点鼓、二十八宿、二十四孝、三翻带滚鼓、卧龙鼓,或进行即兴组合。但一般点鼓起点,最后由卧龙鼓收尾,节奏丰富多变,鼓声洪亮威武,气势磅礴雄伟,故临清驾鼓会又有"威武会"之称。①

临清驾鼓的曲目名称可考的有《点鼓》《老排鼓》《大排鼓》《小排鼓》《二十八宿》《长鼓》《滚鼓》《卧龙鼓》《三翻带滚鼓》《三气周瑜》《二十四孝》9 首。前 6 首已由已故临清市文化馆原副馆长程占吉先生记谱(与王玉亭合作),收录在《中国民族民间器乐曲集成·山东卷》中;后 3 首中的《三翻带滚鼓》为其他乐曲收尾时连敲三次特殊乐段,而并非一独立曲目。《三气周瑜》《二十四孝》则已无存。

临清驾鼓具有鲜明的艺术特点,不但声音铿锵有力,而且在节奏上变化无穷,给人以美的享受。临清驾鼓以其特有的艺术魅力,长期受到人民群众的喜爱和赞誉。它是劳动人民艺术智慧的结晶,是一笔宝贵的非物质文化财富。近百年来,临清驾鼓始终保持着旺盛的艺术生命力。1996 年,临清驾鼓队在山东省首届农民艺术节上刚一亮相,便博得全场掌声。鼓声一响,随着鼓点节奏的变化,全场的人都为之震撼。临清驾鼓一举夺得金奖。② 1997 年,临清驾鼓队赴海南参加"三月三"少数民族艺术节,精彩的表演威震海南。1999 年,临清驾鼓代表聊城市参加山东省少数民族传统体育比赛活动。在济南泉城广场,临清驾鼓队以"点鼓"行进入场时,受到全场观众的热烈欢迎,现场气氛异常火爆,各地电视台、报社的记者争相采访。临清驾鼓一时成为瞩目的焦点,临清驾鼓已成为重大赛事活动、庆典活动、大型晚会、文化旅游等不可缺少的重要内容。③ 2021 年 6 月,临清驾鼓成功入选第五批国家级非物质文化遗产扩展名录。

二、保护和传承现状

临清驾鼓是当地民间独有的一种文化娱乐形式。100 多年来,驾鼓队伍始终活跃于群众之中,并一直靠群众自筹资金来维持活动。1979 年,临清大桥村委会出资购置了锣鼓、服装、彩旗等,建立了正规的表演队伍,促进了临清驾鼓的发展。大桥村驾鼓会的固定人员当前的社会职业有工人(包括退休的)、农民和个体经营者等。此外,遇有重要活动时还会临时会集村里的其他人员前来帮忙。目前大桥村驾鼓会的演出活动有如下几类:①各类艺术节比赛、展演;②各类庙会、节庆场合表演;③商业性演出。目前演奏全部(或大部分)临清驾鼓鼓乐的情况已经很少。而且,近些年来,临清驾鼓参加各种活动时常采取在舞台上站立而进行音乐会式的

---

① 李宗伟主编《山东省省级非物质文化遗产名录图典》(第 1 卷),山东友谊出版社,2012 年,第 76~77 页。
② 李建国主编《传统舞蹈》,山东友谊出版社,2008 年,第 331 页。
③ 李建国主编《传统舞蹈》,山东友谊出版社,2008 年,第 333 页。

演出,以前的传统表演方式越来越不容易见到了。①

临清驾鼓历经 100 多年的发展,现已传到第五代。其中第一代为洪鹤龄,第二代为洪德河,第三代为洪玉卿,第四代为洪林,第五代为洪昕冉、洪昕铭。② 其传承方式主要有家族传承和师徒传承两种。家族传承主要是父母或家庭中的其他长辈对子女进行的音乐方面的教育,在民间音乐的传承中比较常见。比如临清驾鼓在洪家和沙家的传承,都是通过家庭中长辈的传授习得。师徒相承是通过师徒关系来教授学习音乐的一种方式。临清驾鼓的演奏技法多变,所以对一些"外人"来讲,很难通过自学掌握。现在临清驾鼓协会的会员中有一些是这两个家族的亲戚和街坊,大部分都是在洪玉卿老人的指导下学习驾鼓的。但不管是家族传承还是师徒传承,其都采用口传心授的方式进行传承。③

洪玉卿,男,生于 1946 年,临清更道街人,自 8 岁跟从父辈学习驾鼓至今。自小受父辈们敲击驾鼓的熏陶,因而,他对驾鼓的迷恋可谓青出于蓝而胜于蓝。如今,他已是临清驾鼓的领头人,也是驾鼓的行家里手,对驾鼓艺术,他几十年如一日,刻苦学习和磨炼,不断追求驾鼓表演的更加完美。他带领驾鼓队,不辞辛苦,走南闯北,参加省内外各种表演和比赛活动,取得优异成绩,提高了临清驾鼓的知名度。2007 年,他被山东省文化厅评为临清驾鼓代表性传承人。④

临清驾鼓第四代传承人洪林自 8 岁起跟随父亲洪玉卿学习驾鼓技艺,经过个人的勤奋学习和刻苦演练,技艺日臻成熟,并在继承传统的演奏技巧基础上大胆创新,使驾鼓演奏技艺更趋完美,更加灵活多样,临清驾鼓在他的带领下得以继承并逐步完善。作为临清驾鼓队伍的主干力量,洪林还通过 QQ、微信、抖音、快手等网络媒介实时发布相关信息,定时更新动态,为的是让更多的人了解到临清驾鼓。2020 年 1 月,洪林荣获"聊城市第三届十佳非物质文化遗产传承人"称号。

近年来,洪林带领驾鼓队参加各类比赛、演出和活动上百次,屡获好评。2011年,参加全国第九届少数民族传统体育运动会,并荣获三等奖。2018 年 9 月,在山东省第十届少数民族传统体育运动会,临清驾鼓荣获表演项目(综合类)组别优秀奖。2019 年 8 月 24 日,参加临清市图书馆举办的临清驾鼓公益讲座。2019 年 9 月 20 日,组织驾鼓会员参加了先锋街道办事处在文化广场举办的临清市庆祝新中国成立 70 周年"壮丽七十年,翰墨抒情怀"大型书画长卷展活动。2019 年 9 月 24日,参加由临清新华书店举办的"运河名城书香行"系列活动第 18 期"传承非物质文化遗产临清驾鼓"讲座。

临清驾鼓作为山东省民族民间文化遗产的保护内容,受到各级文化部门高度

① 王新磊《临清驾鼓的保护、传承和发展研究》,《北方音乐》2014 年第 18 期。

② 2021 年 6 月 30 日,对临清驾鼓第四代传承人洪林的访谈。

③ 黄敬《临清驾鼓研究》,聊城大学硕士学位论文,2014 年,第 29 页。

④ 李建国主编《传统舞蹈》,山东友谊出版社,2008 年,第 332 页。

重视。特别是一些专家学者对临清"驾鼓"的历史渊源、未来发展以及文化价值产生了极其浓厚的兴趣，对其使用的锣、鼓乐器以及音乐曲牌进行了深入的研究和探讨。① 自从2009年临清驾鼓被列入山东省首批非物质文化遗产，临清市政府为临清驾鼓提供专门的教习场所，并提供一些资金上的支持和帮助。当地政府设立了"非物质文化遗产保护基地"，对包括临清驾鼓在内的非物质文化遗产进行保护，从而使这些非物质文化遗产的保护与传承工作得到顺利进行。此外，还设立了"临清大桥驾鼓协会""临清驾鼓非物质文化遗产传习所"等传承机构，通过专门的机构，科学地传承与保护临清驾鼓。山东省及聊城市等多家报社记者多次前往临清对驾鼓传承和表演活动进行采访报道，也让更多的人认识和了解临清驾鼓。在临清市文化馆举办的艺术节和文化节等演出活动中，多次邀请驾鼓队进行演出，这也对临清驾鼓起到了很好的宣传作用。政府部门还提供相关政策支持，为临清驾鼓顺利进入课堂提供了条件。②

三、保护与传承策略

临清驾鼓作为当地民俗文化的一种载体，已经发展成为一种比较成熟的民间锣鼓乐形式。临清驾鼓的产生与当地人们的传统风俗、风土人情和生活方式等密切相关，是人们长期创造的产物。临清驾鼓的表演体现了临清当地人们积极的精神和心理状态，满足了人们的精神需求，展现了对生活的美好向往和憧憬。临清驾鼓这种独特的民间锣鼓乐形式，洋溢着浓郁的运河文化气息，具有重要的文化艺术价值。加强对临清驾鼓的保护和弘扬，不仅能够使临清驾鼓这门民间传统音乐得以延续，还有利于推动地方民间艺术的传承和发扬。但是，随着经济社会的快速发展，同其他传统音乐一样，以口传心授为主的临清驾鼓在传承过程中也面临经费不足、演出场地缺乏、后继乏人等困难和问题。③ 对于临清驾鼓的保护、传承和发展，笔者认为，可以采取以下措施。

（一）加强宣传推介，扩大知名度和影响力

目前，虽然政府相关部门和传承人对临清驾鼓进行了广泛的宣传，但从总体上

---

① 李建国主编《传统舞蹈》，山东友谊出版社，2008年，第331～332页。
② 黄敬《临清驾鼓研究》，聊城大学硕士学位论文，2014年，第31页。
③ 2021年6月30日，笔者曾采访临清驾鼓第四代传承人洪林。据他介绍，目前临清驾鼓传承最大的困难是缺少经费和演出场地。因为临清驾鼓演出人员众多，演奏的声音较大，需要面积较大、较为空旷的演出场地。但由于缺少固定的演出场所，以致传承人相当多的精力和时间用在寻找演出场地上。目前临清驾鼓主要以家族传承为主，传承人大都为兼职，平时都有自己的工作，只能在业余时间和节假日从事训练和演出工作。此外，由于临清驾鼓的学习周期较长，技艺复杂，再加上非学校考试科目，无法创造经济效益，只能作为业余兴趣爱好。大多数年轻人需要挣钱养家，愿意学习驾鼓的人少之又少，急需采取相应的保护措施，使这一优秀文化得以延续。

讲,民众对其了解和认知还存在一定的不足。针对这一情况,要积极利用报刊、广播、电视、网络等各种新闻媒体,对其进行广泛宣传和报道,增强当地民众对临清驾鼓的了解和认识。相关部门可以适当组织包括临清驾鼓在内的临清本土音乐特色演出活动,使临清驾鼓等传统民间音乐可以得到真正意义上的宣传,让更多的人欣赏和了解临清驾鼓。此外,还可以在庙会、文化艺术节等民间文艺活动中加入临清驾鼓的演出,利用各种民俗节日为临清驾鼓提供表演舞台和演出机会。① 高校应该结合自身资源和优势,对临清驾鼓的鼓谱、演奏技巧等相关知识开展深入研究,为其保护、传承和发展奠定理论基础;要积极组织研修活动,促进传承人之间的交流,扩大临清驾鼓的影响力和知名度。

(二)加大保护力度,完善保护机制

在传统音乐的保护和传承中,政府相关部门发挥着举足轻重的作用。作为非遗保护主体,相关部门需要在传承人保护和非遗项目的保护、发展问题上发挥积极引导作用。就临清驾鼓的保护和传承而言,要以政府为依托,建立健全临清驾鼓的保护机制。政府应设立专项基金,加大对临清驾鼓的扶持力度,为其开展相关活动提供经费支持。另外,政府还可以与当地的一些社会团体和企业取得联系,对临清驾鼓进行一些商业赞助,在一些企业庆典和团体社会活动中为驾鼓提供更多的演出机会,从而使临清驾鼓得到更好的发展。

从整体上保护临清驾鼓等音乐舞蹈类非物质文化遗产,关键是要保护好传承人。要加强对传承人、传承群体或表演艺人的管理,对从事临清驾鼓表演的传承人和传承群体要进行翔实的登记,纳入政府文化主管部门保护的名录之中,随时了解他们的生活状况,给予一定的经济待遇和政治待遇,让他们可以免除后顾之忧,全身心地投入到临清驾鼓的保护和传承中去。当地政府应加大对临清驾鼓的扶持力度,改善临清驾鼓演练的各种物质条件。尤其是对临清驾鼓的发源地大桥村,更应该重点扶持,划拨专项资金,做到专款专用,建设专门的演练场地,配备足够的器械和服装,充分利用农闲季节和节庆日,广泛开展临清驾鼓的演出和培训活动。设立专门的展览馆或陈列馆,对收集到的鼓谱、音像资料、文献著作、演出服装等实物资料进行系统保存和整理研究。

(三)与学校教育相结合,努力培养接班人

由于现代社会生活节奏加快和审美取向的变化,现在的孩子不太喜欢传统音乐,所以出现非遗文化"呼声高、习者寡"的现象。临清驾鼓是当地传统音乐艺术的杰出代表,让本土的传统艺术与学校教育挂钩,不仅可以增强民众对"非遗"项目的认知,还可以激发青少年对传统音乐的兴趣,为临清驾鼓培养后备人才和接班人,可谓一举两得。学校可以利用专题讲座、学校的广播电视以及宣传栏等途径进行

---

① 黄敬《临清驾鼓研究》,聊城大学硕士学位论文,2014年,第35页。

各种形式的宣传,普及临清驾鼓的知识,引导学生亲近这一本土民间音乐,使学校充满浓厚的学习驾鼓的氛围。定期邀请临清驾鼓队来校园演出,激起学生学习驾鼓的热情。组织传承人和部分音乐教师创作音乐教材和驾鼓学习计划表,为学生学习驾鼓提供便利条件。在条件允许的情况下,学校还可以组织学生组成一支驾鼓队,在运动会开幕式或者文艺演出活动中进行表演,让学生可以真正地参与到表演中,亲身体验到驾鼓的艺术魅力。①

(四)紧跟时代潮流,不断发展创新

临清驾鼓要想更好地传承发展下去,需要在保持其自身特点的基础上,对其进行改革与创新。在民间音乐的演出乐器上,我们可以根据时代的需要适当地对其进行改革,加入一些新的乐器。民间音乐的传承人作为民间音乐传承与发展的主体,要不断加强自身文化修养,与时俱进,敢于突破,创作出更多的艺术作品。在驾鼓的表演形式上,可以适当增加一些肢体动作表演,丰富人们的视觉体验。②

(五)与运河文化旅游相结合,加强整理与研究

临清驾鼓作为一项民俗活动,它既是一种民俗现象,又是一种社会文化现象。从艺术发生学的角度来看,民俗生活是民间音乐产生的基础与发生的场景,民间音乐则是对民俗生活自身的艺术观照。民间音乐之所以蕴具较为强劲的艺术生命力,与其特殊历史时期独特的艺术生境有着复杂深厚的血脉联系,它既是丰富生动的民俗生活的一部分,又是人们对自身生命的文化意识和审美表达。③ 运河的流经为临清驾鼓提供了一个展演、交流的广阔舞台和空间,并为地方社会营造出一种独特的艺术氛围。临清驾鼓经过数百年的传承和演变,其发展变迁与运河文化密不可分,其内容、结构、形式和特点仍然保持着独特的地方民俗和运河文化特征。我们要挖掘临清驾鼓器械、行为和心理上的文化特征,如果能把这一独特的运河文化价值挖掘出来,定会丰富运河文化研究,也会带来一定的社会价值和经济效益,临清驾鼓也能得到更好的保护、传承和发展。

临清市是山东省历史文化名城,文化底蕴深厚。明清时期,临清依靠运河漕运迅速崛起,成为江北五大商埠之一,繁荣兴盛达 500 年之久,有"繁华压两京""富庶甲齐郡"之美誉。临清应充分利用这一优势,将临清驾鼓活动的演出和开展与文化旅游相结合,进行合理的包装和宣传,精心打造出独具运河文化特色的民俗体育旅游产品,通过对其文化内涵和价值进行深入挖掘与合理利用,以创造出更多的社会价值和经济效益,只有这样,临清驾鼓的传承和发展才会更具生命力和活力,最终

---

① 黄敬《临清驾鼓研究》,聊城大学硕士学位论文,2014 年,第 33~34 页。
② 黄敬《临清驾鼓研究》,聊城大学硕士学位论文,2014 年,第 32~33 页。
③ 张晓蕾《地方社会变迁与民间音乐传承的嬗变——以鲁西北地区临清架鼓为例》,《民俗研究》2019 年第 1 期。

持续、长远地传承和弘扬下去。

第三节　传统舞蹈的保护与传承：以武城抬花杠为例

抬花杠，又称"花杠舞"，是流传于武城县老城镇南屯村一带的民间舞蹈艺术，迄今已有 500 余年的历史。抬花杠者手舞足蹈，集舞、乐、武于一体，逐渐形成了独具一格的表演艺术形式。[①] 1979 年，抬花杠在德州市文艺会演中获优秀节目奖；同年赴省会济南会演获山东省优秀节目奖；1984 年，中国舞协为花杠舞录像，作为珍贵的文化艺术资料保存。1992 年，武城花杠舞被收录到中国 ISBN 中心出版的《中国民族民间舞蹈集成》一书中，成为国家艺术学科重点研究的项目。同年 9 月，武城花杠舞在中国沈阳国际民间文化艺术会演中荣获优秀节目；1996 年，参加山东省委宣传部、文化厅举办的齐鲁民间广场艺术展演荣获"黑牡丹"奖。2006 年 12 月，被列入山东省第一批省级非物质文化遗产名录。本节以武城抬花杠为例，在探讨其发展历史及艺术特点的同时，分析其传承和发展现状，并在此基础上提出保护、传承和发展的具体举措与建议。

一、武城抬花杠发展概述

据说明弘治年间，武城一带连年干旱，"地不生禾，树不长叶"，农历四月十八早晨，突见城东娘娘庙飘起一朵祥云，一仙姑驾于云上，手持花篮，边走边撒，所到之处万物复苏，后来在南屯上空落下，不见踪影。人们奔走相告，认为是王母娘娘女儿"显灵"，拯救百姓，由此在南屯修了大姑庙，祭祀崇拜，香火不断。"抬花杠"便是由人们抬着花篮去祭祀大姑神衍生而来的。传说大姑神爱花，人们便抬着花篮在"大姑庙"前表演出各种动作让大姑观看，表达对"大姑神"的敬仰并博得大姑神的欢心。由于南屯系武术之乡，抬杠人大都有武术功底，集舞、武于一体，形成了别具一格的民间表演艺术形式。人们为了祈求"大姑神"保佑，便把每年的农历四月十八日定为"大姑"回娘家的日子，名曰"大姑出驾"或"大姑出巡"。清乾隆年间，抬花杠到了鼎盛期，乾隆盛世歌舞升平，乐队规模也越来越大，波及整个县城及周边地区。抬花杠也摒弃了原来的表演方式，形成了以三义村为轴心波及整个南屯的花杠队大联合，花杠的舞步动作及表演套路也得到了进一步规范，高者为师，有师有徒，使武城抬花杠达到艺术高峰。

每逢农历四月十八这一天是"大姑出巡"的日子，南屯的花杠队便与东屯的家

---

① 李宗伟主编《山东省省级非物质文化遗产名录图典》(第 1 卷)，山东友谊出版社，2012 年，第 147 页。

鼓队组织在一起进行,由饮马庄的扎彩匠们负责扎制出花杠和供大姑出巡用的纸人、纸马、纸鬼神、纸船彩车以及栩栩如生的大姑神像,至今仍然流传有"东屯的家鼓,南屯的杠,饮马庄的扎彩匠"之说。

"大姑出巡"时,出巡的队伍集合在大姑庙前,由族长们恭敬地在大姑神像前焚香叩首,恭请大姑起驾。大姑起驾后,由东屯的家鼓队开路,几十面大鼓(多则上百面)与锣、钹、铙等,在"手锣"的引领指挥下,敲的"七十二番鼓点"震天动地、和谐悦耳,后边紧随南屯的18副花杠,接下来是彩车推着的纸人、纸马和用人抬着的大姑神像,跟在最后的是扎成纸船的彩车。凡"大姑神"巡到之处,居民安乐、禾谷丰熟、百物生长、万事兴隆,因此各村的族长们竞相请大姑神到他们村巡一巡,致使出巡接连四五天不断。出巡队伍每到一个村庄,花杠便摆场表演,此时杠人各显其能,竞技献艺,同时穿插武术表演。与此同时,各村的善男信女们也把祭祀用的香烛纸马放进彩船里。出巡完毕,人们把大姑神像抬至娘娘庙前,并把纸人、纸马及大姑神像一起烧了,意寓大姑回了娘家。

新中国成立后,破除了迷信色彩的民间活动,拆除了大姑庙和娘娘庙,尽管祭祀不再,但备受人们青睐的"抬花杠"又随龙灯、狮舞等其他民间艺术形式一起出现在春节、元宵节等节日节庆的场合之中,由祭祀专用舞蹈转化为民俗自娱舞蹈,成了一支民间艺术奇葩。[①] 1979 年,武城县文化馆对"抬花杠"进行了发掘整理和艺术加工,把它从民间搬上舞台,在德州市文艺会演中获优秀节目;同年赴省会演获山东省优秀节目;1984 年,中国舞协将"抬花杠"录像保存。1992 年,"抬花杠"收入由中国 ISBN 中心出版的《中国民族民间舞蹈集成》,并在沈阳国际民间文化艺术会演中荣获优秀节目;1996 年,参加山东省委宣传部、文化厅举办的齐鲁民间广场艺术展演,荣获"黑牡丹"奖。2009 年,"抬花杠"为电影《佛光寺传奇》友情出演;2010 年,参加山东省非物质文化遗产展演;2012 年,根据抬花杠改编的舞蹈《回门》参加中国第三届秧歌节,获得"组织奖"和"最佳表演奖"两项大奖。2013 年,武城县被省文化厅评为"山东省民间文化艺术之乡——抬花杠之乡"。

抬花杠舞蹈动作粗犷、豪放,其表演形式为两人抬一杠,花杠是弹性较强的杠杆。中间为一 0.6 米见方的杠柜,杠柜上扎竹苗,竹苗上饰绢花、纸花并拴上许多铜铃,顶端竖立一支鸡毛掸,下挂一盏罩红布的华盖,合成一体意为"吉星高照"。抬花杠舞蹈动作的特点是不能用手扶,利用头、肩、背、靠颤力变换动作。主要技巧有头顶杠转肩、换肩、转背、颤背、蹲步、挖步、轻步等动作,每逢表演都是由 4 人两班轮换,上下场均为武术动作巧妙地接换,丝毫不影响表演的连续性,表演者要求须有过硬的腿功、腰功、头功,并且还要有坚实的武术功底,因此,其舞蹈动作的可归结为"脚步沉、膝微弯、小甩走、大甩转、骑马蹲裆全身颤"。舞步主要扛杠步,即

---

① 李建国主编《传统舞蹈》,山东友谊出版社,2008 年,第 396 页。

二人一前一后,将杠抬于右肩,双手各握一条红绸,每拍一步,稍屈膝提脚上步前行或后退,使花簇顺势上下悠颤,双手随之前后甩动红绸,走时右肩微耸,以保持花杠的平衡。顶杠步,即二人相对,将花杠顶在头上,双腿"马步"每拍一步,一人原位向左渐转圈,另一人向左横移(也可一人后退,另一人前行),双手"提襟位"随之前后甩动红绸。扛杠绕圈步,即二人背对,均右肩后扛杠,以杠柜为轴,也可做对称动作向右绕圈。此动作也可绕圈一人前行,一人后退着移动。抬花杠表演一般为十八抬,最少不低于四抬,街道行走队形变化有"齿形""蛇形""直形"等,摆场表演队形有"二龙吐须""转十字""对杠"等。抬花杠用家鼓队伴奏,主要乐器是扁鼓(当地称家鼓,因每家都有而得名),数量不定,少则 20 面,多则几十面。其他乐器有大锣、大钹、小钹等。乐队由手锣指挥,家鼓队的锣鼓点共有 72 番,即 72 种打法,声音铿锵有力,强弱分明,加上杠柜上一串串铜铃的声响,渲染和烘托了抬花杠的热烈气氛,激动人心,配合抬花杠演出的活动有"呼噜""三甩""狮子滚绣球"等 10 余种。

抬花杠源于明代,鼎盛于清代,流传至今。抬花杠有其独到的舞蹈技艺,同时吸收了武术流派的演技套路,形成了自己独特的艺术特征。抬花杠源于"大姑出巡","大姑出巡"是民间自发组成的一种乞求上苍保佑的祭祀活动,因此在历史上"抬花杠"有着祭祀性特征。抬花杠精湛高难的表演技巧,适应了人们对民间艺术的心理需求,群众喜闻乐见,同时又在元宵节及其他民间娱乐活动中共同登台献艺,形成了综合性表演的艺术特征。抬花杠在春节、元旦、元宵、国庆及重大节日节庆时进行演出,体现了它的自娱性特征。表演抬花杠,由锣鼓伴奏烘托,并穿插精彩的武术表演,形成了舞、乐、武于一体的基本特征。

抬花杠是鲁西北平原独具一格的民间表演艺术,以其特有的艺术魅力世代传承。其价值主要体现在以下两个方面。

(1)学术价值。纵观中国民间舞蹈艺术,虽然灿若繁星,但如抬花杠这样历史久远又喜闻乐见者实属不多,充分体现了武城文化沉淀的厚重,从民俗学的角度来看,它极大地影响着风俗习惯的发展,对弘扬民间艺术文化有着十分重要的历史价值。

(2)实用价值。抬花杠源于武城,根植于运河两岸,在人们的精神生活日益丰富和文明程度日益提高的今天,发扬光大"抬花杠"这一民间艺术将会满足人们对精神生活的需要,在社会主义精神文明建设方面起到积极的促进作用。抬花杠融舞、武于一体,与武同源,发掘保护"抬花杠"对研究中华武术促进舞、武共同发展,有着很重要的研究价值。

二、传承及发展现状

清朝末年,南屯村人田堂,自幼习武,并喜爱抬花杠这一艺术,16 岁开始习练抬花杠,他在表演中将各种高难技巧动作表现得淋漓尽致,成为当时乃至后人传诵至今的抬花杠表演高手。后来在他的精心培养下涌现出刘凤鸣、高金祥、庞凤楷等一大批精通抬花杠表演的艺人。刘凤鸣,男,武城县人,15 岁开始学艺,精通各种花杠抬法并熟悉家鼓伴奏点。现在他培养的 30 余名徒弟已成为抬花杠表演场上的骨干。高金祥,男,武城县人,民间音乐家,精通抬花杠的各种鼓谱和打法,抬花杠的打击乐伴奏均从他的记录中流传下来。庞凤楷,男,武城县人,青年时期学习抬花杠,表演精准,艺术高超,是抬花杠主要的传承人和传授者。①

崔振江,男,1959 年生,武城县老城镇南屯村人,现为武城抬花杠第四代传承人。因其多年来从事对花杠舞的传承与保护,2016 年,被评为"山东省非物质文化遗产保护十大模范传承人"。据他介绍,由于青壮年多外出打工,目前从事抬花杠表演的多是老年人。② 此外,现在的抬花杠表演中还出现了女性表演者的身影。在众多汉族传统舞蹈中,因深受农耕文化和传统儒家思想的影响,并没有女性参与,即便女性角色,也往往"男扮女装"。抬花杠亦是如此,此前全部由男性进行表演。据崔振江介绍,加入女性的做法,是保证演出人员数量的"应对方案"。壮年男性多外出打工,年龄较大的男性成为家中的主要劳动力,抬花杠的表演需要提前排练,唯有女性加入,才能解决这些问题。③

近年来,在政府相关部门的大力支持下,抬花杠这一民间艺术得到了一定的保护,但仍然存在着诸多问题,势必影响到这一艺术的传承和光大。随着时间的推移,老一代的抬花杠艺人有的已谢世,有的因年岁太大不能进行表演,如今能够掌握其技巧的人大多已过半百,其体力和灵敏度已不适合参加正常的表演。抬花杠属自娱性民间艺术,由于市场经济的发展,人们的文化生活日益丰富,不可避免对其造成一定的冲击。抬花杠流传于民间,它的传承是靠老艺人口传心授,没有文字资料和相关记载,故如不加以挖掘整理,抬花杠将面临表演技艺的衰退甚至消亡。所以,抬花杠的保护和传承工作已经迫在眉睫。

抬花杠是武城当地喜闻乐见的文艺节目,对其进行保护、传承和利用,对于实现经济社会的全面、协调、可持续发展具有重要意义。因此,武城县非物质文化遗产保护中心制订了长远保护计划和相应的措施并建立健全相关管理体制机制。在开展发掘整理工作的同时,坚持对抬花杠等民间舞蹈实施原汁原味的全方位保护,建立动态和静态持续发展相结合的保护机制。为使各项措施得以顺利实施,建立责任到人、资金到位的机制,政府每年筹集一定的保护经费用于抬花杠艺术的发展。在巩固和完善原有抬花杠队伍的同时,以老城镇为中心迅速向周边乡镇发展,

---

① 李新华主编《山东民间艺术志》,山东大学出版社,2010 年,第 450 页。
② 2021 年 7 月 9 日,对武城抬花杠传承人崔振江的访谈。
③ 孟梦、蔡一铭《从"酬神"到"娱人"——以山东武城"抬花杠"为例看传统舞蹈的发展走向》,《中国艺术时空》2019 年第 6 期。

并尽最大努力解决抬花杠艺人技艺逐渐降低的问题。①

三、保护和传承策略

抬花杠是鲁西北地区一种传统的民间舞蹈,深深扎根于当地民俗文化的土壤之中,与当地民俗活动密不可分。抬花杠不仅仅是一项单纯的民俗表演活动,还具有游戏娱乐、体育训练、社会交往、祭神拜祖、文化记录等五大功能。加强对抬花杠的保护、传承和发展,对于弘扬优秀传统文化、发展民俗文化旅游具有非常重要的意义。针对其面临的问题和挑战,笔者认为,应该采取以下几个措施。

(一)加强宣传和推介

"非物质文化遗产由于其高度的个性化、传承的经验性、浓缩的民族性以及与物质载体的紧密联系性,很容易随人的主观意识受到外界环境的侵袭而发生改变,且一旦破坏,其价值重拾较难实现,很可能面临消亡的危险,因而具有很强的脆弱性。"②如某些传统手工技艺或表演艺术,由于年轻人价值观念的不同,不热衷于传承此项技艺,因此这些非物质文化遗产难以有效传承,甚至会随着传承人的去世而消失。同时,非物质文化遗产又具有重要的历史、文化和艺术价值,是祖先留给我们的宝贵精神财富和无形文化财产,这就决定了我们必须对其进行保护和传承。

目前,虽然各级政府和相关部门对武城抬花杠进行了广泛的宣传,但从总体上讲,社会民众对其了解和认知还存在一定的不足。要积极利用报刊、广播、电视、互联网等各种新闻媒体,广泛宣传、报道抬花杠演出动态和保护工作成果;要组织编写抬花杠的相关书籍和材料,拍摄制作光盘,并出版发行;在条件允许的情况,建立武城抬花杠展示馆,通过文字图片展示、演出道具服装陈列、表演场景制作、演出视频资料播放及参观者现场体验表演等形式,全面展示该舞蹈的艺术价值。

(二)加强对传承主体的保护

"非物质文化遗产的传承主体,是指民间文化艺术的优秀传承人,即掌握着具有重大价值的民间文化技艺、技术,并且具有最高水准的个人或群体。"③他们被称为"人类活财富""人类活珍宝"或"人间国宝"。由于非物质文化遗产是植根于民间的活态文化,是发展着的行为方式和生活方式,因而,它不能脱离生产者和享用者而独立存在,它是存在于特定群体生活之中的"活"的内容,它的生存与发展永远处在"活体"传承与"活态"保护之中。"从这个意义上说,传承主体是进行非物质文化

---

① 李建国主编《传统舞蹈》,山东友谊出版社,2008 年,第 399 页。
② 周灿著《德昂族非物质文化遗产保护与民族村寨旅游》,云南人民出版社,2014 年,第 10～11 页。
③ 李荣启著《非物质文化遗产保护研究文集》,文化艺术出版社,2016 年,第 12 页。

遗产保护的核心因素。如果从事非物质文化遗产的传承人日益减少,乃至青黄不接、后继乏人,一些民间传统艺术、技艺就会不断消亡。所以,保护传承主体是做好非物质文化遗产抢救与保护工作的根本。"①

从整体上保护武城抬花杠等民间舞蹈类非物质文化遗产,关键是要保护好它们的传承人。要加强对抬花杠表演艺人或传承人、传承群体及环境的管理,对从事表演抬花杠的民间艺人和传承人要进行翔实的登记,纳入政府文化主管部门保护的名录之中,随时了解他们的生活状况,给予一定的经济待遇和政治待遇,使他们能一心一意带徒弟,为保护和传承抬花杠贡献智慧和余生,这项工作是保护和传承的关键所在。相关部门要把保护规划中的重点任务列入年度工作计划,并进行考核;要设立抬花杠项目专项保护基金,逐步提高对传承人和表演团队的资金补助,募集社会资金参与和支持对该项目的保护;要建立代表性传承人的命名、表彰制度,激励传承人和骨干表演团队做好项目传承和传播工作;要努力营造良好的社会环境,积极组织抬花杠团队参加国内外演出、展示和交流活动,鼓励该项目表演"走出去",实现表演、传承常态化。

(三)建立健全保护和传承体系

在非物质文化遗产传承过程中,事实上存在着这样两个与非物质文化遗产传承息息相关的主体:一个是非物质文化遗产的传承主体,一个是非物质文化遗产的保护主体。所谓"非物质文化遗产传承主体",是指我们通常所说的"非物质文化遗产传承人"。一个国家非物质文化遗产的传承,无论是民间文学、表演艺术的传承,还是民间技艺、传统仪式的传承,主要是通过他们来进行的。这一点,亘古以来,从未改变。除艺人、匠人等传承主体外,还存在着一个以政府为主导的非物质文化遗产保护主体。所谓"非物质文化遗产保护主体",是指那些处于传承圈之外,虽与传承无关,但却对非物质文化遗产传承起着重要推动作用的外部力量。这一群体包括我们的各级政府、学界、商界以及新闻媒体等。② 其中,各级政府部门是最为重要的保护主体,在保护和传承非物质文化遗产中发挥了关键作用。

政府相关部门要对武城抬花杠进行深入调查研究,全面了解它的产生和历史沿革,充分挖掘它的文化内涵;运用文字、录音、录像、摄影等手段对其进行全面、系统地记录,充实和完善数字化资料库建设,实施长期、妥善保存和利用;要建立健全武城抬花杠项目保护和传承体系,努力实现抬花杠保护与传承工作的科学化;要建立规范的传承培训制度,加强传习所建设,扩大演出和传承队伍;通过激励措施,不断扩大抬花杠表演队伍,使抬花杠的分布范围和表演者的年龄、结构、层次更加合

---

① 王文章主编《非物质文化遗产概论》,教育科学出版社,2013年,第270页。
② 苑利、顾军《非物质文化遗产保护前沿话题》,《非物质文化遗产保护理论与方法丛书》,文化艺术出版社,2017年,第186页。

理；逐步恢复抬花杠排练和演出制度，鼓励抬花杠进校园、进课堂，既组织学生观赏，也向学生传授表演技艺；文化主管部门也要利用每年的农闲时间，定期举办抬花杠培训班，通过传承人的讲解、指导和现有表演团队的示范教学，使新学员逐渐掌握武城抬花杠的舞蹈技艺。

（四）坚持原真性和整体性保护

"原真性是指保护非物质文化遗产本来的、原生的、真实的原貌，也包含遗产的完整性，即遗产的保护是不能与其生存环境相分离的，强调整体性的保护。"[①]20世纪60年代"原真性"被引入遗产保护领域，并逐渐在世界范围内达成理解和共识。1964年的《威尼斯宪章》奠定了原真性对文化遗产保护的意义，提出"将文化遗产真实地、完整地传下去是我们的责任"。1994年12月在日本通过的关于原真性的《奈良文件》肯定了原真性是定义、评估、保护和监控文化遗产的一项基本原则，指出"原真性本身不是遗产的价值，而对文化遗产价值的理解取决于有关信息来源是否真实有效。由于世界文化和文化遗产的多样性，将文化遗产价值和原真性的评价，置于固定的标准之中是不可能的。"[②]世界遗产委员会明确规定"原真性"是检验世界文化遗产的一条重要原则，并要求真实、全面地保存并延续文化遗产的历史信息及全部价值，明确提出被登录的遗产不能是按照今人臆想过去历史情况重建恢复的东西。"这就是说，原真性是要保护原生的、本来的、真实的历史原物，保护它所遗存的全部历史文化信息。"[③]

原真性原则既适用于物质文化遗产，也是非物质文化遗产保护应该坚持的基本原则。对非物质文化遗产进行原真性保护，首先是保护其自身的完整性。任何一种非物质文化遗产，都是由多种技艺、技能以及相关的物质载体共同构成的，只保护其中的技艺、技能，是不能将其完整地传承下来的；没有了物质载体，非物质文化遗产也难以体现。具体来说，保护传统舞蹈，就需对道具、场所、传承人等实施全面保护。

对武城抬花杠进行资源调查、科学研究、保护和传承，都应建立在原真性保护基础之上，在明确两者遗产特征和价值主体的同时，探寻两者之间的关联。通过有效的保护和传承，进一步培育武城抬花杠赖以生存、发展、繁荣的土壤。要按照"保护为主、抢救第一、合理利用、传承发展"的指导方针，正确处理好保护和利用的关系。注重武城抬花杠项目的真实性、整体性和传承性，实施原真、整体、活态保护，使该项目得到社会的普遍确认、尊重和弘扬，实现保护成果社会共享。

---

① 张魏著《非物质文化遗产旅游开发系统的动态仿真研究》，江西人民出版社，2014年，第35页。
② 阮仪三著《城市遗产保护论》，上海科学技术出版社，2005年，第3页。
③ 姚小云、刘水良主编《武陵山片区非物质文化遗产保护与旅游利用》，西南交通大学出版社，2015年，第113页。

(五)静态和活态保护相结合

活态性是非物质文化遗产的一个重要特征。非遗的传承必须以人为载体,无论是民间文学、音乐、舞蹈、民俗,还是传统手工技艺或医药等,它们都需要通过人们的行为活动来表现。在这些行为活动中,民间故事的述说,民族史诗的传唱,音乐、舞蹈、戏剧等艺术的表演,民俗习惯的表现以及传统医药的运用都是动态的。"这种动态特征贯穿于非遗的整个行为过程中,使得非遗具有活态的特征和生命力,从而和静态形式存在的物质文化遗产明显区别开来。"[1]"非物质文化遗产存在于当下特定的民间生活方式中,其至就是他们生活的本身。"[2]"它是流动的,活态的,像水流一样滚滚向前,川流不息,不会永远停留在一个点上不变。"[3]因此,非物质文化遗产传承的最有利方式是活态传承。

民间舞蹈是动态的艺术,表演空间是其生存的文化境域,丰富而又多样的文化空间是保护民间舞蹈文化多样性的必要保证。而在当代社会语境下,武城抬花杠的传承则应"静态"和"动态"相结合。一方面,可以在当地建立博物馆、展览馆开展舞蹈文献、服饰、道具等实物的静态展示;另一方面,则可以通过鼓励民众恢复传统民俗活动、建立民俗文化园等,构筑其赖以生存和传承的社会生态环境,保证抬花杠的活态传承。

(六)合理进行开发和利用

抬花杠作为一项人们喜闻乐见的传统艺术形式,无论在哪里表演,都会吸引众多的观众,但是,由于其表演道具、表演队伍庞大,只适合于广场表演,而不适合舞台表演。可以尝试"文企联姻"的做法,即"企业搭台,文化唱戏",这样一方面既使企业增强了活力,又为企业做了宣传,同时企业在文化品位上得到提升,另一方面它又为抬花杠表演提供了更多的演出机会,为人们带来了精神享受,自身也得到了发展。因此,让抬花杠参加企业的商业演出,是传承和弘扬这一艺术的重要途径,是实现文旅"双赢"的一个发展目标,具有很大的市场开发潜力。[4]

抬花杠源于武城,发展于运河两岸,在人们的精神生活要求和精神文明程度日益提高的今天,传承和发展抬花杠这一民间舞蹈艺术,将会更好地满足人们对精神生活的要求,丰富群众的文化生活。各级政府部门应采取加强宣传推介、完善保护和传承体系等措施,坚持原真性和整体性保护、静态和活态保护相结合的策略,推动其得到更好的保护、传承和发展,使得武城抬花杠这一传统民间舞蹈在当代社会焕发新的生机和活力。

---

① 张魏著《非物质文化遗产旅游开发系统的动态仿真研究》,江西人民出版社,2014 年,第 30 页。
② 丁淑梅、陈思广著《身份的印迹:中国文学论片》,长江文艺出版社,2015 年,第 18 页。
③ 安静著《藏区非物质文化遗产的法制保护》,西南交通大学出版社,2015 年,第 5 页。
④ 李建国主编《传统舞蹈》,山东友谊出版社,2008 年,第 400 页。

第四节　传统戏剧的保护与传承：以夏津马堤吹腔为例

马堤吹腔是一个古老的剧种，属弦索声腔系剧种，因其主要伴奏乐器是笛子、笙、唢呐、三弦等吹奏乐器，故俗称"吹腔"。其前身是流传于山东、河南、冀南、苏北一带的民间戏曲"柳子戏"。其旋律委婉动听，能够表现细腻复杂的思想感情，有"九腔十八调、七十二哎嗨"之称。该剧种自山东起源和发展后，沿运河传遍各地，在马堤村已有近200年的历史，具有重要的历史、文化和艺术价值。当下，地方戏剧的保护与传承存在着两个方面的问题：一是如何保持地方剧种的原汁原味，二是如何利用先进的传播方式将地方戏推出当地狭小的圈子，推向更为广阔的天地。马堤吹腔的成功案例，为我们提供了可以借鉴的经验。①

一、夏津马堤吹腔概述

吹腔戏在夏津县紧靠运河的马堤村流行已有近200年历史，它的流传是村民以口传心授的方式代代相传，传承至今已历经九代。早年间，由于交通闭塞，来往不便，村民文化生活贫乏，看吹腔戏便成了当地群众的唯一享受。马堤吹腔以夏津地方方言为主，夹杂有京白和普通话，通俗易懂。传统剧目多为多幕大戏，内容多反映帝王将相文韬武略、才子佳人的情爱恩怨、寻常百姓日常生活，深得当地百姓喜爱，因此在当地亦称"哈哈腔"，每逢春节及农闲时节，村民自发凑钱购置简单的道具，在田间地头搭起土台子，以自娱自乐的方式唱几天大戏，一时风靡四乡。目前保留剧目共40余个，主要有《双换魂》《寒江关》《挂龙灯》《白云洞》《王小赶脚》《投营》《井台会》《杀狗劝妻》《高老庄》等。吹腔曲牌繁多，现保留下60余支，主要有［黄莺儿］［娃娃腔］［大青羊］［小青羊］［柳青娘］［桂竹香］［锁南枝］［竹云飞］等。同一曲牌男女唱法不同，其中［娃娃腔］［黄莺儿］［锁南枝］［山坡羊］［竹云飞］为传统五大牌子曲。

吹腔戏表演粗犷豪放，人物动作设计大胆夸张，生活气息浓厚，化妆使用油彩，有固定脸谱，各行当扮相明显，生、旦、净、末、丑五大门类齐全。其中生行包括红脸、秀生、武生、娃娃生等。生行中的红脸唱腔高亢浑厚，动作威武刚健，表演以唱为主，重在造型。旦角主要有青衣、红衣、彩旦、老旦、刀马旦等。青衣多扮演成年妇女，唱腔委婉，动作稳重端庄。红衣扮演年轻俏丽的姑娘，大户人家使女等，举止轻快，身段灵活，唱腔甜润。老旦主要扮演老年妇女，并有官、民、贫、富之分。由于

---

① 王梓君《马堤吹腔成功案例分析》，《人文天下》2016年第10期。

历史原因,马堤吹腔戏的旦角扮演者多为男性,俗称"唱小嗓"。马堤吹腔的演出服装与京剧相同,主要有蟒、靠及头饰等。现代戏则采用现代服装,脸谱采用油彩妆。

图5-3 夏津马堤吹腔表演

吹腔戏的曲牌是由长短句为主要结构组成的曲子和小令,这类曲牌的词格与唱腔的结构都比较严谨,每支曲牌的句数和每句曲牌的字数都是固定的。曲牌的特点是字简腔繁,旋律性较强,中间多虚词衬字。根据词的长短可将一部分反复演唱。每支曲牌唱腔都有各种不同的节奏变化,并且男女腔齐全,各自均可自成一套。

马堤吹腔的伴奏乐器可分为吹奏类、拉弹类和打击类三种。吹奏类主要有竹笛、笙和唢呐。竹笛为紫(红)竹梆笛,音域为两个八度;笙为17管,音域为一个八度;唢呐有高音唢呐和低音唢呐两种,音域均为两个八度。拉弦乐器以二胡、中胡、低胡为主,其中二胡为钢弦,中胡、低胡均为丝弦,音色浑厚。弹拨乐器以三弦、中阮为主。打击类乐器主要有板鼓、堂鼓、锣钹、手锣等,与京剧打击乐一致。在伴腔时,笛子吹奏的旋律基本与唱腔相同,而笙则可加花变奏。演奏过门时,笛子可即兴发挥,与笙和二胡、低胡构成支声复调。演奏牌子曲时会兼用唢呐。打击乐器称武场,由板鼓领奏,三块铜器交替演奏,组成各种节奏型,俗称"锣鼓经"。①

马堤吹腔与山东柳子戏有着较为密切的关系,但有自己独特的行腔方式和舞台语言。由于马堤村特殊的地理环境和传承方式,保留了吹腔戏的原始风格特点,

---

① 山东省文化和旅游厅组织编写《山东省级非物质文化遗产普及读本·传统戏剧卷》(下册),济南出版社,2019年,第3页。

因此,如能将其演出剧目重新整理,对各类曲牌记谱进行分析,将有助于丰富我国的戏曲宝库。[①] 2006 年,马堤吹腔被列入山东省第一批非物质文化遗产扩展名录。

二、保护与传承现状

夏津县地处鲁西北平原,大运河贯穿县境西部,全境面积 871.9 平方千米。马堤村位于夏津县城西 25 千米的白马湖镇,西邻运河,南与临清交界,全村共有 1600余人,全为汉族。该村处于陈公堤上,地势平坦,以种植棉花、小麦、玉米、谷子为主,以蔬菜业为辅,平均海拔 31 米。该村西靠运河,深受运河文化的影响。20 世纪 20 年代中期,夏津、临清、武城一带有业余剧团 10 余个。至中华人民共和国成立初期,规模较大的有夏津县的马堤村和杨堤村,临清市的田庄村,武城县的吕洼村,4 个村庄经常联合演出。20 世纪 50 年代初是马堤吹腔戏的成熟和兴盛期,道具齐全,演员阵容强大,每年春节期间连续演出近一个月。"文革"期间,改唱"样板戏",传统戏的服装、道具大多被焚毁。丁玉民、贾崇杰两位演员冒着危险保存下一部分服装和剧本。1978 年,业余剧团恢复演出传统剧目,吹腔戏迎来了一个新的发展时期。20 世纪 80 年代后,其他 3 个村庄的业余剧团相继垮掉,唯有马堤村业余剧团在村民的艰难维持下幸存下来。

随着社会的发展,电视、网络等现代化娱乐传媒对民间戏剧带来巨大冲击,大家对传统戏剧的热情消减,学习继承马堤吹腔戏成了大问题。就在这个时候马堤吹腔剧团现任团长王玉坤挑起了传承的重担。

王玉坤,1980 年生,夏津马堤吹腔第八代传承人。1993 年,带着一腔热情,13岁的王玉坤开始学习吹腔。王玉坤以丑角起步,舞台上,他唱的部分并不是太多,但演技功夫上却丝毫没有懈怠。随着舞台经验的成熟,王玉坤被推选为剧团团长。怀着强烈的责任感,王玉坤着手整理《白云洞》等祖辈留传下来的手抄剧本。到2003 年,他已整理出剧本 5 大本,共计 9 出成本戏、13 出折子戏。王玉坤等人还推陈出新,创作了《巧训儿》《父子争印》等反映改革开放以来农村巨变的现代吹腔剧目。

马堤村吹腔剧团现有演职人员 30 多人,保存有清代手抄剧本共计 100 余册,剧目共 40 余个,曲牌 60 余支,戏曲服装 200 余件,其中百年以上的 4 件。该村吹腔剧团规模较大,行当齐全,文武场配备得当,每年春节期间和农村礼俗活动中进行演出,能演出剧目 20 余个,演奏曲牌 40 余只。从 20 世纪 70 年代至今,多次代表夏津县参加省、市、文艺会演,并多次获奖。作为一名民间戏曲艺术的传承人,剧团团长王玉坤为吹腔的传播起到了不可忽视的作用。传统剧种发展缓慢,一个重

---

① 山东省文化和旅游厅组织编写《山东省级非物质文化遗产普及读本·传统戏剧卷》(下册),济南出版社,2019 年,第 4 页。

要原因是没有新的活力注入,没有很好地适应潮流,但王玉坤团长却展现了他在这方面的优势。他积极利用网络等新媒体宣传和推广吹腔。不仅定期举办演出,如春节联欢晚会等,还到附近的景点参加活动,在带动当地旅游业的同时,将吹腔这门艺术带到群众中去。①

近年来,夏津县文旅部门不断采取各种措施,加大对该剧种的保护和支持力度。随着政府对马堤吹腔关注度的提高,以及传承人对它的推广,马堤吹腔正在一步步迈进大众的审美视野,逐步被更多的人接触并喜爱,古老的吹腔艺术焕发出勃勃生机。为了保护和传承马堤吹腔,马堤村专门修建了文化广场,为吹腔的表演提供了舞台场地。马堤村文化广场的建立,既代表了政府对地方剧种保护的支持,为艺人们提供了一个较好的演出环境,同时也是对老艺人们坚持吹腔表演的肯定。②

三、传承及发展策略

地方戏是我国非物质文化遗产的重要组成部分,是民族民间艺术的瑰宝。中国戏曲不仅历史悠久,具有顽强的生命力,而且品种丰富,家族兴旺。随着生产方式和生活方式的变化以及外来文化艺术的冲击,中国戏曲赖以生存的社会条件发生了深刻的变化,戏曲统领城乡舞台的局面一去不复返了,戏曲不仅退出了城市舞台,而且在乡村的演出市场也日益萎缩。与其他传统戏曲一样,马堤吹腔也存在受众面小、后继乏人等问题。③ 马堤吹腔曲牌板式固定,保持了自元、明、清以来俗曲小令的风格,颇具学术研究价值。它保留了最初柳子戏的特点,和现在柳子戏又有所区别,是研究柳子戏形成和演变的"活化石"。④ 针对其保护、传承和发展,笔者认为可以采取以下措施。

(一)加大政府扶持力度,建立健全保护机制

地方戏曲的扶持与保护,很大程度在于地方政府的重视与支持。对于地方戏曲的发展,相关部门专门出台了保护地方戏曲剧种的文件,但是戏曲的生存环境并没有得到明显改善。当地政府在支持公办剧团的同时,还应促进发展民营戏曲表演团体,包括支持业余演出团体。各级政府要从财政上给予实际的投入,对为基层

---

① 王梓君《马堤吹腔成功案例分析》,《人文天下》2016年第10期。
② 王梓君《马堤吹腔成功案例分析》,《人文天下》2016年第10期。
③ 2021年7月15日,笔者曾采访马堤吹腔第八代传承人王玉坤。据他介绍,现在的家长极为重视孩子的教育,希望孩子以后能够考个好大学,找个好工作,大多不愿意让自己的孩子学戏。年轻人则多外出打工,养家糊口,根本没有时间去学习吹腔。再加上吹腔的学习时间加长,需要吃很多苦,故愿意学习吹腔的人少之又少。20世纪90年代,村里从事吹腔表演的有十几个人,现在只剩下五六个人。从2020年至今,由于疫情等原因,整个剧团都没有登台演出。
④ 李宗伟主编《山东省省级非物质文化遗产名录图典》(第2卷),山东友谊出版社,2012年,第472页。

群众演出作出贡献的民营剧团给予奖励,以此调动地方民营剧团的积极性,从而发展更多的优秀人才。①

传统戏剧的保护,传承人是关键,理应得到全社会的高度重视。首先,要赋予传承人个人荣誉,使他们能够受到社会和世人的尊重,增强传承人对所做工作的自信心和自豪感,使传承人能够更加积极主动地投入到非物质文化遗产保护工作中;同时,赋予他们传承历史文化的重任和保护非物质文化遗产的责任。政府相关部门要关心他们的工作和生活,为他们的生活和工作提供良好的条件,让他们可以免除后顾之忧,全身心地投入到传统戏剧的保护和传承中去。② 要多鼓励有志于传统戏剧艺术研究的部门、组织、学者,去研究发掘传统戏曲成功的经验,借鉴民间业余组织普及戏剧的经验,并将这种经验应用于传统戏剧的保护和传承,从而促进传统戏剧艺术的发展。③

戏曲是融文学、音乐、舞蹈、美术等为一体的高度综合的表演艺术。它的创作和演出,除了演员之外,还有编剧、导演,音乐设计、舞美设计乐师等。就演员而言,亦有生、旦、净、丑不同角色行当的分工,因此必须要有一个由这些人员组成的团体。其艺术的传承,除了各个艺术行当的个体传承外,还需要集体的传承,这样才能保持艺术的完整性,才能形成剧种和流派风格。④ 中国传统戏剧同大多数传统艺术形式一样,是需要大家配合的艺术。虽然在演出等团体协作中尤其看重主要行当和角儿的地位,但相较于戏剧艺术的团体传承来说,个人成就与贡献永远要服从于整体的协作艺术特色。⑤ 针对这一特点,我们要改变以往对传承人的认定方式,在传统传承人认定的基础上,承认"表演团体"在传承中的作用,将表演团体列入传承人的行列中。根据表演团体的实际需要去培养戏剧人才,推动戏剧艺术的发展。⑥

(二)紧跟社会需求,创作新剧目

2006 年,马堤吹腔戏被列入山东省第一批非物质文化遗产扩展名录,现正积极准备申报国家级非物质文化遗产。⑦ 能够将地方戏列入我国各级政府文化遗产保护名录自然是幸事,但更重要的是把工作的重点放在发展上,不断创作出优秀剧

---

① 王梓君《马堤吹腔成功案例分析》,《人文天下》2016 年第 10 期。
② 刘文峰著《非物质文化语境下的戏曲研究》,文化艺术出版社,2016 年,第 42 页。据王玉坤介绍,虽然马堤吹腔早在 2006 年就被列入省级非遗扩展名录,但至今仍没有确定省级非遗传承人,对传承人的保护和支持还有待加强。
③ 孙彦波《浅议中国传统戏剧的保护与传承》,《剑南文学》2016 年第 6 期。
④ 刘文峰著《非物质文化语境下的戏曲研究》,文化艺术出版社,2016 年,第 40 页。
⑤ 曾祥月《关于传统戏剧传承保护的研究探讨》,《环球市场》2018 年第 36 期。
⑥ 孙彦波《浅议中国传统戏剧的保护与传承》,《剑南文学》2016 年第 6 期。
⑦ 2021 年 7 月 15 日,对马堤吹腔传承人王玉坤的访谈。

目,满足广大群众的精神文化需求,这才是保护发展地方戏的根本。① 对传统戏剧的剧目进行创新和发展,可以更加贴近现代人民群众的活动,增加人民群众和传统戏剧表演形式接触的机会,进而对传统戏剧的表演形式有深入了解。只有深入了解后,才有可能产生兴趣和爱好,从而使传统戏剧在未来发展中能够得到更多的新鲜血液的加入,使更多的人认识并接受传统戏剧表演形式,形成良性循环。② 一出戏如果没有好的剧本支持,只凭演员的自身演绎,也是没有灵魂的躯壳。对于地方戏而言,优秀剧本在这方面更是如此。地方戏的独特魅力在于它的原汁原味,但这并不意味着一味追求演唱原来的剧本。地方剧种要想传承和发展,必须紧跟社会需求,结合现实,创作观众喜闻乐见的剧目,努力做到贴近生活,回归生活,适应现代人的审美需求,符合社会发展的一般规律。③

(三)积极宣传和推广,培养新一代接班人

地方剧种接班人匮乏是普遍存在的问题。马堤吹腔剧团的王玉坤团长说,年轻一代的传承人要么在外学习,要么外出打工,一年当中只在年关时才回来聚在一起唱几出戏。这些传承人平时连最起码的练功都无法保证,自己的功底都要谨慎保持,又何谈培养下一代接班人?④ 要加强与地方高校的合作,采用专业化教育,在相关专业学生中培养戏剧表演人才。可以借助当前已经开展得比较成熟的"进校园""进社区"等形式,定期表演经典剧目,扩大戏剧艺术在民众中特别是青少年中的影响,让他们都来关注戏剧艺术,为有志于学习戏剧的人们提供学习演出交流的平台,培养新一代的受众和传播群体,从而壮大地方戏曲的人才队伍,为地方戏曲的发展奠定人才基础。

(四)提高舞台呈现力,增强传统戏剧的魅力

为了更好地传承和发展马堤吹腔,除了需要对剧目进行创新之外,还需要丰富其创作形式和舞台表现力,增强戏剧的魅力和影响力,为其传承和发展奠定扎实基础。随着社会经济的发展,观众审美观念也逐渐发生变化,欣赏品位也日益提高。因此,要适应观众的变化,舞台呈现力求精品化、可视性,这样才能吸引观众。也就是说,戏剧演出不应只注重"腔调",还应注重演员的舞台表演效果,强调演员与角色之间的转换。演员在进行表演艺术的同时,应把握情感,获得观众的认可与共鸣。⑤ 为了更好地传承和发展马堤吹腔,还应加强对剧团成员的艺术教育和音乐知识培训力度。从而使他们可以更好地胜任马堤吹腔的表演任务。一方面,要重点培养演员的表演能力,即有效地结合表演习惯和马堤吹腔艺术特点,根据不同剧

---

① 刘文峰著《非物质文化语境下的戏曲研究》,文化艺术出版社,2016 年,第 43 页。
② 曾祥月《关于传统戏剧传承保护的研究探讨》,《环球市场》2018 年第 36 期。
③ 王梓君《马堤吹腔成功案例分析》,《人文天下》2016 年第 10 期。
④ 王梓君《马堤吹腔成功案例分析》,《人文天下》2016 年第 10 期。
⑤ 王梓君《马堤吹腔成功案例分析》,《人文天下》2016 年第 10 期。

目和剧情来引导他们合理调整和把握人物角色的情感;另一方面,要着重提升演员马堤吹腔唱腔艺术,使他们可以切实感受到马堤吹腔同其他地方戏剧之间的区别,从而全面提升他们的音乐素养。

(五)发挥传承人在传播中的带头作用

戏曲是以演员为中心的表演艺术,艺术的传承主要靠艺人的口传心授。许多名艺人,既是优秀的表演艺术家,又是杰出的教育家。他们掌握并承载着戏曲文化遗产的丰富知识和精湛的表演技艺,既是非物质文化遗产活的源泉,又是其代代相传的代表性人物。如元杂剧演员朱帘秀,《青楼集》说她"杂剧为当今独步,驾头、花旦、软末泥等,悉造其妙",她培养出赛帘秀、燕山秀等著名演员,被后人尊为"朱娘娘"。昆曲的奠基人魏良辅,清代秦腔演员魏长生,近代京剧演员谭鑫培、王瑶卿、梅兰芳等,他们承前启后,创造了丰富多彩的艺术流派,为戏曲的传承、发展与繁荣作出了巨大的贡献。①

地方戏曲的扶持与保护需要加强对外宣传,而宣传离不开传承人的努力。现如今,随着人们审美意识的觉醒,对地方戏曲的关注度也逐步升温,然而,如果地方小戏一味地在自己的小舞台上自娱自乐,在小范围内传播,没有意识到应将地方剧种推向市场,引起群众的关注,得到观众的认可,从而收获更大的受众群体,那么这个剧种的发展前景略显渺茫。所以,地方戏曲要想更好地"走出去",需要有一位思想先进的传承人,通过对新媒体技术的灵活运用以及自身的努力,在推动剧种发展的道路上发挥很大的作用。②

中国的戏曲不仅是中华民族优秀传统文化的重要组成部分,而且在世界戏剧文化中也占有独特的、非常重要的地位。当世界经济进入一体化的新时期,作为中华文明中独特的戏曲文化,不仅不应该削弱,而且应该大力扶植。在全球经济一体化过程中如何保存和发展包括戏曲在内的我国优秀传统文化,已成为摆在我国政府和人民面前的重要课题。"作为鲁西北地方戏曲的马堤吹腔,虽自身依旧存在不足,但整体上已经达到了将吹腔推出地方的成功,为其他地方剧种提供了宝贵的经验。"③地方戏曲是中华文化的重要组成部分,其保护、传承和发展需要社会各界的共同努力。在生活节奏日益加快和娱乐方式更加多元的今天,地方剧种的保护可能并不会一帆风顺,但相信在不久的将来,随着社会各界重视程度的提高和保护力度的加大,地方戏曲定当会重新焕发生机和活力。

---

① 刘文峰著《非物质文化语境下的戏曲研究》,文化艺术出版社,2016年,第40页。

② 王梓君《马堤吹腔成功案例分析》,《人文天下》2016年第10期。

③ 王梓君《马堤吹腔成功案例分析》,《人文天下》2016年第10期。

第五节 传统曲艺的保护与传承:以临清时调为例

　　传统曲艺是我国历史发展中形成的一种优秀艺术文化形式,不仅能够反映古代艺术的发展水平,也可以在特定历史时期,丰富人们的精神生活。伴随着经济社会的快速发展,传统曲艺面临着许多新的挑战。如何在现代社会实现传统戏曲的传承与发展,是文艺工作者需要深入研究的课题。临清时调是山东临清一带运河两岸流行小曲的总称,是由明清俗曲、时调、歌谣等民间腔调、曲牌逐渐发展起来的一种曲种,距今已有五六百年的历史。本节以临清时调为例,在探讨其发展历史及艺术特点的同时,重在分析其传承和发展现状,并在此基础上提出传承和发展的具体举措和建议。

一、临清时调概述

　　临清是因运河而逐渐兴起的城市,在运河畅通的明清两代,一直是运河码头重镇之一。尤其是在清代前期漕运兴盛之时,粮船、官船、商船、客船樯帆林立,市井熙攘。水路的便利,使临清与各地交往密切,小到衣食住行,大到城市布局都大受经济繁盛的苏州、扬州影响,至今从饮食习惯、铺面设置等方面仍能看出痕迹。经济的繁荣对文化的传播产生了有力的推动作用。大量的戏曲、民歌等民间艺术都曾驻足于此。产生、兴起于淮扬的俗曲小令,也正是通过运河传播于此,广为流传,使临清成为明清两代俗曲小唱主要流传地区之一。明代《万花小曲》中就有"京津流行之小曲,来源山东之临清"的记载。[1] 明人谢肇淛《五杂俎》卷八载:"今京师有小唱……其初皆浙之宁绍人,今日则半属临清矣,故有南、北小唱之分。"[2]可见俗曲小唱在临清有着久远的历史。

　　在明清漕运兴盛时期,俗曲时调主要流传于歌馆青楼之中,故临清时调早期一直被称为"窑调"。曲目也多是唱四时景致及情曲,如《夏景天》《五更》《虞美情人》《尼姑思凡》《十杯酒》等。清末运河淤滞,漕运停止。临清经济渐衰,时调小曲的演唱也失去往日之繁盛,但在运河两岸的民间仍有广泛的流传,只是曲牌、曲目远远少于职业演出。除了民间演唱时调小曲自娱外,也偶有盲人或破产农民打花棍演唱,以为行乞的一种方式。据老艺人徐敬堂、景伯英等回忆:约在 1920 年前后,一个开茶馆的人,名叫陈玉山,是时调爱好者,他在临清大寺附近开了家落子馆(有多种曲艺演出),邀请了当时知名的时调玩友刘印轩、夏庆云、徐金福、夏连杰以及部

① 张玉柱主编《齐鲁民间艺术通览》,山东友谊出版社,1998 年,第 638 页。
② 张桂林主编《传统音乐》,山东友谊出版社,2008 年,第 352 页。

分歌妓,作职业性演出,颇受欢迎。因嫌"窑调"称谓不雅,便依据伴奏乐器而改称"丝调",后临清一带演唱小曲者都称为"丝调"。到新中国成立后,文艺工作者依其所唱皆为时兴小曲的特点,正式定名为"临清时调"。①

临清时调以民歌为主体(单曲与套曲型),除本身沿用的曲牌,还吸收了京韵大鼓、河南坠子、山东琴书等曲种和民间俗曲的精华,形成了独特的风格,其艺术特点既似曲艺又似民歌。临清时调在结构上属联曲体中的杂曲类,可拆唱、联唱,又可半说半唱。临清时调旋律婉转优美,既有大型套曲中的长篇书目,也有单曲短段;演唱形式自由活泼,既可一人独唱,也可两人对唱或多人合唱;伴奏简便,以竹板、三弦为主,也可添加扬琴、二胡、碰铃等。临清时调在初期,以男性艺人演唱为主,几乎没有女演员上台,称为"时调前脸",以说为主,唱为次,再加上生动、夸张的表演。女演员登台表演是临清时调发展的里程碑,她们给临清时调带来了音乐结构的变革,使演唱水平提高,并将临清时调艺术推向一个新时期。②

临清时调常用曲牌很多,有[慢板][四平调][靠山调][雁鹅调][鸳鸯调][英雄调][小北口][凤阳歌][拉哈调][楼上楼][清水河][垛子板][伤心调][反对花][太平年][太平歌词][柳叶青][山西五更][画扇面][十杯酒]等。后来漕运停滞,经济萧条,演唱者日渐稀少。到20世纪50年代,仅存有号称"五大调"的[四平调][雁鹅调][靠山调][鸳鸯调][英雄调](原名[秧歌调])以及[山西五更][伤心调]等曲牌。其中,[英雄调][山西五更]和[伤心调]都是"反调"。③

图 5-4　临清时调演唱

① 　张玉柱主编《齐鲁民间艺术通览》,山东友谊出版社,1998年,第639页。
② 　山东省文化和旅游厅组织编写《山东省级非物质文化遗产普及读本·曲艺卷》(下册),济南出版社,2019年,第14页。
③ 　张桂林主编《传统音乐》,山东友谊出版社,2008年,第353页。

临清时调原有唱段 170 余种,其中传统曲目很多,如《草船借箭》《杜十娘》《盼五更》《放风筝》《八仙祝寿》《拉哈调》《十杯酒》《青楼悲秋》等,都是小段的单曲,大约有百余首;另有中篇曲目如《西厢记》《丁郎寻父》《后悔从良》等,也有如《卖油郎独占花魁》之类的长书(多表演片段)。20 世纪 20 年代,知名艺人刘印轩,创编了《七月七》《要嫁妆》等,成为时调代表曲目。20 世纪 50 年代以后,文艺工作者在保留传统曲体、音调的基础上,新编排了《撒大泼》《光棍哭妻》《尼姑思凡》等曲目。[1]近年来,临清时调爱好者根据人们身边喜闻乐见的事情创编了《大实话》《逛临清》等新曲目。[2]

新中国成立后,文化部和山东文化部门对临清时调进行挖掘整理,使其重新焕发生机。1956 年 4 月,临清时调《撒大泼》剧组曾代表山东省参加全国曲艺观摩演出,并在怀仁堂为中央领导专场演出,受到周总理的接见。《人民画报》封面刊登了演员阎玉贞和汤贵荣的剧照,中央人民广播电台播放了《撒大泼》的录音。1964 年,山东省歌舞团李若芳与王音旋进京合作演唱《撒大泼》,并灌制了唱片。"文革"期间,各种演唱被禁止。1979 年后,临清市文化馆许凤霞等人对其进行了重新挖掘整理;1987 年,《山东地方曲艺音乐》收录了他们的研究成果。

二、保护与传承现状

临清时调是运河文化的代表,是研究民歌发展到叙事歌曲再到曲艺的一种典型素材。改革开放以来,为了让临清时调这一非物质文化遗产发扬光大,进一步挖掘其文化价值和艺术价值。当地成立了非物质文化遗产保护中心,将临清时调确定为聊城市非物质文化遗产保护项目,建立了全面的保护机制,制定了一系列保护措施;组织专家、学者系统整理了临清时调的相关资料。2006 年以来,当地有关部门共收集时调 30 多首,并举办了多次晚会,对临清时调进行了改编演出;还命名了一批临清时调演唱者在内的民间艺人为民间艺术家,确认了相关传承人的地位,通过保护传承人达到保护作品的目的。此外,鼓励艺人开展传承表演活动,2008 年,《撒大泼》参加山东省民间艺术调演,获得优秀节目奖。[3]

临清时调至今已经好几百年的历史,是由民间的小曲小调发展起来的一门说唱艺术,曲调婉转动听,唱词流畅押韵,韵律严密,听起来亲切感人,悦耳动听,唱起来朗朗上口。然而,目前这一独特而古老的艺术形式正面临着灭绝的危险。纵观

---

① 张桂林主编《传统音乐》,山东友谊出版社,2008 年,第 353 页。
② 王哲《临清时调概观》,《民族音乐》2010 年第 1 期。
③ 山东省文化和旅游厅组织编写《山东省级非物质文化遗产普及读本·曲艺卷》(下册),济南出版社,2019 年,第 14～15 页。

临清时调各个时期的发展概况,与我国很多传统民族民间音乐一样,都是受到经济、文化与社会生产力等影响逐步变化的。临清时调的整个发展过程与运河漕运的兴衰有着密切关系。明清时期作为运河名城的临清帆樯林立,市井熙攘,临清时调颇为繁盛。至清朝末年,运河淤滞、漕运败落,临清逐渐失去了其交通枢纽地位,时调小曲的演唱日渐稀少,临清时调逐渐没落下去。①

改革开放以来,在经济得到发展的同时,人们的思想观念也发生了改变,市场经济与商品经济的观念给现代人造成了很大的冲击,临清时调这一昔日让他们引以为豪的音乐被淡漠了,大部分的民间歌手与乐手纷纷放弃自己的“绝活”而外出打工,从而使临清时调日渐萎缩,造成断层。② 由于大众传媒的快速发展,电视、电影、广播、网络等现代媒体覆盖全球,将丰富的摇滚音乐、流行音乐展现在当地人们面前时,给人们带来前所未有的听觉和视觉上的冲击,临清时调的艺术内容与演出形式已不能满足当代人的审美需求。再加上老一辈的临清时调演唱者都已进入暮年时期,而大部分年轻人对学习这个颇具地方特色的说唱艺术不太感兴趣。③ 30岁以下的人会唱临清时调的几乎没有了,50 岁左右的只能凭残存的记忆,哼唱出那若隐若现的旋律,大部分会唱临清时调的艺人基本上都在 60 岁以上。④ 在诸多因素的冲击下,临清时调的传承面临很大困难。

三、保护与传承策略

中国的戏曲发展已有上千年的历史,在社会的发展和人们的精神文化生活中,曾有着不可替代的重大作用。但是随着时代的进步、科技的发展和文化生态的改变,传统戏曲已逐渐失去当年的辉煌,正面临着市场萎缩和剧种濒临灭绝的危险与挑战,传统戏曲的传承与发展已迫在眉睫。针对临清时调的保护和传承,笔者认为可以采取以下措施:

(一)加大宣传力度,增强保护意识

虽然说戏曲是当众表演的艺术,这种心灵交流带给人们的震撼力要比镜像戏剧强烈得多。但是,在戏曲观众大量流失的今天,依靠媒介争取观众也是非常必要的。所以戏曲要赢得观众,必须重视媒介的作用,学会利用大众传播媒介,扩大自身影响,在娱乐文化中开拓自己的阵地,培养自己的观众。各类新闻媒体要开设专题性栏目,普及地方戏曲知识、宣传戏曲演员、推介戏曲产品、教唱戏曲名段,拉近地方戏曲与观众的距离;开展地方戏曲进课堂、进校园、进社区活动,吸引更多的群

---

① 王哲《临清时调概观》,《民族音乐》2010 年第 1 期。
② 吕云路、刁春元《论临清时调的保护与传承》,《当代音乐》2015 年第 4 期。
③ 李新华主编《山东民间艺术志》,山东大学出版社,2010 年,第 153 页。
④ 吕云路、刁春元《论临清时调的保护与传承》,《当代音乐》2015 年第 4 期。

众关注、热爱地方戏，巩固地方戏曲发展的群众基础。鼓励传承人开门收徒，中青年演员拜师学艺。加大传承人评选力度和补助力度，尽可能为传承人创造参加文化活动和登台演出的机会，扩大影响力。

(二)明确保护对象，完善保护机制

根据我国《中华人民共和国非物质文化遗产法》的相关规定，在对非物质文化遗产的使用过程当中，应对其内涵、形式给予足够的关注。临清时调的音乐、唱本、伴奏技巧等都是其传统曲目完整性的重要体现，要对时调艺术进行发展以及创新，都要将保护传统曲目作为基础，因此，应在尊重临清时调形式、内涵的基础上，防止片段化传承情况的出现。

对于传统曲艺的保护和发展而言，艺人是最主要的财富。相关部门要根据国家、省、市有关规定，认真进行调查研究，采取授予称号、表彰奖励和资金扶持等方式，对临清时调的代表性传承人进行保护。同时，积极采用现代化的技术手段，努力运用录音、录像和文字记录整理等方式与手段，抢救性地记录和留存现有的优秀民间老艺人所保存的重要传统曲艺节目。发掘、征集、整理、编纂和出版散落民间的历代曲艺文献与文物，包括曲本、稿本、抄本、图片、谈艺录和其他具有历史文化价值的各种类别的曲艺实物。可以考虑建立曲艺博物馆，或者在综合性的博物馆开辟地方戏曲展览室。一方面保存曲艺资料，另一方面展示和普及曲艺知识，真正实现对非遗项目的完整性保护。

(三)加强学校教育，培养戏曲后备人才

后备人才凋零、青黄不接是传统戏曲无法延续和发展的重要原因。因此，实现戏曲的振兴、传承和发展，培养后备力量是关键。[1] 戏曲未来的发展，青年演员的接班传递作用至关重要。临清时调的传承要积极探索有效途径，多在培养青年演员上下功夫。通过举办各种戏曲比赛和专业培训研讨班等形式，发掘具备发展潜质且有志于从事戏曲事业的青年演员，邀请知名专家前来对他们进行授课指导，突出专业重点培训，通过学习戏曲表演的精髓，丰富演员的表演内涵，不断提升表演技能。[2] 要积极开展戏曲"进校园"活动，将临清时调写入乡土教材，并纳入中小学课堂教育。通过传承人的现场讲解和表演，培养青少年观众的兴趣。

(四)在保护的基础上，适度进行创新

为使临清时调逐渐走出日渐衰退的困境，要不断加强传承创新、人才创新、推广创新与载体创新，以持续推出有思想高度、内涵深度、文化厚度，彰显时代特色的艺术作品。在传承创新方面，要以各级文旅部门、文化馆和民间艺术协会为主导，组织建设专业性的人才表演队伍。在人才创新方面，需要与时俱进，培养一批的作

---

① 程利芳《如何传承与发展传统古老戏曲》，《文艺生活（文艺理论）》2017 年第 2 期。
② 程利芳《如何传承与发展传统古老戏曲》，《文艺生活（文艺理论）》2017 年第 2 期。

曲家与作词新人,在继承传统时调艺术的基础上,创作更符合当代审美的新作品。在推广创新上,借助戏曲"进校园、进社区"等形式,不断培养新人,在中小学校中开设相关课程,激发广大青少年的学习兴趣,全面解决临清时调后继乏人的问题。广泛应用互联网多媒体、自媒体等平台,大力宣传、普及和传播临清时调艺术。在载体创新方面,要充分利用各地重大节庆活动,全面提升临清时调的知名度与受众面;充分利用临清运河文化旅游开发这一重要契机,积极将临清时调与文化旅游相结合,为临清时调的传承和发展提供动力和支持。大力恢复传统民俗节日活动,并赋予其新的时代内容,吸引青年一代积极参加。

(五)发展特色旅游,促进戏曲与文化产业的融合

京杭运河为运河流域音乐文化的发展提供了有利的物质环境,运河城市临清音乐文化的繁荣即得益于此。临清为千年古县、运河名城,文物古迹众多,文化资源丰富。大运河成功申遗后,临清运河文化的保护和开发逐渐引起社会各界的重视。应抓紧这一重要契机,加强临清时调与旅游的结合,选择合适时间和地点,搭建舞台,表演经典剧目,以旅游推广戏剧,以戏剧繁荣旅游。同时,加强戏曲与其他文化产业的合作,探索与动漫、文创等时尚产业结合,增添文化产品中的戏剧元素,推进地方戏曲和文化产业共同走向繁荣。

传统曲艺与许多民族民间传统文化形态一样,有着不可再生的特点。一旦消失,损失无法估量,也无法用简单的政治和经济尺度衡量,保护包括曲艺在内的优秀传统文化是每一位炎黄子孙的共同责任。临清时调是流传在临清乡间的一种演唱艺术,它的曲调清心悦耳,文辞质朴细腻、乡土气息浓厚,具有重要的历史、文化和艺术价值。在当今非物质文化遗产受到广泛重视的情况下,我们应当充分认识到临清时调历史价值与艺术特色,在保持临清当地特有文化的基础上,结合新时代的特点和审美要求,灵活地进行创作,赋予这门古老的艺术新的内容,使其充分被广大群众所利用,服务于当代社会。全社会包括各级政府和民间力量,应共同努力,集思广益,采取各种切实有效的措施,通过对临清时调这类艺术文化遗产的科学保护和全面继承,使其不断走向繁荣和兴旺。

第六节　传统武术的保护与传承——以临清潭腿为例

临清是京杭大运河上的名城重镇,南北通衢的交通要道,它特殊的地理位置、风土人情,都为临清武术的发展提供了良好的土壤和条件。临清人历来就有习武健身的优良传统,民风尚武是民间武术发展的重要基础。仅清一代,就有武进士

37 人,武举 117 人之多。① 无论是军旅武术还是民间武术,都深深影响着临清,使临清乃至周边地区孕育和发展了多种拳种流派,其中,最为有名的当属潭腿和肘捶。临清潭腿始创于唐末宋初时期,至今已有 1000 多年的历史,是我国比较古老的拳种之一。潭腿技术动作舒展、自然、古朴、刚劲、讲究实用,有"北腿之杰"之称,在整个中国武术发展史上有着深远的影响。本节通过对临清潭腿的历史渊源和发展现状进行探析,提出具有针对性的保护与传承策略,旨在为山东运河区域传统武术类非遗的可持续发展提供参考和借鉴。

一、临清潭腿的历史渊源

临清潭腿始创于五代宋初时期,至今已有 1000 余年的历史。创始人为五代时期后周名将昆仑大师(姓名已无从查考)。因其起源于今河北省临西县尖冢镇龙潭村的龙潭古寺,故称之为"潭腿"。对潭腿门弟子来说,取"潭"字还有另外一个含义,即"潭"字左边是"水"字旁,表明练武之人必须多流汗水,右边是由"西""早"二字组成,则寓意练武之人必须起早贪黑、勤学苦练才能学有所成。②

图 5-5　临清潭腿

五代后期,后周名将昆仑大师奉命远征。在此期间,后周大将赵匡胤发动了历史上有名的"陈桥兵变",黄袍加身,建立了宋朝。将军忠于后周,但自知回天乏力,又担心赵匡胤加害自己,遂在临清龙潭寺隐姓埋名、削发为僧,法号"昆仑",后人称他为"昆仑大师"。大师身怀绝技,并且精通医术,他将武术与医术共熔一炉,研创

---

① 临清市政协文史委员会编《运河名城:临清》,中国文史出版社,2010 年,第 237 页。
② 武兵著《弹腿拳》,安徽科学技术出版社,2016 年,第 3 页。

出内外两功并用的潭腿,传授于寺内众僧及所收门徒。临清潭腿创立之后,很快得到武林界的认可。《武备志》记载:"赵匡胤初年,在长沙举行了全国性大规模的各派武术大会。赵氏太祖拳因具有政治优势,捷足先登第一宝座,称之为'宋代十八家之首',第二名便是昆仑大师的临清潭腿。"从此"南拳北腿"的说法便享誉海内,流传至今。①

临清潭腿自昆仑大师宋朝初年创起,传至明清两代达到兴盛时期。临清潭腿在其长时间的传承与发展过程中,不断与其他武术门派发生碰撞,产生了交流融合,形成了教门弹腿、少林十二路弹腿、精武潭腿、六合潭腿、通备弹腿、六路弹腿等主要流派,其中以教门弹腿和少林弹腿最为有名。

教门弹腿:昆仑大师晚年弟子所传派系,当年弟子多属临清本地的回族穆斯林,故名"教门弹腿"。之所以取"弹"字,一是区别于潭腿的练法,二是取其发腿迅猛异常,有快如弹丸飞出的弹射之意。以山东于振声等传授的教门弹腿最为有名,国术馆则是主要的传授渠道。当时为了从学者能够速成,只注重外在功夫,少了一些内功的修炼。所以,在练法中也稍有变动,而在套路功架上也有相应的改动,属于中上盘腿法。教门弹腿讲究灵活机敏,以求开展,虽然踢腿练习时,同样离地支撑腿不弯曲,但比低盘潭腿正宗法较为省力。②

少林十二路弹腿:临清潭腿传至明清时期,已名满天下,天下武林志士纷纷慕名到龙潭寺拜访、学武。明正德年间,河南嵩山少林寺方丈相济大师久闻临清潭腿技艺高深,特地到山东临清龙潭寺拜访。当时临清潭腿已传至七十二代弟子跃空大师,两位大师相见如故,彼此仰慕对方的技法,便以交换的方式相互教传。相济禅师将临清潭腿按照少林寺绝学罗汉拳的拳功加以改动,增加了两路腿法成为现今的"少林十二路弹腿"。③

临清潭腿共有十路,每路八个组。一去练四组,回来也练四组,为一路。潭腿法内外两功同行,拳腿并用。弹腿不过膝,即七寸弹法。要求二目平视,舌尖微添上腭,津液下咽,气沉丹田。呼吸从鼻孔,含虚抱气,不令气散,用意不用力。功在于内,形领于外,滋精育气,气意相溶。讲的是伸缩吞吐之功,阴阳顿挫之法。单腰摇曳,身法传神。刚柔互用,弹韧相兼,威而不猛,柔而有力。并需要步法快、巧、稳。身动似槐虫,身活似龙形,闪如轻风退拔刀,蹿高纵远似狸猫。步法似蛇形,行走似猫行,抬腿如风,落地如针,拳似流星眼似电,腰似蛇形腿似钻。内外两功并用,求得内七、外三之法,故重点在内功功力的培养与发挥,强调威则能动,逼则能用,以简克繁,以逸待劳,变无形象,攻缺击要,巧打击梢,出奇制胜。现有昆仑大师为临清潭腿所制定下的古传。临清潭腿腿法、步法众多。腿法:迎面腿、夹裆腿、里

---

① 葛立辉编著《传统文化的活化石:邢台非物质文化遗产》,方志出版社,2009年,第53页。
② 武兵著《弹腿拳》,安徽科学技术出版社,2016年,第4页。
③ 赵景磊、董春磊《临清潭腿的传承与发展研究》,《搏击(武术科学)》2012年第9期。

合腿、外援腿、单飞腿、斜飞腿等10种;跳跃腿法:二起飞脚、双飞脚、双飞燕、金鸡蹬、旋风脚、野马奔蹄。基本的连环腿法:前后扫堂腿、勾挂腿、回马腿、撩阴腿、风摆荷叶、里合外摆腿、踢弹返身腿、截腿、抹腿箭腿等。步法:弓步、马步、丁步、虚步、仆步、歇步、提步、点步、盖步、背步、卧步、登步、跳步、偷步、龙形步、蛇形步、鹤形步、鸳鸯步等。①

临清潭腿以腿功见长,拳势古朴,功架完整,刚劲有力,节奏明快,意气相合,精神饱满,动作精悍,配合协调;招数多变,攻防迅疾。临清潭腿共有拳脚三十余路,其中包括看家拳、四平拳和传统的八路查拳等。临清潭腿器械众多,不但有传统的刀、枪、剑、棍等四大传统器械,还有钩、撅、镋、带等器械共50余种。② 潭腿讲究"拳三腿七"和"拳是两扇门,全凭腿打人"。潭腿套路,气势连贯,起伏转折,节奏清楚。在攻防技击方面,较强地突出了北方拳派的特点,腿法多变,回环转折进退顺畅。演练时要求手、眼、身法、步协调一致,又融内、外功于一体。表演起来古朴大方,高低起伏,对比鲜明,深受广大武术爱好者的喜爱。今天,临清武术界仍流传着"浑腿本是昆仑传,功法深奥妙无边,若是学得真谛在,交手比试准占先"的歌谣。③

二、临清潭腿的发展现状

临清潭腿这一流传千年的传统武术文化,自清中叶实施禁武令以来,只在北京及部分国家有所传播,在今河北临西一带基本绝迹。20世纪90年代初期,北京临清潭腿研究会会长、临清潭腿第97代掌门隋世国先生到临清并多次到临西寻根问祖,将这已在当地失传的拳种及潭腿文化带回临西,得到临西县各级政府的大力支持。

临清潭腿是我国最古老的拳种之一,在传承的过程中曾出现过许多优秀的武术大家。据临清潭腿拳谱中记载,95代节字辈掌门贺子琴先生,在北京市德胜门外石佛寺(现功德林前街东口路北)设立武馆,收徒授艺,名声远扬。96代廉字辈掌门金启亮先生(爱新觉罗、正黄旗),在京津地区颇负盛名,精通拳械,曾任青松武术社社长、中国第一届武术协会成员。97代梅字辈掌门隋世国先生,是中国武术协会会员、莫斯科东方文化中心顾问、北京市武术协会副秘书长、北京市武协临清潭腿研究会会长、北京市武协社会开发部副主任、临西龙潭古刹临清潭腿研究会顾问,传统武术七段。如今,隋世国先生的弟子除来自北京、临西外,在日本、英国、德

---

① 丁传伟、王继生《临清潭腿的攻防技法特点研究》,《吉林体育学院学报》2012年第1期。

② 赵景磊、董春磊《临清潭腿的传承与发展研究》,《搏击(武术科学)》2012年第9期。

③ 聊城地区史志办公室、山东省出版总社聊城分社编,齐保柱、高志超主编《聊城风物》,山东友谊书社,1989年,第228页。

国、法国、俄罗斯等国家都有传人。①

　　然而目前临清潭腿所面临的境地依然不容乐观。当代中国正经历着一场史无前例的全球化变革,融入全球化是当今中国改革开放的一个时代特征,极大地推动了中国社会的进步。然而伴随着全球化的进程,以科技、教育、商品、信息及大众娱乐等为内容的西方文化逐步成为当今世界的强势文化而不断扩张渗透,使传统武术赖以产生和发展的农耕文明与宗法社会的土壤逐渐削弱、消失,民众的价值观和审美观随之发生巨大的变化,加之传承人的自然衰老和死亡,使传统武术的一些门类逐渐趋于没落、甚至消亡,传承和延续面临着严重危机。② 临清潭腿亦是如此,在其传承和发展过程中主要面临以下几个问题。

(一)生活方式的转变,习练者减少

　　传统中国社会遵循着“日出而作,日落而息”的农耕生活,奉行“男主外、女主内”的家庭生活,有较多的闲暇时间可以习练武术。中国历史上的武举制度创始于唐代,其兴盛是明清两代,特别是在清代,普通人可以通过武举考试进入仕途。在冷兵器时代,学习武术不仅能够强身健体,还能够在关键时刻保命。因而在传统中国社会,武术有着广泛的群众基础,习武者数量众多,且极为普遍。伴随我国经济实力不断地增强,在生活方式上有了很大的改变,人们习练武术的欲望和需求逐渐降低。随着经济社会的发展,人们的生活质量普遍提高,生活节奏也逐渐加快,用于锻炼身体的时间逐渐减少,愿意吃苦的人更是越来越少,包括武术在内的很多民间健身方式正在失传,临清潭腿也面临如此危机。与外国统一服饰、段位分级、集体教学的道馆武技相比,传统武术强调反复练习、单一指导、体悟参透,显得过于“老土”,无法吸引年轻一代。越来越多的孩子从小开始学习跆拳道等外来武术,却忽略了我们本土的传统武术。现在练习潭腿的人多为兴趣爱好,其目的以健身为主,主要在业余时间从事练习,缺乏持久性和稳定性。

(二)政府保护、支持力度不够

　　临清潭腿起源于山东省西北部地区,这里经济发展尚有欠缺,当地民众对于临清潭腿的了解、人均文化水平与其他地区相比还有一定差距。当地政府对于临清潭腿这一项目的关注、普及推广力度较小,虽有一定的资金的支持,但相对于实际需求,可谓杯水车薪。由于资金的匮乏,保护、支持力度还有待加强。③ 临清潭腿在2008年被评为省级非物质文化遗产,但很多目标和想法无法落实,所整理的潭腿理论和拳械谱资料无法出版发行,研讨会和体育赛事等活动无法正常开展,使得

---

① 赵景磊、董春磊《临清潭腿的传承与发展研究》,《搏击(武术科学)》2012年第9期。
② 朱清华、刘志坚《非物质文化遗产视野下传统武术传承的思考》,载张仲谋主编《非物质文化遗产传承研究》,文化艺术出版社,2010年,第363页。
③ 白林兵《非物质文化遗产视角下的临清潭腿研究》,天津师范大学硕士学位论文,2012年,第27页。

临清潭腿的传承和发展受到很大的束缚与阻碍。

(三)临清潭腿复杂难练,推广困难

临清潭腿隶属于民族传统体育项目,因而其基本功相较别的体育项目有些难度。其招式看似简单、易学,但了解并懂得临清潭腿的传承人和学者们都知道,临清潭腿并非一招一式那么简单,其拳理深奥,有较高深的拳学理论。拳谱中的大部分动作名称都是引用典故,如对文字功底及医理修养、易理没有很好地理解,对潭腿的学习是很难达到一定境界,所学者学到的也只是潭腿的皮毛而已。临清潭腿的一些技术动作要领难度较大,如没有扎实、过硬的武术基本功底,很难学透彻这一民族传统体育项目,这也给临清潭腿的推广和发展带来一定的困难。

(四)传承思想较为保守

临清潭腿与其他武术门派一样,主要以家族继承或师徒相传,最主要的传承方式是口传心授,身体示范。这种传承方式有较大的依赖性,一旦传授者离世或者没有徒弟传授时,容易导致功法失传。此外,这类传承方式传播范围较小,封闭性较强,很少有人有机会能看见他们的训练过程,内在的保护性导致其传播过程很慢。"传统武术传承方式,无论是以血缘关系为纽带的宗法制还是以择徒拜师为特点的师徒制,都只是能够使所传的拳种在纵向里深入发展,而在横向里却不能得到太大的发展。如今人们快节奏的生活方式,使得这种传承方式已经有些格格不入。"[1]针对这一情况,潭腿传承人应打破传统的封闭式传承模式,改变传统口传身授的传承方式,应该以更加灵活的传承方式积极加以推广。除整理资料、编辑书籍外,还可以拍摄套路技术录像,创编适应当代大众需要的简化套路;参加各种武术比赛,不定期地与其他门派交流借鉴;申请开设临清潭腿门户网站,留存文字、图片、视频等资料,以供习练者学习交流。[2]

三、临清潭腿的保护与传承

临清潭腿是一个有史料记载的、源远流长的优秀拳种。临清潭腿讲究"内外两功同行""拳腿并用",具有很高的教育价值、健身价值、技击价值以及经济价值。在强调文化多元化的今天,临清潭腿作为我国重要的武术类非物质文化遗产保护项目,必须加强对其保护与传承。具体来说,可采取以下措施。

(一)充分利用各种媒介,加大宣传力度

在信息化时代的今天,人们获取各种消息和资讯更快、更方便,各种传媒媒介的出现为传统文化的普及和宣传提供了更加有效的途径。据调查显示,人们对临

① 刘学冬、张雅飞、郑楠《从武术传播方式看临清地区潭腿发展的策略》,《体育风尚》2018年第4期。
② 白林兵《非物质文化遗产视角下的临清潭腿研究》,天津师范大学硕士学位论文,2012年,第31页。

清潭腿的了解十分欠缺,有相当一部分仅仅是听说过。因此,对潭腿的保护与发展还需要积极借助各种传播媒介,加强对潭腿的宣传力度,从多个角度、多种渠道对潭腿的知识进行普及,引导广大群众参与到潭腿的习练队伍中。例如通过报纸、电视、网络进行宣传,以及培养表演队伍进行巡回表演等方法,都是普及潭腿知识、提高人们参与意识的有效手段。

(二)民间组织的建立,竞技比赛的承办

潭腿的开展最早是在民间,因此对潭腿的传承与保护应当以民间为核心阵地。潭腿练功场所、潭腿武馆以及俱乐部等相关组织的缺乏是阻碍潭腿传承和发展的重要原因。对此,潭腿可以借鉴跆拳道、散打的发展模式,在坚持"原生态"原则的前提下,形成适合自身的教学模式。此外,根据武术竞技性的特点,建立符合潭腿自身现状的科学合理的竞赛体制,定期举办各类比赛,从基层出发,将各种民间组织以及学校有效地联系起来,为临清潭腿的传承营造一个良好的社会氛围。

(三)加强对传承主体的保护

非物质文化遗产的最大特性是它的"非物质"性。在传统武术这种技艺被表达出来以前,人们看不到、摸不到、感受不到传统武术的存在。因此,与物质类文化遗产相比,传统武术这类"非物质"文化遗产的保护难度更大。所以保护的重点不应当是"看不见""摸不到"的非物质文化遗产,而是这些文化遗产的传承人。传承人是非物质文化遗产的重要承载者和传递者,对传承人的保护是非遗保护的关键所在。"事实也一次次证明,只要保护好这些文化遗产传承人,非物质文化遗产就不会消失。只要激励这些非物质文化遗产传承人,他们就会不断进取,产品也会越发精益求精;只要鼓励这些非物质文化遗产传承人继续招徒授业,非物质文化遗产就会后继有人,绵延不绝。"①

在潭腿的保护和传承过程中,要注意维护传承人的切身利益,通过各种手段充分调动传承人的积极性,提高他们自觉保护的意识,促使他们对潭腿进行宣传,并对自身所学功法进行传授。积极开展非遗传承人评选活动,对作出贡献的传承人不仅给予一定荣誉,提高他们的社会地位,还要给予他们优厚的物质奖励。高等院校武术专业招生时,对传统武术的优秀人才和杰出传习人,应该给予一定的照顾和政策上的倾斜,使他们有机会受到高等教育,提高传承人的素质。在潭腿传承过程中,应该为传承人自主进行传承工作创造良好的条件。当地政府与文化部门应对潭腿的锻炼地点、表演场地进行详细的规划,并对规划的地点和场所进行标注用途。努力拓宽筹集资金的渠道为相关活动的开展提供物质支持。通过开展各类表演、比赛,向观赏者进行详细的介绍,对潭腿进行宣传,带动潭腿爱好者参加,更好

---

① 苑利、顾军《非物质文化遗产保护前沿话题》,《非物质文化遗产保护理论与方法丛书》,文化艺术出版社,2017年,第74页。

地促进潭腿的保护和传承。

(四)加强学校教育中潭腿的推广

学校是人类文化的传承地,学校在人类文化传承的过程中起到了举足轻重的作用。学校不但是武术类非物质文化遗产保护与传承的重要阵地,也是我国传统武术走向规范化、普及化的重要场所。"武术进校园是近些年的热点问题,在中国如果想要大规模的发展一项运动,最快速的方式就是将它推入校园,在学校里边普及。"①目前而言,临清潭腿在当地中小学的开展情况不尽如人意。因此,加强潭腿与体育教育的融合仍然是有效发展潭腿的路径之一,有关教育部门和学校应当积极出台有效的扶持政策,为潭腿的传承和发展提供条件。

(五)加强与全民健身政策的结合

"在发掘与整理传统武术的过程中,应该做到与时代的发展以及人们的需求相适应。具体来讲,就是应该彰显传统武术所具备的健身价值与修身价值,更好地突出其在全民健身方面的积极作用。"②自 2009 年 10 月 1 日《中华人民共和国全民健身条例》开始实行至今,不仅仅是民间项目,甚至越来越多的竞技体育项目都开始向全民健身方向发展。通过全民健身的开展,我国国民的体育意识日益增强,体育锻炼成为每个人日常生活中不可或缺的一部分,相对于对技术动作和身体素质要求较高的竞技体育项目,我国传统武术拳种的受用人群更广,对锻炼的人身体素质和协调性要求并不高,也更容易掌握,锻炼效果也能达到日常锻炼的标准。为挽救潭腿这一传统武术,除了对现存技术动作进行宣传保护外,还应顺应时代的潮流,对技术动作进行改变,创造适合现在生活节奏和全民健身需要的技术体系,使其在现代社会中得到更好的传承和发展。

传统武术不仅是我国宝贵文化遗产的一部分,而且还是我国优秀的民族传统文化的结晶。近年来,随着传统武术拳种申请非物质文化遗产热潮的兴起,传统武术的传承和发展逐渐引起人们的关注与重视。临清潭腿作为我国最为古老的拳种之一,其发展历史悠久,文化内涵深厚。随着非遗保护的广泛开展,我们必须重视临清潭腿等武术类非物质文化遗产保护的重要性和紧迫性,加强与政府部门、学校、民间组织以及新闻媒体的联系,为临清潭腿的传承与发展注入新的活力,这对弘扬优秀传统文化、促进精神文明建设都具有深远意义。

---

① 刘学冬、张雅飞、郑楠《从武术传播方式看临清地区潭腿发展的策略》,《体育风尚》2018 年第 4 期。
② 蔡利敏著《传统武术文化透视与传承发展研究》,中国商务出版社,2016 年,第 70 页。

第七节 传统美术的保护与传承：
以张秋木版年画为例

木版年画作为一种古老的民间艺术表现形式，除了具有基本的美化环境与装饰的审美价值外，还具有迎新接福、祛凶辟邪等人文价值。张秋木版年画作为鲁西大地上一颗璀璨的明珠，曾依托优越的地理位置及繁荣的商品经济环境一步步发展并走向繁盛。近代以来，张秋木版年画受客观环境影响几乎面临着灭顶之灾。20世纪70年代末，张秋木版年画重新引起当地非遗传承人的重视，并得到有关方面的保护与支持，2006年和2008年先后被列入山东省第一批非物质文化遗产名录以及国家第二批非物质文化遗产名录。本节在梳理张秋木版年画发展历史及艺术特点的同时，针对其生存和发展现状，提出保护、传承的策略和建议。

一、张秋木版年画概述

明清时期，阳谷县张秋镇是京杭大运河黄河北岸的第一大码头，水陆交通非常方便，是经济、文化汇集之所，也是木版年画的集散地。张秋木版年画自元代由山西传入，民国之前年画店均由山西人开设。历经数百年的坎坷波折，经营一直比较兴旺。发展到清代，比较大的画店，有源茂永、鲁兴聚、刘振升三家。至清末民初，仅源茂永画店就有25盘印案子，鲁兴聚也有20余盘印案。刻版艺人大都来自堂邑的西三奶奶庙、徐一发村和许堤口村。各家每次要雇10余人，从春天开始刻版，直到春节印刷停止才肯歇工。当时源茂永画店有门头8间，鲁兴聚画店有门头5间，这商贾云集、寸土寸金的张秋镇城内已很了不起。所雇用的印工、查发货人员等多达上百人。源茂永画店一年印制年画用纸多达1500令，和鲁兴聚两个画店用纸可达3000令，数量十分可观。张秋镇年画店春天印扇面画，供给做扇子的手工业者，阴历八月初开始印制年画，十一月挂牌子出售，来张秋镇贩卖年画的各地客商小贩多达千人。[①] 后来景顺和店主刘振升将画店迁往聊城，促进了东昌木版年画的发展。1918年，源茂永画店山西业主李殿源将画店转卖给张秋人闫均振。

然而随着现代化交通的发展，古运河水上交通逐渐衰落，张秋木版年画也受到巨大的影响。清咸丰五年（1855），滚滚黄河水从江苏北部入海改为从山东利津入海，从而隔断了山东聊城境内由张秋镇至临清一段运河的水源，造成运河水源不足；同时由于黄河挟带来的大量泥沙淤积下来，又将张秋镇一段运河河道完全堵

---

① 史忠民主编《传统美术》，山东友谊出版社，2008年，第32页。

塞。此时,清朝政府腐朽不堪、财力匮乏、内忧外患,无心也无力治理漕运;加之近代海运兴起、铁路通车、漕运作用明显缩小,最终导致漕运作罢,逐渐退出历史舞台。张秋木版年画作为运河文化的一部分,最终也因失去那些得天独厚的交通条件而难逃厄运。

在抗日战争和解放战争时期,源茂永画店配合冀鲁豫文联对张秋木版年画进行了改革创新,从而为其发展注入了活力。抗战时期,店主闫均振配合冀鲁豫文联文艺工作者,创制了一批新题材的木版年画,宣传党的方针政策,激励了军民抗战热情。1947年鲁西地区解放后,冀鲁豫解放区对张秋木版年画非常重视。1948年至1949年,闫均振以及解放区调集的部分刻版艺人和印工,与解放区的美术工作者相结合,在莘县、朝城一带创作了一批反映解放战争和解放区军民生活的新式木版年画,在解放区推广。如《优军拥属支援前线》《生产》《查路条》《妇女解放大翻身》《景阳冈十姐妹》《晚饭后》《丰收喜悦》《武松打虎》等,生动地反映了根据地和解放区人民的民主政治、参军支前、军事斗争和生产建设等各项革命活动,发挥了积极的宣传作用,对解放区的各项工作做了有力的推动,并在广大城乡人民群众中广为流传。1950年,冀鲁豫解放区将这批新内容的木版年画原版交闫均振带回张秋发展。但由于审美的差异,这批新年画未能普及,使原本就很脆弱的张秋木版年画再一次遭受打击。

167

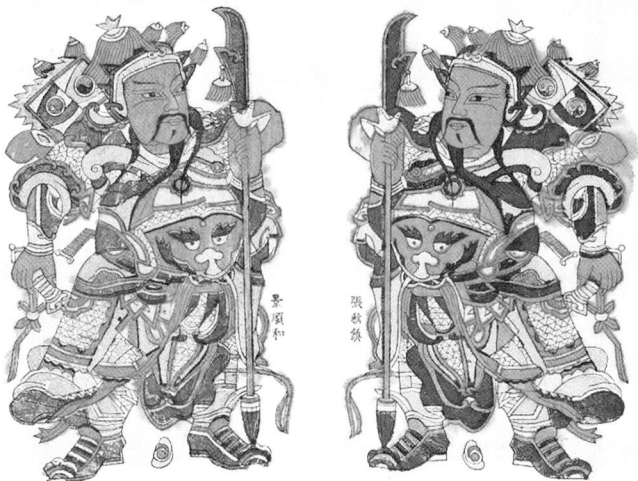

图5-6　张秋木版年画

“文化大革命”期间,以门神为代表的年画作为封建迷信品被禁,画坊遭拆,画版被毁。茂永源画店店主闫均振的数百套珍贵原版也惨遭焚毁,张秋木版年画几乎是遭受到灭顶之灾,从此便一蹶不振。除残存极少印刷品和少量线版外,在乡间也偶尔有年画出现,但已是微乎其微了。20世纪80年代初,山东省木版年画专家谢昌一、戎玉秀、黄丽等同志在阳谷县文化馆乔振霞同志陪同下,在源茂永画店业主闫均振的一间草屋里,找到了仅存的 13 种年画原版,这是张秋年画可贵的资料,后保存于山东省美术馆。①

张秋年画的制作技法是套色木版印刷,共分绘稿、刻版、印刷、手绘 4 道工序。张秋木版年画只有"草版",即只印不画,全部用木版套印,但一般不超过五遍。颜色有红、黄、灰、青、黑五种基本色,整个画面五彩缤纷,装饰性强。人物面部不着色,使其形象更加突出醒目。张秋木版年画历来刻印分家,本身没有自己的画工、刻工,刻工要从百里之外的堂邑雇佣,或将画样送往堂邑刻制。张秋木版年画题材新颖,形式多样,内容丰富,题材品种的数量就达 300 多个。人物造型夸张,色彩明快沉着,刻板精细,线条流畅,简洁有力,印刷独特,采用左手执把,做工十分考究。张秋木版年画根据消费者水平,分普通木版年画、装裱年画、木框年画、布艺年画、木雕年画、宣纸年画、挂历年画等系列。②

张秋木版年画的艺术风格独特,构物刻画夸张,造型眼睛窄长,眼皮纹路清晰,鼻梁鼻翼瘦窄,线条简洁,流畅有力。在印刷上是左手执把,而其他地方年画产地是右手执把。张秋木版年画刻工认真,从来不偷工减色。套印色彩比东昌府年画和潍坊年画皆多二至三色。东昌府年画一般只套印五色,杨家埠木版年画也基本使用红、绿、黄、紫、黑五色,有时只用红绿、黄、紫四色,有些画像使用六色,基本色之外再加一桃红,而张秋年画一般要套印八遍、七遍。它的色彩有亮青(黑)、大红、二红(水红)、绿(黄绿)、绛绿、丹红(杏黄)、黄、蓝八色。张秋木版年画因此在工艺上较其他地方的年画更为复杂,更受人们欢迎。③

张秋木版年画特色鲜明,色彩艳丽,有浓厚的乡土气息和鲁西地方特色,展示了鲁西人民刚劲、朴实、豪迈、大方的人文特征,并促进了山东西部年画艺术的发展。它与山东中部杨家埠年画相呼应,共同促成了山东民间年画的繁荣,在全国木版年画中占有极其重要的位置。2006 年,张秋木版年画制作技艺被列入山东省首批非物质文化遗产名录。2008 年,被列入第二批国家级非物质文化遗产名录。

二、保护和传承现状

张秋木版年画与大多传统民间艺术一样都面临着极为尴尬的困境,虽说是优秀的传统艺术,但由于市场萎缩、传承人匮乏、地方保护力度不够等原因,而处于失传的危险境地。

伴随着现代文明的发展,张秋木版年画的市场日益缩小。一方面,张秋木版年

---

① 史忠民主编《传统美术》,山东友谊出版社,2008 年,第 34 页。
② 李宗伟主编《山东省省级非物质文化遗产名录图典》(第 1 卷),山东友谊出版社,2012 年,第 314 页。
③ 史忠民主编《传统美术》,山东友谊出版社,2008 年,第 35 页。

画已经严重遭受到在现代科技和机器大工业支撑下的现代工艺的冲击,现代工艺下的年画产品虽然缺乏一定的手工特色,但由于物美价廉,且产量较大,某种意义上可以说已经取代张秋木版年画。另一方面,由于人们现代居住条件和审美意识的变化,人们大多也不再用年画来装饰居住环境。同时,由于人们对传统的"年"味日益淡化,这就使得人们对传统木版年画需求少之又少。这一切都造成张秋木版年画的市场日益缩小,没有市场就没有发展,逐渐使其失去了发展的原动力。①

在张秋木版年画 600 余年的发展历史中,民间艺人担当着重要的角色。他们主观上把张秋木版年画作为一种谋生的手段和生存的技艺,客观上着实传承着张秋木版年画的制作工艺。但随着市场的日益萎缩,以张秋木版年画为谋生手段的民间艺人难以生存下去,他们不得不放弃传统工艺另谋他路;就连一些年画艺人的子女也不愿传承父业,使得张秋木版年画传承艺人极度缺乏,从而使其诸多传统技艺面临着失传的危险。再加上木版年画制作工艺复杂,需要画工、刻工、刷工的密切协作,并且每一项工艺都有严格的标准、都需要高超的技术,学习起来较为困难,使得张秋木版年画技艺的传承处于极为危险的境地。②

近年来,随着联合国教科文组织和我国政府对人类口头与非物质文化遗产保护的重视以及申报非物质文化遗产代表工作的有序开展,我国民间文化保护工作有效地展开。尤其是 2003 年初,国家文化部、财政部、民委、文联共同启动了"中国民族民间文化保护工程",这对包括张秋木版年画在内的民间传统艺术来说是一个难得的发展机遇。

聊城市及各区县高度重视非物质文化遗产保护工作,市主要领导就非物质文化遗产保护工作做出重要批示,多次召开调度会,对此工作提出明确要求,做出统一部署,把非物质文化遗产保护作为弘扬民族优秀文化传统,构建和谐社会的重要内容来抓,使得这项工作稳步推进。在地方政府的大力支持下,加之张秋木版年画的独特优势和文化地位,顺利于 2006 年被列为聊城市第一批市级非物质文化遗产名录;同年,被列为山东省第一批省级非物质文化遗产名录,并于 2008 年被国务院列为第二批国家级非物质文化遗产名录。2009 年 6 月,乔振霞被确定为山东省第二批省级非物质文化遗产项目代表性传承人。

乔振霞,1955 年出生于山东省阳谷县,1979 年毕业于山东省艺术学院国画系,现任聊城市美术家协会副主席、副研究员,中国美术家协会山东分会会员,中国翰墨文化促进会会员,中国农民书画家学会特聘创作研究员。其作品曾多次荣获重大奖励,并多次在国家级、省市级刊物上公开发表,受到广大读者的赞誉,其中,作品《牡丹》曾获国家二等奖,并且入选《世界美术集》;作品《紫薇》曾获国家铜奖,并入选《中国美术家书法家作品大汇》。她深厚的美术功底为其日后从事张秋木版年

---

① 乔华军《聊城张秋木版年画研究》,聊城大学硕士学位论文,2014 年,第 34~35 页。
② 乔华军《聊城张秋木版年画研究》,聊城大学硕士学位论文,2014 年,第 35 页。

画的研究与创作打下了坚实的基础。20 世纪 80 年代,乔振霞开始师从第 11 代传人闫均振先生学习张秋木版年画的雕版、印刷技术;2008 年,正式被山东省批准为张秋木版年画第 12 代传承人。经过她三十年如一日的努力,张秋木版年画这一古老的民间传统艺术又重现昔日光彩。

三、保护和传承举措

张秋木版年画虽历经了 600 余年的历史,但其制作工艺经过民间艺人世代传承,延续和保留了艺术原始面貌。张秋木版年画不但具有很高的艺术价值,而且还蕴含着鲁西人民特有的精神价值、想象力和文化传统,甚至在某种程度上可以说是承载着鲁西传统文化的生命密码,是聊城乃至我国非常珍贵的非物质文化遗产。针对张秋木版年画的保护、传承和发展,笔者认为可以采取以下措施。

(一)加大宣传力度,完善保护机制

在对民间传统艺术的保护与传承中,地方政府有着义不容辞的责任和义务。近年来,各级政府虽在申遗工作的带动下对民间传统艺术采取一定举措,但重视程度还不够、措施还不够有力。[1] 张秋木版年画表现出鲜明的鲁西地方特色,承载着鲁西浓厚的乡土气息和丰富的精神内涵,在全国木版年画中占有极为重要的地位,作为国家级非物质文化遗产项目,各级地方政府要下大气力给予保护和支持,尤其是当地文化部门要高度重视和大力扶植。一方面,要加大宣传力度,利用网络、电视、报纸等手段对张秋木版年画进行广泛宣传,让群众从媒体中了解到文化遗产最真实、最直接和最生动的信息,从而扩大张秋木版年画的影响力和知名度。通过广泛开展各种宣传活动,增强民众自觉保护、传承和发展木版年画的责任感和认同感。另一方面,要在政策、资金上给予张秋木版年画一定的支持,尤其是对传承人的鼓励和支持,为木版年画的保护和传承提供适当的发展空间。要努力为木版年画牵线搭桥,将生产技艺与市场前景良好的项目结合起来,培育有利其发展的市场环境。同时,引入旅游经济,让文化与经济并行发展,做到文化、经济两手抓,两头不落空。

(二)以市场为导向,适度进行创新

木版年画作为优秀的民族文化深深植根于民间,蕴含着独特的文化自信,对我国传统艺术、现代艺术来说,都具有很重要的借鉴价值。在社会飞速发展的今天,木版年画等非物质文化遗产被反复消费之后,正面临着传承的"本体性危机"以及和市场脱轨、消费者满意度降低等问题,因此,在传承的基础上进行创新性保护与

---

① 乔华军《聊城张秋木版年画研究》,聊城大学硕士学位论文,2014 年,第 37 页。

开发势在必行。[1] 传承和发展张秋木版年画,保护是基本前提,创新也同样必不可少。因此,要注重在题材和形式等方面与时俱进,在继承传统工艺的同时提倡科学创新,追求功能上的多元化,提高年画市场竞争力。一方面,要保持着传统意蕴与文化价值取向,不能一味地为适应市场而舍弃传统精神内涵;另一方面,也要充分利用市场的导向作用,不断融入现代审美取向,注重形式的多样化、现代化,题材的时代化、事实化,以适应不同消费人群、不同审美情趣的人群的需求,从而实现遗产保护与经济开发的良性互动。[2]

(三)发挥高校作用,深化学术研究

高校不但有着传播知识、教书育人、科学研究的责任,更有着服务地方、传承文化的重任。将民间传统艺术引入专业师生课堂,不但起到优化高校课程设置、丰富教学内容的作用,更能对系统研究、再现民间艺术以及培养、稳定、扩大民间技艺传承队伍有着至关重要的意义。[3] 地方高校更应结合自身的专业实际,充分挖掘当地的优秀民间艺术,对其进行抢救性研究,夯实非遗保护和传承的理论基础。

山东艺术学院作为国内较早设立年画专业的艺术院校,在年画教学、研究、创作等方面一直走在全国前列。2019 年 4 月,山东艺术学院依托丰富的年画资源,发挥自身专业和人才优势,组建年画艺术研究中心,成立"年画雕版博物馆"。聊城大学作为当地唯一的一所综合性大学,在年画保护和研究方面也取得了显著成绩。聊城大学美术学院的张宪昌教授一生都痴迷于木版年画,研究、整理、保护东昌府区木版年画 30 多年,为木版年画的发展作出了重要的贡献。2011 年 11 月,聊城大学美术学院艺术设计系首次开设"东昌木版年画"艺术课程,聘请当时已经 78 岁的东昌木版年画老艺人陈庆生走进学生专业课堂,为学生讲解和传授雕刻技法,《聊城日报》《齐鲁晚报》《人民日报》等对此均做了报道。2012 年 1 月,东昌府木版年画保护传承基地在聊城大学揭牌成立,在保护、研究、传承和发展东昌府区木版年画方面发挥了积极作用。此外,聊城大学美术学院还有众多年轻学者从事与年画有关的研究,这些都为木版年画的保护和传承奠定了坚实的基础。

(四)加强学校教育,培养后备人才

传统文化是民族精神和情感的重要载体,是世代相传的文化财富。在校学生是社会未来的接班人,是社会发展的主力军,乐于接受和学习新生事物,具有一定的知识素养和创新意识,是文化传承和发展的新生力量。文化遗产如果能够得到学生群体的关注和认可,其可持续发展便有了保证。相关部门和传承人应通过举办讲座和展示等活动,加大木版年画在高校课堂和学生群体中的宣传力度。同时,

① 卜凡《非遗保护与开发的创新性思考——以木版年画为例》,《戏剧之家》2020 年第 24 期。
② 乔华军《聊城张秋木版年画研究》,聊城大学硕士学位论文,2014 年,第 38 页。
③ 乔华军《聊城张秋木版年画研究》,聊城大学硕士学位论文,2014 年,第 39 页。

也可以考虑在中小学美术课或第二课堂活动中,增加木版年画的相关知识教育,邀请传承人进校园对学生进行指导,推广和传承木版年画艺术。

(五)实施生产性保护,打造特色旅游品牌

在传统木板年画的传承上,山东潍坊的杨家埠首先将非物质文化遗产的文化资源与旅游产业相结合,取得了丰厚的成果。杨家埠围绕木版年画、风筝等国家非遗项目,立足当地木版年画文化、风筝文化、郑板桥书画文化等资源,建立了拥有20多个旅游景点的"杨家埠民俗大观园",园区内主要从事民间传统工艺的展览与销售,有杨家埠风筝、木版年画、剪纸等工艺品。在旅游产业的带动下,杨家埠已发展成为当前中国最大的木板年画产地,杨家埠木板年画也成为潍坊民俗文化的重要标志。①

张秋古镇历史悠久,非物质文化遗产资源丰富。传统技艺方面,主要有木版年画、张秋炖鱼、景阳冈酒酿造、张秋壮馍等;民间舞蹈方面,有阳谷顶灯台、张秋抬阁等;民间美术方面,有剪纸、蓝印花布等;民间文学方面,有显惠庙传说、任疯子传说、黑龙潭的传说、戊己山的传说、挂剑台的传说等;民俗文化方面,有任大仙庙会等。近年来,张秋镇把大力发展文化旅游产业作为转方式调结构的优先方向和促进消费升级的关键所在,不断开拓新认识和新思路,展现新动力和新作为,努力把文化旅游产业打造成动力产业、民生产业和幸福产业。张秋木版年画具有鲜明的地域特色和独特的艺术价值,经过一定的开发和宣传,其丰富的文化内涵、精致的外在形态等都可以转化为旅游资源的优势。我们可以尝试采取生产性保护的方式,对其进行适度开发,将文化资源转化为经济效益。要将张秋木版年画打造为当地特色文化符号和旅游标志,并以年画为元素,设计创作主题文化衫、旅游纪念品等附加产品,形成特色文化旅游品牌。

年画是民间艺人和农民群众经过长期的实践而形成的具有独特风格、群众喜闻乐见的一种艺术形式。我们应该继承和发扬民间年画的传统,用传统年画的形式来表现新内容,取其精华,提高它的表现力。② 张秋木版年画自元代从晋南传入,已有600余年的历史,至今仍与人们的生活息息相关,依然绽放着灿烂的光彩。它不但自成系统、特点显著,而且具有重要的艺术价值和较高的经济、文化价值。加强对其研究和保护,有着重要的历史和现实意义,也是我们义不容辞的责任和义务。

① 尼玛旺青《民族民间传统技艺传承与保护之策——河南开封朱仙镇木板年画的传承策略探究》,《民族大家庭》2016年第1期。
② 史忠民主编《传统美术》,山东友谊出版社,2008年,第35页。

第八节 传统技艺的保护与传承：
以聊城牛筋腰带制作技艺为例

牛筋腰带，又名凉带，是山东聊城的传统产品，也是全国独产的民间工艺品。它精选鲁西优质上等牛皮筋为原料，经手工切割、编织等多道传统工艺精心手工编制而成。牛筋腰带具有清凉透气、束腰健身的独特效能，其疏密相间、制作精美、古朴典雅的外观式样深受人们的喜爱，具有较高的使用价值、艺术价值和收藏价值。在聊城众多的特色产品之中，牛筋腰带做到了传统与现代的完美结合，呈现出浓浓的地方特色，成为聊城传统手工艺品中的佼佼者，更是名声在外的一张亮丽名片。本节在探讨聊城牛筋腰带发展历史及工艺特点的同时，重在分析其传承现状及存在的问题，并在此基础上提出传承和发展的具体举措与建议。

一、聊城牛筋腰带概述

牛筋腰带，又名"凉带"，是东昌府区独有的一种纯手工民间传统工艺品之一，始创于清初，成熟于乾隆年间，现主要分布于东昌府城区南部古运河两岸的凤凰工业园、凤凰办事处及古楼办事处、柳园办事处等地。[①] 相传乾隆八年（1743），乾隆皇帝南巡至东昌府，当地官员将牛筋腰带呈献给乾隆皇帝，乾隆皇帝细观其带，呈漆黑或深棕色调，坚实硬挺，典雅大方，堪称民间极品，遂钦赐"御封"，因此，牛筋腰带又名"乾隆带"。[②] 后又几经传承，改进工艺，成为百姓喜爱和馈赠亲朋好友的民间艺术精品。牛筋皮带在当地又被称为"凉带"。据说清宣统年间有个民间艺人，利用马尾编织方格花的蝇甩子，一位制皮匠人的妻子渔家女受到启发，在马尾编结和织网技法相结合的基础上，创制了牛筋编结腰带，给丈夫系上，解脱了丈夫在炎炎夏日扎宽皮腰带之苦，后人将这种宽窄不同的透花腰带，称为"凉带"。[③]

牛筋腰带选用鲁西优质黄牛皮、牛筋为原料，经过浸泡、净皮、刀割成线、手工纺织、挤压整形、手工着色等多道工序精心加工而成。其花样繁多，有"单鱼鳞""双鱼鳞""菊花""一条龙""金钱花""五带龙"等数十个品种。牛筋皮带以花纹细腻、色泽美观著称，具有清凉透气、束腰健身的独特效能，使用方便，男女皆宜，久用能防止皮炎，具有很高的实用价值和较好的保健作用。牛筋腰带为手工切割、手工编织，历史悠久，古朴典雅，做工精细，具有较高的文化品位和收藏价值。从欣赏的角

---

① 李宗伟主编《山东省省级非物质文化遗产名录图典》（第2卷），山东友谊出版社，2012年，第316页。
② 陈清义《聊城运河文化研究》，山东画报出版社，2013年，第254页。
③ 于平主编《传统技艺》，山东友谊出版社，2008年，第189页。

度看牛筋腰带花样众多,颜色各异,以疏密得当的点线构成简洁明快的图案、舒展大方的造型,配以黑或深棕的色调,给人以古朴大方之美感,又具有较高的艺术价值和审美价值。①

民国时期,牛筋腰带受到上海、北京、天津等大城市人们的喜爱,当时在聊城即有许多个体分散制作的作坊,但其技术、原料均受到各方面的限制,发展比较缓慢。1956年,莘县皮麻社开始生产牛筋腰带,人员300名,加工点十几处。1957年,聊城县建立文具腰带生产合作社,同年销往日本500打,反映良好。1959年,该社产品被国家定为正式产品,并注册商标"古楼"牌。1964年,茌平县被服厂增加了牛筋腰带生产。多年来,产品畅销全国各地,并远销日本、新加坡缅甸、菲律宾、马来西亚、印度尼西亚等国家。1979年,年产达105万条(莘县、茌平因原料问题停产),厂外加工近3000户,成为当地家庭副业的主要来源。② 1979年,由文具腰带生产合作社发展而成的聊城工艺美术厂,创出以杭产丝弦为原料的杭弦腰带。1985年,还建立了莘县工艺品厂,恢复牛筋腰带生产,注册商标为"燕塔"牌。③ 近年来,郑怀仁、张庆洪、梁成贵、邹福智、张元杰等人在继承传统制作工艺的基础上,注重运用现代科技手段,特别是对着色工艺进行了改进,增强色彩的附着力和耐磨性,提高了产品的内在品质,生产工艺和部分花型获得了国家专利。产品现已远销北京、上海、石家庄等大中城市和港澳地区,以及东南亚等国家和地区,创造了可观的经济效益。④

二、传承和发展现状

牛筋腰带不仅是聊城的传统产品,也是全国独有的民间工艺品。从王公大臣的奢侈品到寻常百姓的消费品,牛筋腰带凝聚了一代又一代聊城人的智慧结晶,传承至今,从未断代。目前,牛筋腰带制作技艺已传至第五代,其中第一代为邓氏,生卒年月不详,东昌府区古楼办事处邓园村人。第二代为周氏,男,生卒年月不详,柳园办事处前罗庄村人。第三代为张庆洪,男,1921年7月出生,凤凰街道办事处张飞村人。第四代为张元杰、梁成贵、邹福智等人,第五代为张亚文(女)、梁丽(女)、史延昌等人。⑤ 2006年,牛筋腰带制作技艺被列入聊城市第一批非物质文化遗产名录。2011年,被列入山东省第二批非物质文化遗产名录。

目前东昌府区有4家牛筋腰带制作企业,都集中在凤凰工业园张飞村,分别为

---

① 李宗伟主编《山东省省级非物质文化遗产名录图典》(第2卷),山东友谊出版社,2012年,第316页。
② 曲东涛主编《山东省二轻工业志稿》,山东人民出版社,1991年,第139页。
③ 于平主编《传统技艺》,山东友谊出版社,2008年,第190页。
④ 陈清义编《聊城运河文化研究》,山东画报出版社,2013年,第255页。
⑤ 2020年11月17日,对牛筋腰带制作技艺省级传承人张元杰的访谈。

梁成贵的聊城御封工艺腰带制品厂、张元杰的聊城市圣帝御封牛筋腰带厂、邹福智的聊城市东昌御封牛筋腰带厂和米保坤的聊城市米氏牛筋腰带厂。近年来,梁成贵的聊城御封工艺腰带制品厂成为生产传统牛筋腰带的专业厂家。该厂在充分挖掘传统历史工艺的基础上,不断对其改进和完善,先后开发出"老板带""鸳鸯带""一条龙""乾隆带""金钱花"等数种图案花色的系列产品,在国家专利局注册了生产工艺专利和 4 个产品花型专利,现又研制开发出百余种花色的真皮领带与之配套组合,极大地促进了该项技艺的传承和发展。[①]

牛筋腰带制作工艺属于非物质文化遗产中的传统技艺类,有悠久的发展历史,在聊城地区有很好的民间基础,自产生之日起基本没有间断,它的技术成果表现为一种具体的产品,并有较好的使用价值,这对它的保护和弘扬来说是非常有利的条件。另外,我们还应该看到,这项手工工艺,特别是其中的关键环节,

图 5-7 聊城牛筋腰带

目前也在逐渐发生变化,正在对它的发展造成一种潜在的威胁。例如,割皮条这道关键工艺,仍然用手工加工的越来越少,使用机器加工的越来越多,加工成本低、速度快、产量大,是企业生产的方向。目前在聊城制作牛筋腰带,越来越集中到几家企业中来。作为企业生产讲究的流水作业,现在虽然大多数工序仍由个体加工户手工作业,但一个加工户往往只承担某一工序,如过去那样一个家庭作坊完全加工全过程的就越来越少,这对完整地保留这项传统工艺是极为不利的。[②] 在当今时代,日益发达的机械化生产,带来了高利益和高效益,却也成了制约传统手工业发展的致命伤,牛筋腰带同样也不例外。如何改变这一现状,保持传统技艺的真实性和完整性成为亟待解决的大问题。

三、传承与发展举措

当代社会的飞速发展以及国家对优秀传统文化的重视,为非遗语境下民间传统手工艺的当代传承创造了丰富的条件,同时也拓展出新的发展思路。结合当代

175

---

① 于平主编《传统技艺》,山东友谊出版社,2008 年,第 190 页。

② 于海广主编《探寻、追忆与再现:齐鲁地区非物质文化遗产调查与研究》,山东大学出版社,2007 年,第106 页。

的新思想、新文化环境、新传播媒介、新技术以及新成果,民间传统手工艺应突破传统观念,改革传授形式;充分发挥互联网、市场以及政府等在推广传播方面的优势;合理运用新技术继承前人的精湛技艺,启示后人青出于蓝;不断加强交流合作,学习国内外同行的经验,开启新的发展格局。针对聊城牛筋腰带制作技艺的保护、传承和发展,笔者认为可以采取以下措施。

(一)加大宣传力度,提供政策扶持

民间工艺的传承与发展是一项需要长期坚持的工作,短期内很难见到明显的成效,需要全社会的广泛参与。首先,政府积极发挥主导作用,依托相关法律法规,结合牛筋腰带自身实际情况,建立完善保护机制。其次,政府在资金方面提供一定的支持,以此调动非遗传承人的积极性和创造性。最后,更重要的是各界联合发力。学界作为传统工艺的研究者,应该深入挖掘传统技艺的内涵和价值,为政府相关部门的决策提供科学的理论依据;同时,网络、电视、报纸等媒体应加强牛筋腰带制作技艺的普及和宣传工作,打造聊城独一无二的文化名片,唤起整个社会的非物质文化遗产保护意识,扩大聊城牛筋腰带的影响力和知名度。

(二)以人为本,切实保护传承主体

非物质文化遗产最大的特点在于它的"非物质"性,在没有形成具体形态的物质之前,它通常只是作为一种知识、文化或技艺存在于非物质文化遗产持有者的头脑中。只有匠人通过不同的形式将存在于知识层面的技艺、文化表现出来才能让人们感受到它真实存在。非物质文化遗产与物质文化遗产相比最大的不同在于传承的"活态性",只要将传承人保护好,这些非物质文化遗产就不会消失。面对越来越多的年老一代去世、年青一代不愿传承这一青黄不接的局面,政府、学界应该积极参与。一方面为非遗传承人从事传承工作提供力所能及的帮助和支持,为其免除后顾之忧;另一方面,深化理论研究,介绍多方经验以指导牛筋腰带的保护实践,促进传统技艺得到更好的保护、传承和发展。另外,还要引导专家、企业家、行业协会等多元主体参与到民间工艺的传承与发展中来,齐心协力扭转民间工艺逐渐衰落的趋势。此外,当前我国非遗传承人政策更多指向代表性传承人,更多的传承群体被忽视,不利于非遗的传承发展。聊城牛筋腰带除代表性传承人外,还有众多家庭或个人从事生产工作。应建立范围更广的传承人受益机制,切实保障传承群体的权益。

(三)实施生产性保护,兼顾企业效益

非物质文化遗产生产性保护是指在具有生产性质的实践过程中,以保持非物质文化遗产的真实性、整体性和传承性为核心,以有效传承非物质文化遗产技艺为前提,借助生产、流通、销售等手段,将非物质文化遗产及其资源转化为文化产品的保护方式。[①] 非物质文化遗产的生产性保护大多用于传统技艺、传统医药等非遗项目。"生产性保护"作为非物质文化遗产保护的基本方式和重要理念,其宗旨是"以保护带动发展,以发展促进保护"。其出发点和落脚点都是非物质文化遗产的保护与传承,其实质是使非物质文化遗产走可持续发展道路,处理好保护与发展之间的关系,以保持非物质文化遗产的生命力。针对牛筋腰带传统制作工艺日益受到破坏、关键环节逐渐发生变化这一现状,在其保护和传承过程中,我们可以尝试采用"生产性保护"的理念和策略。在对传统工艺实施原生态保护的基础上,兼顾企业经济效益,保障非遗传承人的利益诉求,最终实现非遗保护和企业发展的良性互动。

(四)创新传承体制,培养后备人才

传统工艺产业是一门注重发挥个性创造能力的产业,其保护和传承离不开专业性的人才。当今社会,民间工艺作为一种集审美、艺术、实用于一体的技艺形式早已超出其"唯经济"的价值取向,这种技艺形式需要纳入主流教育范畴,开展专业人才的培养,培养手工艺大师,使民间工艺的传承由原来单一的"学徒制"传授模式向"学校制"和"学徒制"相结合的双重传授模式转变,最终使其得以更好地传承与发展。可以由企业出资,政府提供一定支持,在职业院校和中小学课堂中开设相关课程,在培养后备人才的同时,也在一定程度上为牛筋腰带做了推广和宣传。

(五)拓展营销渠道,创新发展理念

传统农耕时期,民间手工艺制作的大多是日常生活用品,与百姓的生活息息相关,如竹编、彩陶、剪纸等。时至今日,生活用品的类型更加丰富,生产方式大多被机械化生产所取代,传统民间手工艺的生存空间变得狭小。"适者生存"的发展规律不仅适用于大自然,同样也适用于传统手工艺。所以当代手艺人一方面需要持续不断地淬炼自身的技艺,另一方面还需要在前人技艺的基础上结合新时代的日常所需、新材料、新工艺技术,不断改良前人技艺中的不足,创作出种类更丰富、百姓更喜欢的手工产品。

许多民间传统手工艺濒临失传,或已失传,其主要原因之一就是市场的日趋萎缩,不能支撑手艺人的正常生活,所以被迫转行。手艺人的作品只有进入市场,被大家使用并喜欢,才能证明其优秀。所以成熟健康的销售推广渠道是传统手工业发展的关键。牛筋腰带生产厂家在保护生产工艺、提高产品质量的同时,需要加强与电商平台、政府各类传播渠道、新闻媒体界、行业协会的通力合作,积极拓展销售渠道。通过参加政府相关部门、业界相关协会以及各类相关研究团体组织的研讨会、培训班、考察活动、展览会等活动,借此掌握国内外同行的研究现状与最新成果,开阔专业视野,了解未来的发展趋势,及时发现自身的不足,并借鉴同行的成功

---

① 汪欣著《中国非物质文化遗产保护十年(2003—2013年)》,知识产权出版社,2015年,第189页。

经验,积极拓展营销渠道,调整发展策略。针对牛筋腰带生产分散、市场规模小、销售渠道不畅等问题,可以尝试建立"生产合作社",明确责任分工,吸纳更多农村人员加入,扩大生产规模。还可以与聊城相关旅游景区合作,提供非遗展示平台或产品销售场所,提高牛筋腰带的知名度,占据更大的市场份额,由此推动此项技艺的传承发展。

工业社会各种文化对传统手工艺文化的冲击与破坏是当前传统手工技艺传承和保护困难的原因之一。适应当代社会文化发展的需要,重建传统手工艺文化是促进当前手工业发展的必要工作之一。作为聊城传统文化重要内容之一,牛筋腰带历经数百年的发展演变,在取得长足发展的同时,也面临诸多问题和挑战。我们要加大宣传力度,健全和完善保护机制,努力培养后备人才,同时,积极拓展销售渠道,创新发展理念,最终使这项传统技艺在新时期得到更好的保护、传承和发展。

第九节 传统中医药文化的保护与传承: 以济宁二仙膏为例

传统中医药文化是中华民族文化的重要组成部分,经过2000多年的传承与发展,孕育出了璀璨丰硕的成果,今天仍以其丰富的内涵与现代医学发展趋势相吻合,而且已传播到世界许多个国家和地区,成为服务于全人类生命健康的宝贵资源,为全世界、全人类的健康发展做出积极的努力。中国传统医药是我国非物质文化遗产中具有特色的重要部分。中国传统医药不仅得到了中华各族人民的尊重、热爱并延续,事实上,中医药这个伟大宝库里的许多内容,已成为现代科学发展创新的源泉,其现实价值日益凸现。

济宁二仙膏为济宁百年老字号"广育堂"独有的经典产品,该产品为国家首批中药保护品种,国内独家生产。它以中国传统医学理论为支撑,讲究滋补强身、阴阳调和,同时兼具扶正祛邪的功效,是养生文化与传统医药的有机结合,具有很大的历史文化价值。2014年,二仙膏古法制作技艺被列入第四批国家级非物质文化遗产名录,成为国宝级产品。本节在探讨济宁二仙膏发展历史及工艺特点的同时,重在分析其传承和发展现状,提出具有针对性的传承和发展策略。

一、济宁二仙膏发展概述

广育堂是由御医徐春甫的弟子李广育于明朝万历六年(1578)在济宁创建的药铺,堂号的寓意是"广济世、育众生",距今已有440多年的历史。明代万历年间,"一体堂宅仁医会"创始人御医徐春圃的得意门生李广瑜携御医《古今医统》《蠢斯广育》等著作,在济宁创建中医坐堂药店,创建了中华百年老字号济宁"广育堂",其创始人李广瑜也因此被当地群众称为"李广育"。万历十八年(1590),济宁广育堂等四家药材行栈被太医院册定为宫廷用药特供药栈,广育堂因而声名鹊起。到清乾隆年间,广育堂所开创培育的二仙膏被征为皇家用药,更是名声大振。光绪十一年(1885),济宁广育堂的部分经验方载入《京都广育堂医药局经验方集》刊印成册。鼎盛时期的广育堂在北京、沈阳、重庆、南京、西安等地设有分号,在曲阜也设有分号,孔府历代衍圣公及家人只从这家药铺里抓药。"广育堂"培养的名老中医和生产加工中药饮片的人才遍布各地。民国时期的"国医大师"孙镜朗,济宁名医王作人长期在"广育堂"坐诊行医,"广育堂"的良方精药行销大江南北,例如西安"广育堂"药铺,尤以特制之砂药为最著名,患者服用多有奇效,畅销九州,曾获得万国博览会大奖。

二仙膏为"广育堂"经典古方,在明清时期,有多种医籍载有此类组方,唯独二仙膏的组方巧妙,将古方"二仙胶"(《杂病源流犀烛》卷八)和"神仙不老丸"的组方思路创新发展为阴阳双调的虚症良药。二仙膏制作工序繁杂,要求也极为苛刻,制作要经过选药、炮制、浸泡、发酵、煎煮、浓缩、收膏、存放熟化、品评、灌装等13道工艺、99道工序。它采用龟、鹿"血肉有情之品",贯通任督二脉,另配以人参、黄芪、何首乌、山药、枸杞、核桃仁、黑芝麻、丹参、五味子、远志、地黄等多种中草药,具有调理阴阳,补益气血,填精益髓,强筋壮骨之功。凡肝肾虚弱、气血亏损、劳伤虚损、因虚不孕、久病体衰、大病待复、神智不振等症,皆可服用。二仙膏滋阴而不滋腻,助阳而不燥烈,是阴阳气血具补的滋补良药。

二仙膏古法制作技艺具有唯一性和独特性,蕴涵着丰富的科技基因,是宝贵的非物质文化遗产,具有重要的科学价值。它在传统膏方炮制手段的基础上,采用了类似生物技术的技艺,充分保留了药材中最有价值的活性物质和各种营养成分。2012年,二仙膏古法制作技艺被列入山东省第三批非物质文化遗产名录。2014年11月,被列入第三批国家级非物质文化遗产名录。2016年4月,二仙膏古法制作技艺示范保护区入选山东省级非物质文化遗产生产性保护示范基地。2018年,二仙膏传统工艺被列入首批国家传统工艺振兴目录。

二、保护及传承现状

广育堂历经明代、清代、民国、新中国,经久不衰,"广济世、育众生"的精神代代相传。1956年,国家实行公私合营,广育堂传人李氏家族将广育堂药号所有资产与祖传秘方全部无私地献给国家,和城里的几家药铺一起成立了国营的济宁市药材站国药加工厂,后更名为"济宁市中药厂",成为鲁西南地区最大的中成药生产基地、山东省五大中药厂之一。2002年7月,广育堂国药总经理杜新磊将企业改制为"山东方健制药有限公司",并在 2009 年征地 150 多亩,在济宁高新区建设新工业园区。2018 年,公司正式更名为"广育堂国药有限公司"。

近年来,为促进二仙膏古法制作技艺保护、传承和发展,广育堂公司做了大量工作。公司通过申报二仙膏古法制作技艺非物质文化遗产,促进了二仙膏古法制作技艺保护工作的尽快落实,推动了公司保护与管理制度的建设;对二仙膏传承保护工作进行了全面规划、科学研究、申报科研成果多项、申请国家专利 3 项;进行知识产权保护,分别在内地和香港注册了"广育堂"和"二仙膏"的商标。建立和完善二仙膏古法制作技艺生产作坊;设立了二仙膏古法制作技艺保护生产区,进行了二仙膏古法制作技艺的传承培训,由传承人亲自授课;为使珍贵的古方典籍重新焕发生机,广育堂成立了中药古方创新公司和中药炮制传承中心,将广育堂明朝、清朝、民国时期传承的一些古方剂,整理出 1180 个,其中就包括经典古方二仙膏;组织传承人和中医药专家整理和编写了二仙膏古法制作技艺培训教材;制订了二仙膏古法制作技艺非物质文化遗产项目五年保护计划,并规划了建设二仙膏养生文化园等系列保护工作。

三、保护措施及实践

我国对于非物质文化遗产的保护主要采取抢救性保护、生产性保护、整体性保护这 3 种方式。其中"生产性保护"主要应用于传统技艺、传统美术、传统医药等领域。① 非物质文化遗产的"生产性方式保护"是指在不违背传统手工生产规律和运作方式,保证其本真性、整体性、手工核心技艺和传统工艺流程的前提下,使传统技艺、传统医药等非遗项目在创造社会财富的生产活动中得到积极有效的保护。②

生产性保护是在我国非遗保护工作进程中应运而生的,体现分类保护和科学保护的原则。这一保护方式的产生体现了我国政府在非遗保护工作方面的独创性,也与联合国教科文组织《保护非物质文化遗产公约》的精神相一致。《保护非物质文化遗产公约》对非物质文化遗产保护的定义是:"确保非物质文化遗产生命力的各种措施,包括这种遗产各个方面的确认、立档、研究、保存、保护、宣传、弘扬、传承(特别是通过正规和非正规教育)和振兴。"《保护非物质文化遗产公约》还明确指出:要不断使非物质文化遗产得到"创新"的同时,使非物质文化遗产的拥有者具有一种认同感和历史感,从而促进文化多样性和人类的创造力。联合国《保护和促进

---

① 邱春林《手工技艺保护论集》,《非物质文化遗产保护理论与方法丛书》,文化艺术出版社,2018 年,第 85 页。

② 张方鹏《传统医药非物质文化遗产"二仙膏古法制作技艺"生产性保护和传承的初步实践》,载《世界中医药学会联合会中医药传统知识保护研究专业委员会第一届学术年会暨中国中医科学院第二届中医药文化论坛论文集》,2012 年,第 73 页。

文化表现形式多样性公约》则提出要坚持"经济和文化发展互补原则"以及"可持续发展原则"。生产性保护方式是这两大原则精神的体现。

生产性保护以保持传统工艺流程的整体性和核心技艺的真实性为原则,尊重非物质文化遗产传承发展的规律,其出发点和落脚点都是非物质文化遗产的保护与传承。这与当前社会上普遍流行的工艺品的产业化开发不同,非物质文化遗产生产性保护虽然倡导项目保护单位或企业采用现代产业化模式,参与市场竞争,但与一般的文化产业有本质的区别。它不以市场需求、利益最大化为导向,不能为追求利润而肆意改变传统的技艺方式和生产模式,尤其不能以机械化取代手工技艺。① 针对二仙膏古法制作技艺的保护、传承和发展,笔者认为可以采取以下措施。

(一)加大政策支持,完善保护机制

在生产性保护实践中,政府为项目保护单位提供政策扶持,如为传承人使用天然原材料、珍稀原材料提供帮助和支持,鼓励和支持传承人在传承传统技艺、坚守传统工艺流程和核心技艺的基础上对技艺有所创新和发展;支持和帮助代表性传承人开展产品宣传,为代表性传承人提供技艺展示、产品销售的渠道和平台等。为项目保护单位建设和完善基础设施是政府的另一项重要职能。各级政府有计划地建设一批非物质文化遗产生产性保护基础设施,为代表性传承人提供必要的生产、展示和传习场所。②

真正做好非物质文化遗产保护和传承工作,制定非物质文化遗产保护和传承的计划与制度最重要,成立专门传统医药非物质文化遗产传承办事机构,建立有效的工作协调机制是保障。同时要正确认识文化遗产和知识产权的关系,处理好传统与现代、文化与医术、公共遗产资源与个人发明创造、局部与整体的关系。在开展生产性方式保护工作中,一定要坚持保护非遗项目的手工制作技艺和传统工艺流程这一重要标准,这是开展此类非遗项目保护工作的底线。同时,应更加关注"生产过程",关注蕴含和体现非物质文化遗产核心技艺和文化内涵的生产环节。在生产实践过程中,如果我们一旦冲破这一底线,一旦项目的制作工艺被完全机械化,完全被现代工艺所取代,那将会断送这些非物质文化遗产的生命,从而也就丧失了它的文化价值和精湛技艺的魅力。

在对二仙膏古法制作技艺的生产性保护措施中,广育堂公司保存了完整的工艺流程;在二仙膏研究创新中,尽量避免使用现代化设备和化学制剂;为确保产品质量,公司建设了二仙膏原料生产供应基地,切实保证二仙膏生产原料的安全性。建立和完善二仙膏古法制作技艺生产作坊、设立了二仙膏古法制作技艺生产保护

① 汪欣著《中国非物质文化遗产保护十年(2003—2013年)》,知识产权出版社,2015年,第189页。
② 汪欣著《中国非物质文化遗产保护十年(2003—2013年)》,知识产权出版社,2015年,第189~190页。

区,制订了二仙膏古法制作技艺非物质文化遗产项目五年保护计划。广育堂公司采取的这些措施,无疑为我们提供了很好的经验和启示。

(二)完善中药保护制度,实施完整性保护

中药有着悠久历史,在现阶段具有自身独特的发展规律。与西药来源于实验室不同,中药多来源于传统药方、验方。传统药方、验方是前人在医疗实践活动中经过反复验证的、临床安全有效的中药组方,包括经典医籍上记载的组方以及世代传承的祖传秘方等。传统药方、验方是中药品种产生和发展的源头,目前临床使用的中药品种,其组方多为中医经典医籍记载的组方、世代传承的祖传秘方,或根据现代临床需求在上述经典方剂的基础上进行药味的加减而成。随着现代知识产权制度的出现以及市场经济的发展,对传统药方、验方这一中药品种之源的不当占有、滥用、误用、弃用的现象时有发生,如将药方经过简单修改而重新申请专利,或为降低成本不严格按照药方的要求进行生产。① 针对这一情况,相关部门要设立传统中药保护名录,对传统药方、验方进行完整保护,即严格按照组方中规定的剂量、药材来源、使用的工艺等进行生产,确保其传统特色优势。首先,由相关管理部门负责制定传统中药保护名录,并明确进入名录的标准。其次,对进入保护名录的中药品种,生产企业需严格依照名录标准生产,如采用传统经方,使用与传统习惯相一致的炮制、加工方法或生产工艺,使用道地药材等。

中国传统医药是我国非物质文化遗产保护的重要内容。中国传统医药蕴含了中华各民族特有的价值观念、思维方式、想象力和文化意识,在其传承发展的历史长河中,形成了特有的认知思想、诊疗方法、用药技术等,具有系统性、完整性、高度文献化以及广泛传播的鲜明特征。② 传统医药类非物质文化遗产按照来源进行分类,可以分为中医、藏医、蒙医等非物质文化遗产;按照知识起源与传承脉络进行分类,可分为生命与疾病认知、炮制技术、正骨疗法等。传统医药的类别不同,内容构成也不同,如正骨疗法项目,基本上是由核心理念、手法(包括了具体的操作、姿势等)、器具、外用药、内服药等组成;而炮制技术则由理念、原料、辅料、温度(核心的内容)、工序等组成。对济宁二仙膏古法制作工艺的保护,不仅要保护其生产工艺和药方、验方,还要加强对其理念及思想的保护,这对于对济宁二仙膏古法制作技艺的保护、传承和发展具有至关重要的意义。

(三)在保护和传承的前提下,合理进行开发利用

生产性保护非物质文化遗产在实际开展过程中需审慎处理保护传承与开发利用的关系。保护是原则,开发必须服从保护工作的需要;开发不是要去改变非物质

182

① 高建美、宋晓亭《中药品种保护制度应适应中药发展规律》,《世界科学技术——中医药现代化》2017年第2期。
② 中国非物质文化遗产保护中心编《中国非物质文化遗产普查手册》,文化艺术出版社,2007年,第105页。

文化遗产的内涵,而是重点去开发市场;尤其是开发不能一味求大、求新、求全,而要尊重历史、呵护传统。非物质文化遗产的生产和产品流通方式原本就是多元化的,既有纯手工生产,也有手工与简单机械相结合的生产;既有自产自销,也有产销分离;既有家族小作坊式生产,也有公司化专业化生产。因此,文化部始终强调,生产性保护要把保护放在首位,尊重历史上已经形成的生产方式和销售方式的多样性,坚持传统工艺流程的整体性和核心技艺的真实性,不能急躁冒进,不能随意改变非物质文化遗产的传统生产方式。[1]

中药有其自身独特的发展规律,多来源于传统药方、验方,临床实践是中药不断进行创新的途径。即使是同一中药品种,药材及生产工艺不同,中药的品质也大不相同,故药材及工艺控制是中药保持完善的重要手段。[2] 二仙膏古法制作技艺属于传统医药类非物质文化遗产,对其进行生产性保护首先要明确传统医药保护的内容,保护其所传承的核心内容保持不变。目前传统医药类非物质文化遗产传承发展中的功利主义倾向比较严重,发掘整理急功近利,对传统医药的疗效过于苛求,许多时候把注意力集中于药物开发的经济效益,而忽视其保健价值和文化意义。有时对传统医药资源随意滥用,过度开发,最终自我贬值,自我毁弃。

当然,强调生产性保护,并不是说不可以对其进行创新。中医药首先是作为医学而存在,要治病救人,就要与时俱进,不断发展提高。在二仙膏古法制作技艺的传承和创新中,我们要体现以保护促发展,通过继承求创新的理念和思路。在二仙膏药材古法炮制中要求药材提前进行闷药(发酵),夏天 3~6 小时,春秋天 4~8 小时,冬天 5~12 小时,促进药材有效成分内部转化。在对传统技艺进行创新发展中,发现古法炮制中含有现代生物酶工程技术的元素,闷药实质就是进行发酵(关键控制点:酵母菌种,发酵时间、温度)。用经过严格筛选的中草药物打成 5~10 目粉末,接入菌种和纯净水,装入发酵罐,进行厌氧发酵,利用外源水解酶有明显的增质效果,不仅可提高二仙膏出膏率和有效成分含量,还有增加多糖和氨基酸等品质成分含量,以及改善外形色泽和内质香味等综合品质效应。发酵后既提高了药效,还保证了有益菌的活性。中药材发酵比传统中药工艺具有明显的革命性改变,是对传统中药技术的革命性提升。

(四)切实发挥传承人的作用,努力培养后备人才

在《国家级非物质文化遗产代表性项目名录》已公布的 5 批 10 类别 1557 项国家级非遗项目中,传统医药有 138 项,占 8.86%,与中医药在我国传统文化中的重要地位并不相称。中国传统医药的方剂、疗法不下 10 万种,而国家级非遗项目却

---

① 邱春林《手工技艺保护论集》,《非物质文化遗产保护理论与方法丛书》,文化艺术出版社,2018 年,第82~83 页。

② 高建美、宋晓亭《中药品种保护制度应适应中药发展规律》,《世界科学技术——中医药现代化》2017 年第 2 期。

只有 100 余项,中医药传承断层导致很多中医药项目没有得到很好的传承与发展。非物质文化遗产是活态传承,所以传承人的作用非常重要。在济宁二仙膏的保护和传承中,我们要重点保护掌握二仙膏古法制作技艺的老工人,发挥他们的"传帮带"作用;进行二仙膏古法制作技艺的传承培训,培养年轻一代的二仙膏古法制作技艺生产和管理人才。

保护和传承中医药,不仅是弘扬民族文化、服务人类生命健康的需求,也是建设社会主义先进文化,强身健体,实现中国梦的需求。中医药是中华民族在同疾病的斗争中,逐渐发展形成的地地道道的原创医学,为中华民族的繁衍昌盛和民众的健康福祉立下了不朽的功劳。济宁二仙膏所代表的传统医药工艺,有着不可估量的历史文化价值。通过对济宁二仙膏等传统医药类非物质文化遗产的保护,能够提高公众对于中医文化核心价值的认知度,并建立一整套保护制度,最终实现对中医药文化的价值提升和合理利用。

第十节　传统民俗的保护与传承：
以临清歇马亭庙会为例

临清地处山东省西北部,漳卫河与古运河交汇处,与河北省隔河相望,是山东西进、晋冀东出的重要门户。明清时期临清凭借大运河漕运兴盛而迅速崛起,成为当时中国 33 个大城市之一,素有"富庶甲齐郡""繁华压两京""南有苏杭,北有临张"的美誉。民俗是人们在社会生活中世代传承、相沿成习的生活模式,它是一个社会群体在语言、行为和心理上的集体习惯。运河的流经促进了南北文化的交流和融合,使得民俗文化丰富多样、绚烂多彩。在临清众多民俗活动中,以歇马亭庙会最具有代表性。本节在论述临清歇马亭庙会历史变迁的同时,重在分析其发展现状及存在的问题,并在此基础上提出传承和发展的具体举措与建议。

一、临清歇马亭庙会概述

庙会,亦称"庙市",唐代已有,临清庙会一般在寺庙所在地举办,利用神祇、社火、神戏招徕顾客,是工商业者开展城乡贸易、进行物资交流的一种手段。民国《临清县志》记载:"临清庙会不一而足,如城隍庙则正月腊月及五月二十八日均有会,五龙宫则三月三有会,歇马厅则四月初有接驾会,碧霞宫则九月初有会。乡间之会黎博店在二月中旬,小杨庄在三月下旬,各会当中以西南关之四月会最大,邻近县于庙会前后均来赶趁,名曰'进香火',全市商业社会繁华所关甚巨。"①

临清歇马亭,又称"歇马厅",位于临清市东郊古运河岸边,始建于明嘉靖年间,因外地香客前往泰山进香,常在此驻马停歇,故名。地方志中称其为"岱宗驻节"。康熙《临清州志》记载岱宗驻节,俗称"歇马厅",在东水门外。东水门大致位于临清城区东南方向,为至东岳朝山、进香的必经之地。"外邑香客经此先过醮发楮马,谓之'信香',而州人之朝山者,姻友携酒蔬,互相饯逢于此。"②乾隆《临清州志》记载岱宗驻节:"在东水门外,俗称'歇马亭',明嘉靖三十年,鸿胪寺序班秦闿建。国朝顺治十七年,道士等募金重修。乾隆四十八年,州人傅淳等募金重修。"③民国《临清县志》记载歇马厅在城东南汶河北岸,为碧霞元君停驾之所,"旧历四月一日有接驾会,游人潮涌,香火极盛,与泰山神会相衔接"④。

图 5-8　临清歇马亭庙会

诗人臧克家在 20 世纪 30 年代曾到过临清,并写下散文《四月会》,通过他的记述我们能够更加细致地了解昔日场景。正会在四月初一开始,前一天即三月三十为接驾日,男女老幼伴着此起彼伏的阵阵锣鼓声,扭着花涌向进德会,接驾的大轿即停在此处。来自各乡镇的各种会亦云集此地,有 70 样以上,如渔樵会、云龙会、

① 张自清修,王贵笙纂:民国《临清县志·礼俗志五·游艺》,中国地方志集成·山东府县志辑第 95 册,凤凰出版社,2004 年,第 186 页。

② (清)于睿明修,胡悉宁等纂:康熙《临清州志》卷 2《庙祀》,载临清市人民政府编《临清州志》,山东地图出版社,2001,第 64 页。

③ (清)王俊修:乾隆《临清州志》卷 11《寺观志》,载临清市人民政府编《临清州志》,山东地图出版社,2001年,第 468 页。

④ 张自清修,王贵笙纂:民国《临清县志·建置志三·宗教类》,中国地方志集成·山东府县志辑第 95 册,凤凰出版社,2004 年,第 104 页。

武术会、音乐会、船会、太狮会、杠箱会等。每种会都有鼓乐导引,并打着长竿挑起的大旗小旗,有红色的、白色的、方形的、三角形的不等,旗帜上面写着会名和"接驾"两个大字。所谓"接驾"即到城外的歇马亭迎接碧霞元君回临清,接到后再进行一番游街串巷狂欢,最后返回歇马亭碧霞元君庙。①

历史上,歇马亭碧霞元君庙曾在鲁西、冀南、山西、河南乃至东北等大范围内享有盛誉。可惜的是,古歇马亭庙在 1964 年废圮。1993 年,临清市筹资近 200 万元,在古歇马亭原址上重现了昔日宫观风采。所修复的歇马亭紧靠古运河,绵亘 1000米许,总面积 4 万平方米。其主体建筑为圣母殿、玉皇殿、碧霞宫、王母宫等。各殿内塑有碧霞元君、关公等 30 余尊雕像,神态各异,栩栩如生。每年农历的三月三十当天仍会举行泰山奶奶接驾庙会。届时有上万人前来祭拜,场面甚是壮观。2011年,临清歇马亭庙会被列入聊城市第三批市级非物质文化遗产名录。

二、庙会的现状及问题

随着经济的高速发展,包括庙会文化空间在内的传统文化面临着危机。一方面,由于其自身特点,不能随着外界经济社会环境的变化而及时得到调整适应,慢慢消亡成为历史发展的必然;另一方面,这些传统文化资源越来越为经济发展所利用,成为一些地方政府和开发商的摇钱树,导致对文化遗产过度开发和利用,更加速了其消亡。近年来,临清歇马亭庙会在以政府为主导的各方努力下,其保护工作取得了一些成绩。然而,不可否认的是,其同样存在着产业化发展所带来的问题。

一是缺少民俗文化特色。庙会上大多是各种常见的小吃,如麦芽糖、米糕、臭豆腐、兰州拉面、烤羊肉串、肉夹馍等,临清当地的特色小吃很少。虽然在庙会上也有一些民俗文化产品,但大多与庙会关系不大,富有临清特色的民俗文化产品很少,能将临清传统与现代相结合的民俗用品或旅游纪念品几乎找不到。此外,庙会上的食品安全问题也很突出。其中,食品加工、流通、餐饮都有,固定门店、流动摊贩齐全,散装食品、预包装食品、现场制售食品花样繁多,经营者来源分散、素质不一,甚至成为"傍名牌"食品、"三无"食品的集散地。

二是缺少文化新意。农历三月三十庙会这一天,当地民众会举行泰山老奶奶"出行巡驾"活动。"出行巡驾"就是抬着泰山奶奶神轿,游走于临清各大街巷胡同,巡驾队伍前面是众多的社火开道引导。此外,还有踩高跷、扭秧歌、临清驾鼓、舞龙、舞狮等各种民间艺术表演活动。虽然庙会内容不断丰富,来自临清及周边各地的艺术团体前来表演,但是年复一年的演出并无变化,并没有随着社会的发展融入时代的新元素。

---

① 臧克家编《臧克家全集》(第 5 卷),时代文艺出版社,2002 年,第 100 页。

三是形式主义严重。走进庙会，身处密密麻麻的人群之中，感受到了热闹和喜庆的氛围。现今的庙会大多是在表面做文章，看似熙熙攘攘，却满足不了人们日益增长的精神需求，对于传统文化的展现、庙会文化空间的传承与发展并没有起到有效的推动作用。

四是庙会参与者的年龄比例失调。前来赶庙会的大多是老年人，年轻人很少。老年人对于庙会具有一定的情感基础，庙会是他们那个年代唯一的文娱活动，而年轻人出生在新时代，各种电子科技、网络媒体等都充实了他们的闲暇时光，使得他们对传统庙会文化并不感兴趣。

三、庙会文化的保护与传承

庙会文化是我国传统民俗文化的一部分，多出现在农村，它是一种极其复杂、古老而又新鲜的社会文化现象，它既是宗教的，又是世俗的，充分反映了农民群众长期积淀形成的思想意识、价值观念、行为方式和心理态势。庙会文化具有明显的两重性，常常是民间文化精粹与封建迷信糟粕交织在一起，所以在很长一段时间里，它一直被单一地看作封建迷信活动而限制发展。随着时间的推移，庙会文化渐渐失去本色，那些属于文化精粹的部分也被慢慢淡化，保护和传承庙会文化已刻不容缓。针对临清歇马亭庙会文化的保护、传承和发展，笔者认为应采取以下措施。

(一)加大宣传推介，增强庙会的影响力

庙会文化是历史的见证，是历史研究的重要依据，对研究人类社会的发展有重要意义，经过几百年的传承，大部分文化遗产被传了下来，但也有很多在沧桑的岁月中被一点点遗漏了，究其原因，就是没有一个系统的传承方式。我们要对临清歇马亭庙会的文化内涵进行大力宣传和发扬，让更多的人认识到文化遗产保护的重要性、必要性和紧迫性，在全社会形成良好的舆论氛围。各界人士都需要参与到文化宣传的队伍中来。学术界需要相关论文的发表和书籍资料的出版，不论是专业人士还是普通大众皆能从书籍资料中习获庙会文化空间的知识。可以在生态保护区外建设能够展示庙会文化空间的展览馆、文化馆、艺术馆等，方便市民平时学习和参观。加强相关设施建设，随时随地展示传统文化，促进民众的文化交流，营造良好的文化氛围。比如在十字路口的空闲地带建设民俗文化展示台，里面设置电子屏幕等相关设施，方便民众查阅资料、学习和探讨，渗透到市民的日常生活中，更好地进行庙会文化空间的传承与保护。

(二)加强思想教育，增强民众保护意识

文化空间得以存在和发展最根本的原因是其具有丰富的文化内涵和与时俱进的文化特性，也是我们传承和保护的关键所在。对文化空间深层次的精神内涵需要进一步挖掘，宣传力度需要进一步加大，全民保护意识需要进一步建立，从而最

大限度地增强庙会文化的社会影响力,促进文化空间传承体系的完善。文化遗产来源于民间又为民众所用,民众才是文化遗产的创造者和传承者。文化的传承和保护必须依赖于广大民众,民众的自觉主动性保护才是真正有效的保护。扩大文化遗产的影响力,关键要看民众的认识和吸收能力,只有广大民众增强文化自觉意识,增强文化的民族意识和忧患意识,才能避免庙会文化空间的消亡。

(三)加强政策引导,完善法律法规

2005 年国务院办公厅在《关于加强我国非物质文化遗产保护工作的意见》中明确提出:"正确处理保护和利用的关系,坚持非物质文化遗产的真实性和整体性,在有效保护的前提下合理利用,防止对非物质文化遗产的误解、歪曲或滥用。在科学认定的基础上,采取有力措施,使非物质文化遗产在全社会得到承认、尊重和弘扬。"这给我国非遗保护工作提供了总体的指导方针。

法律是加强文化保护的必要手段,庙会文化空间相关法律法规及政策的实施,有利于进一步规范庙会文化商品及展品、庙会文化主题活动、寺庙维护等。歇马亭庙会作为聊城境内现存不多的具有广泛影响力的庙会之一,是我国非物质文化遗产的有机组成部分,是山东地区传统文化活动和传统文化表现形式的重要载体,是传统文化延续和发展的土壤。只有不断深刻地挖掘庙会文化的精神内涵并随时代发展合理创新,依靠广大民众的自觉传承,同时坚持适度原则,以文化保护为主,处理好经济发展和文化保护这一对矛盾体,才能真正做到对庙会文化空间的传承和保护,使中华民族优秀传统文化代代相传、源远流长。

(四)在保护的前提下,进行合理开发和利用

一个成功文化产品的魅力在于其鲜明的特性和独特的文化特点,庙会文化只有植根于传统文化土壤里,汲取民族文化养料,才能显示出独特的魅力。"庙会是民间文化集中展示的一个场所,还是群众性的一个主要的狂欢性活动,这种活动是其他活动无法替代的。庙会经济实际上是附加的,不是主要的,传统文化才是庙会的主要价值。"[1]临清歇马亭庙会的发展应首先要立足于本地区的传统文化,多打一些文化品牌,不断发掘其特有的历史文化溯源,探索庙会文化背后蕴含的中华民族共有的道德信仰、审美情感和生活体验,通过传播庙会的历史、风俗、文化,讲述相关传说、故事、歌谣等,汲取古代文明的精髓,传递哲理智慧,将临清歇马亭庙会打造成带有地域特色的文化节。

在现代化的今天,传统文化元素遭遇新时代的挑战,但是文化的根是不会改的。我们可以运用现代的手法对传统的、能改进的一些元素进行加工,创造出属于

---

① 刘彤、高焕璋《北京庙会的现状、问题与对策分析》,《北京印刷学院学报》2010 年第 5 期。

现在这个时代的特色中国文化。① 临清歇马亭庙会应随着社会、经济、文化的进步和发展,不断创造出能够满足群众消费需求,更具时代特色和持续力的新型文化产品,开发出更多百姓喜闻乐见的活动,如引入"文化周""旅游节""交流月"等新型文化交流活动;同时,借助现代化手段与商业创新,打造临清庙会文化的传播品牌,扩大其影响力、辐射力和覆盖力,形成一种富有活力、与时代精神相契合的新型文化,将庙会经济融入现代社会的文化氛围之中。

　　近年来,随着非物质文化遗产文件的相继提出,世界范围内掀起了认识和保护非物质文化遗产的热潮。伴随着文化空间类遗产保护工作的进一步开展,愈来愈多的庙会被列入了各级非物质文化遗产名录。临清歇马亭庙会不缺乏文化资源,缺乏的是把文化资源优势转化为经济社会效益的能力。政府相关部门应提高对庙会的重视程度,充分肯定其文化、经济价值,重视庙会对于保护传统民俗文化资源的作用。同时,大胆借鉴其他省市举办庙会的产业化、市场化运作方式,尝试引入社会资本,完善配套设施,加强庙会管理,改善庙会环境,为庙会的发展提供更好的条件,使其由民众自发的民俗活动真正转变为政府规范引导的"民俗文化节",从而为当地经济社会发展作出更大贡献。

---

① 廖华英、鲁强《基于文化共性的中国文化对外传播策略研究》,《华东理工大学学报(社会科学版)》2010 年第 2 期。

结　语

　　中国大运河作为中国重要的线性、活态遗产和文化遗产廊道,不仅留下了丰富的物质文化遗产,而且留下了内涵丰富的非物质文化遗产。这些非物质文化遗产是运河两岸人民世世代代创造性的精神积累,是运河流域人民 2000 多年文化与智慧的积淀与浓缩。① 当然,并不是运河区域内所有的非物质文化遗产都可以归纳到"大运河非物质文化遗产"名下,必须看其是否与运河有着直接或间接的关系。② 大运河非物质文化遗产是指由大运河生产、生活方式孕育而产生的,或者其内容反映大运河生产、生活方式的,或者其形成、传播依赖于运河环境和大运河相关的各种传统文化表现形式与文化空间。③ 作为运河文化的重要载体,它根植于运河民间,与沿线民众的生活紧密相连,是运河文化遗产中不可替代的重要组成部分。④

　　大运河山东段全长 643 千米,位于大运河中枢地段,文物古迹众多,文化底蕴深厚,在大运河文化保护、传承和利用中具有十分重要的战略地位。大运河山东段文化遗产现存丰富、涉及面广,是一个随时代不断发展变化的动态遗产体系,蕴含着众多不同类型、不同层次的文化遗产,是极其宝贵的文化遗产宝库。⑤ 运河区域内非遗数量庞大,类型众多,基本上涵盖了非物质文化遗产的全部类别,涉及的内容既包括与运河本体、功能等直接相关联的部分,也包括衍生、形成、发展于运河沿线的非物质文化遗产。⑥ 按照遗产种类划分,山东运河区域的非物质文化遗产可以分为民间文学,音乐舞蹈,传统戏曲,传统体育、游艺和杂技,传统美术,传统技艺,传统医药和运河民俗八大类。

　　运河民间文学主要包括运河诗文、传说与歌谣。运河沿岸流传着众多的民间传说和歌谣,它们是运河沿岸民众的集体记忆和文化宝库,生动地记录了运河的历史变迁,形象地反映了运河沿岸地区的生产生活和风土民情。山东运河沿岸代表性的故事传说主要有武城四女寺的传说、临清运河"铁窗户"的传说、聊城东昌湖古桥的传说、晒书台的传说、张秋黑龙潭的传说、白英老人的传说、济宁梁祝传说等。此外,还有武城运河民谣、枣庄女娲神话等颇具代表性的民间文学作品。

---

①　田青著《田青文集》第 4 卷《非遗保护与"原生态"》(上册),文化艺术出版社,2018 年,第 117 页。
②　姜师立编著《中国大运河文化》,中国建材工业出版社,2019 年,第 273 页。
③　李永乐、杜文娟《申遗视野下运河非物质文化遗产价值及其旅游开发——以大运河江苏段为例》,《中国名城》2011 年第 10 期。
④　王雁《运河文化带建设背景下大运河山东段非遗的旅游开发研究》,《山西青年》2021 年第 4 期。
⑤　徐奇志、王艳《大运河(山东段)文化遗产及其活态保护》,《理论学刊》2018 年第 6 期。
⑥　王雁《运河文化带建设背景下大运河山东段非遗的旅游开发研究》,《山西青年》2021 年第 4 期。

　　音乐和舞蹈都是反映人类现实生活情感的一种表演艺术,二者关系极为密切,传统舞蹈中一般会伴随有音乐的演奏。运河区域的音乐与舞蹈是运河非物质文化遗产的重要组成部分,是沿岸民众审美情趣和生活方式的生动体现。历经千年、贯通南北的大运河,在促进中国古代音乐、舞蹈的繁荣兴盛,南北音乐、舞蹈文化的交流与传播方面起到了不容忽视的作用。山东运河沿岸地区代表性的音乐、舞蹈主要有德州水兽旱船、武城抬花杠、武城运河船工号子、临清五鬼闹判、聊城伞棒舞、台儿庄渔灯秧歌、枣庄四蟹抢船、嘉祥唢呐、济宁仙鹤舞、平阳寺火虎等。

　　戏剧是由演员将某个故事或情境,以对话、歌唱或动作等方式表演出来的艺术。曲艺是中华民族各种“说唱艺术”的统称,它是由民间口头文学和歌唱艺术经过长期发展演变形成的一种独特的艺术形式。大运河为戏曲的形成和发展提供了素材和土壤,促进了戏曲文化的南北交融,奠定了戏曲繁荣的物质基础。在戏曲的传播和发展过程中,运河的作用功不可没。山东运河沿岸地区代表性的传统戏剧、曲艺主要有夏津马堤吹腔、武城柳子戏、临清京剧、聊城八角鼓、临清时调、临清琴曲、山东快书、鲁南花鼓、枣庄柳琴戏、微山湖端鼓腔等。

　　传统体育、游艺与杂技是非物质文化遗产中的一个独特种类,由三种具有相通性的小类别组合而成。其中,游艺主要指流传在民间生活中的嬉戏娱乐活动,也称为游戏或玩耍;传统杂技则主要指活跃在民间的一种带有技巧性和表演性的娱乐方式,在我国历史上,传统杂技主要有广场杂技、高空杂技、魔术、滑稽表演、马戏、驯兽等形式;传统体育则更多的是指健身、修身养性、表演或自娱自乐的运动,有的具有一定的竞技性,有的则不具有突出的竞技性,其中,又以传统武术最具有代表性。传统体育、游艺与杂技作为传统深厚、历史悠久的民间娱乐活动,在运河沿岸地区有着广泛的群众基础,其中较有代表性的有德州安家拳、聊城杂技、临清肘捶、临清潭腿、梁山武术、任城查拳、枣庄吴氏八极拳等。

　　传统美术是指人民群众创作的,以美化环境、丰富民间风俗活动为目的,在日常生活中应用、流行的美术。传统美术是人类文化生活的一个重要组成部分,体现中华民族文化精神和审美意识的最普遍的表现形态,对中国社会生活和民族文化艺术有着无法估量的重要意义。山东运河沿岸地区传统美术种类繁多,包括服饰、刺绣、剪纸、雕刻、玩具、面塑、漆器、竹编、陶器、盆栽等等,从生活用品到生产器具,无所不包。代表性的传统工艺美术主要有东昌木版年画、张秋木版年画、东昌葫芦雕刻、济宁面塑、滕县松枝鸟、峄城石榴盆景栽培等。

　　传统技艺指历史上传承下来的手工业技术与工艺。传统技艺与人们的衣食住行用等日常生活和社会生产密切相关,既具有现实的使用价值、经济价值,又具有很高的审美艺术价值、人文价值和历史价值。传统手工艺是以手工劳动为基础的技艺表现形式。每一件手工艺制品都是一次独立的技艺创造过程,这是传统技艺有别于大机器工业化生产的最独特、最显著的特性。传统技艺种类、数量繁多,是非物质文化遗产的大宗。山东运河沿岸地区具有代表性的传统技艺主要有德州扒鸡制作技艺、东昌刻版印书业、临清贡砖烧制技艺、东昌运河毛笔制作技艺、临清千张袄织造技艺、临清哈达织造技艺、济宁玉堂酱菜制作技艺等。

传统医药属于传统民间知识体系中的一个重要组成部分,是与古代社会文化密切相连的医学实践,是宝贵的非物质文化遗产。传统医药是人类在长期实践与探索中以理论、信仰和经验为基础,以不同文化为背景,无论可否解释,逐步形成的保健和疾病预防、诊断、改善、治疗的知识、技能和实践的总称。传统医药和医学技能亦是山东运河区域非物质文化遗产的重要组成部分,在历史的积淀和民众的长期实践下,涌现出东阿阿胶、临清健脑补肾丸、济宁二仙膏等具有代表性的产品和成果,至今还在医药生产和医疗实践中发挥着重要作用。

人们在开凿运河、创造历史的同时,也创造着历史的人和事,并萌生、发展、积淀成运河的民俗文化。民俗生活是一个历史的范畴,一个发展的概念。运河民俗,就是在运河开凿、经营的长期历史过程中逐渐形成的,是沿运民众自然、社会、精神等层面,自觉或不自觉遵循和认同的、重复进行的生活方式。从内容上看,主要包括生产习俗、生活习俗、商贸习俗、宗教信仰习俗、民间游艺习俗、民间禁忌习俗六大类。山东运河区域代表性的民俗类非物质文化遗产主要有临清歇马亭庙会、微山县夏镇泰山庙会、微山湖渔家婚俗、枣庄青檀庙会、台儿庄运河渔灯节等。

山东沿运地区非物质文化遗产种类多样,资源丰富。近年来,各级政府部门围绕非遗的保护和传承做了大量工作,取得了显著成效,但仍存在一些问题和不足。随着运河职能的转变,运河文化生态发生了巨大变化,一些与运河相关的非物质文化遗产受到越来越大的冲击。一些依靠口授和行为传承的文化遗产正在不断消失,许多传统技艺濒临消亡,随意滥用、过度开发非物质文化遗产的现象时有发生,对运河沿岸非物质文化遗产进行抢救和保护已经刻不容缓。为了促进运河非物质文化遗产得到更好的保护和传承,我们应努力增强保护意识、完善保护机制,在保护运河生态环境的同时,对非物质文化遗产以及与其表现形式相关的实物和场所实施整体性、综合性保护。

山东运河区域非物质文化遗产分布较为集中,且已有部分非遗得到一定程度的开发和利用,根据这一实际情况,非物质文化遗产的保护应遵循以人为本、整体保护、活态保护、民间事民间办、原真性保护、濒危遗产优先保护、保护与利用并举等原则。非物质文化遗产是我国深厚的历史积淀与文化遗存,承载着我国各民族的历史记忆,构成了中华民族文化的基因,具有很高的旅游价值。近年来,运河沿岸旅游已初具规模,各地都在充分挖掘运河文化,开展各具特色的运河旅游项目。非遗旅游开发是一项艰巨而复杂的系统工程,开发过程中需要全方位的调研和审视,做到恰到好处的开发,尽量避免肤浅开发和过度开发的情况发生,因此,就需要在非遗旅游开发时坚持原真性、可持续发展、市场化开发等原则。山东运河非物质文化遗产的保护和开发须立足山东实际,彰显山东特色。在加强统筹协调、避免重复建设的前提下,鼓励有条件的地区建立具有地域特色的非物质文化遗产专题博物馆或非物质文化遗产综合馆等传承活动场所,采用城市 RBD、舞台展演、主题公园、节庆活动、文化生态保护区等模式传播非物质文化遗产项目,活跃群众文化生活,共享文化发展成果。针对运河非遗旅游开发中存在的宣传力度不够、旅游开发层次较低、旅游开发各自为政等问题,山东沿运各地应加强宣传推介,正确处理保护与开发的关系,在推动区域合作的同时,大力发展运河文化旅游,创新运河非遗旅游产品,在深度开发和系统整合基础上,最终实现非遗保护与旅游开发的有机结合、良性互动和可持续发展。

　　山东运河历史积淀深厚,文化遗产丰富,文化潜能巨大。大运河申遗的成功给了山东一个向全国人民、向世界人民展示自己历史文化底蕴、彰显城市文化实力的良好机遇,加快培育独具特色的山东运河文化,推动运河文化的大繁荣大发展是历史的选择,也是时代的呼唤。必须用世界文化遗产的标准来重新认识大运河,从历史、文化、经济、生态等方面重新审视山东运河物质和非物质文化遗产的价值,既要倍加珍惜和爱护运河文化遗产,也需要合理地开发和利用,发挥其应有的历史文化与社会经济价值,让山东运河文化绵延不断、生生不息。

附　录

附表1　山东运河区域民间文学类非物质文化遗产一览表

（共计 69 项）

序号	遗产名称	申报地区或单位	所属批次
1	四女寺的传说	武城县文化局	德州市第一批
2	姑嫂坟的传说	武城县文化馆	德州市第二批
3	鲁班传说	聊城市光岳楼管理处	聊城市第一批
4	仁义胡同传说	聊城市傅斯年陈列馆	聊城市第一批
5	秃尾巴老李的传说	东昌府区、阳谷	聊城市第一批
6	堠堌冢的传说	东昌府区	聊城市第一批
7	武松的故事	阳谷县	聊城市第一批
8	凤凰山传说	东阿县	聊城市第二批
9	王灵官的传说	阳谷县	聊城市第二批
10	任疯子的传说	阳谷县	聊城市第二批
11	迷魂阵的传说	阳谷县	聊城市第二批
12	王汝训的故事	东昌府区	聊城市第二批
13	神仙度狗铺的传说	东昌府区	聊城市第二批
14	古柳树的传说	阳谷县	聊城市第三批
15	骆驼巷的传说	阳谷县	聊城市第三批
16	临清塔的传说	临清市	聊城市第四批
17	紫石街的传说	阳谷县	聊城市第四批
18	博济桥的传说	阳谷县	聊城市第四批
19	大明御史刘魁的故事	聊城市文化馆	聊城市第五批

序号	遗产名称	申报地区或单位	所属批次
20	大禹治水的传说	宁阳县文化馆	泰安市第二批
21	沙河站的传说	东平县	泰安市第四批
22	槐抱椿的故事	宁阳县文化馆	泰安市第六批
23	"鲁义姑"传说	宁阳县文化馆	泰安市第六批
24	灵山寺的传说	宁阳县文化馆	泰安市第六批
25	东平白佛山的传说	东平县东晟文化产业发展有限公司	泰安市第七批
26	周公嘉禾在宁阳的历史故事	宁阳县	泰安市第九批
27	孔孟之乡的梁祝传说	济宁市文化局	济宁市第一批
28	麒麟传说	嘉祥县	济宁市第一批
29	闵子骞传说	鱼台县	济宁市第一批
30	黄金塔的传说	汶上县	济宁市第一批
31	秃尾巴老李的传说	汶上县、梁山县	济宁市第一批
32	水浒人物故事	梁山县	济宁市第一批
33	梁山地名传说	梁山县	济宁市第一批
34	夏镇八景的故事	微山县	济宁市第二批
35	陷留城的传说	微山县	济宁市第二批
36	微山湖歌谣	微山县	济宁市第二批
37	孔子宰中都的故事	汶上县	济宁市第二批
38	仲子传说	微山县	济宁市第二批
39	秋胡戏妻的传说	嘉祥县	济宁市第二批
40	岳镇九的传说	嘉祥县	济宁市第二批
41	樊子迟的传说	鱼台县	济宁市第二批
42	宓子贱的传说	鱼台县	济宁市第二批
43	鲁隐公观鱼处的传说	鱼台县	济宁市第三批
44	水浒传说（扩展）	梁山县	济宁市第三批

序号	遗产名称	申报地区或单位	所属批次
45	微山民间传说	微山县	济宁市第五批
46	微山湖谚语	微山县	济宁市第五批
47	女娲传说	枣庄市群众艺术馆	枣庄市第一批
48	鲁班传说	滕州市	枣庄市第一批
49	石榴园传说	市群众艺术馆、峄城区	枣庄市第一批
50	奚仲造车传说	薛城区、滕州市	枣庄市第一批
51	张天师传说	滕州市	枣庄市第一批
52	秃尾巴老李传说	滕州市	枣庄市第一批
53	莲青山的传说	滕州市	枣庄市第一批
54	王怪物的故事	滕州市	枣庄市第二批
55	四孔鲤鱼的传说	滕州市	枣庄市第二批
56	龙山的传说	滕州市	枣庄市第二批
57	落凤山的传说	滕州市	枣庄市第二批
58	坛山道士的传说	峄城区	枣庄市第二批
59	仙人洞的传说	峄城区	枣庄市第二批
60	冯谖的传说	薛城区	枣庄市第二批
61	仲虺的传说	薛城区	枣庄市第二批
62	千山头的传说	滕州市（柴胡店）	枣庄市第三批
63	王良的传说	峄城区（古邵镇）	枣庄市第三批
64	刘伶传说	峄城区	枣庄市第三批（扩展）
65	范蠡隐居传说	薛城区（陶庄）	枣庄市第四批
66	许由泉的传说	薛城区	枣庄市第四批
67	九女坟的传说	台儿庄区	枣庄市第四批
68	马兰狗坟的传说	台儿庄区（马兰屯镇）	枣庄市第四批
69	穆柯寨的传说	台儿庄区	枣庄市第四批

附表 2　山东运河区域传统音乐类非物质文化遗产一览表

（共计 36 项）

序号	遗产名称	申报地区或单位	所属批次
1	运河号子	武城县文化局	德州市第一批
2	武城架鼓	武城县文化馆	德州市第二批
3	古琴艺术	德州市图书馆	德州市第三批
4	夏津民歌	夏津县	德州市第五批
5	武城运河民谣	武城县	德州市第五批
6	韩氏古筝	德城区	德州市第六批
7	道口铺唢呐吹奏艺术	东昌府区	聊城市第一批
8	临清驾鼓	临清市	聊城市第一批
9	临清琴曲	临清市	聊城市第一批
10	临清田庄吹腔	临清市	聊城市第一批
11	阳谷寿张黄河夯号	阳谷县	聊城市第二批
12	金氏古筝	临清市	聊城市第三批
13	古琴	聊城市古琴学会	聊城市第四批
14	琵琶	聊城市艺术馆	聊城市第四批
15	聊城古筝	聊城市古琴学会	聊城市第六批
16	宁阳朱氏唢呐	宁阳县文化馆	泰安市第一批
17	东平硪号子	东平县彭集镇陈流泽村	泰安市第二批
18	拉船号子	东平县	泰安市第五批
19	崔氏唢呐	宁阳县文化馆	泰安市第六批
20	鲁西南吹鼓乐	嘉祥县	济宁市第一批
21	梁山儿歌	梁山县	济宁市第一批
22	黄河号子	汶上县	济宁市第二批
23	夯歌	鱼台县、邹城市	济宁市第二批

（续表）

序号	遗产名称	申报地区或单位	所属批次
24	劳动号子（济宁运河号子、梁山夯歌）	梁山县	济宁市第三批
25	鲁西南吹鼓乐	济宁市群众艺术馆、微山县、梁山县、任城区	济宁市第四批（扩展）
26	济宁民歌	兖州区文化馆、济宁市群众艺术馆	济宁市第四批（扩展）
27	独弦琴	微山县	济宁市第五批
28	劳动号子（打排斧）	微山县	济宁市第五批（扩展）
29	唢呐（咔戏）	任城区	济宁市第五批（扩展）
30	鲁南吹鼓乐	枣庄市群众艺术馆、滕州市、薛城区	枣庄市第一批
31	软弓京胡艺术	山亭区、滕州市	枣庄市第一批
32	运河船工号子	枣庄市群众艺术馆、台儿庄区	枣庄市第一批
33	薛城唢呐	薛城区	枣庄市第二批
34	鲁南铜杆锡笛	峄城区	枣庄市第二批
35	鲁南铜管卡戏	峄城区（榴园镇）	枣庄市第四批
36	唢呐	峄城区	枣庄市第五批（扩展）

附表3　山东运河区域传统舞蹈类非物质文化遗产一览表

（共计29项）

序号	遗产名称	申报地区或单位	所属批次
1	抬花杠	武城县文化局	德州市第一批
2	跑驴	德城区文化局	德州市第一批
3	高跷	德城区文化局	德州市第一批
4	水兽旱船	德城区文化局	德州市第二批

（续表）

序号	遗产名称	申报地区或单位	所属批次
5	夏津后屯村架鼓舞	夏津县	德州市第五批
6	武城大祁庄地秧歌	武城县	德州市第六批
7	运河秧歌	东昌府区	聊城市第一批
8	道口铺龙头凤尾花竿舞	东昌府区	聊城市第一批
8	道口铺竹马	东昌府区	聊城市第一批
10	临清民舞"五鬼闹判"	临清市	聊城市第一批
11	临清洼里秧歌	临清市	聊城市第一批
12	顶灯台	阳谷县	聊城市第一批
13	周店舞龙	东昌府区	聊城市第二批
14	道口铺秧歌	东昌府区	聊城市第二批
15	冯圈竹马落子	临清市	聊城市第三批
16	龙灯（临清龙灯、朝城南关竹马龙灯）	临清市、莘县	聊城市第五批
17	二人斗	汶上县、任城区	济宁市第一批
18	嘉祥跑竹马	嘉祥县	济宁市第一批
19	嘉祥高跷	嘉祥县	济宁市第二批
20	跑竹马（扩展）	鱼台县	济宁市第二批
21	梅花桩舞狮子	梁山县	济宁市第三批
22	万仙阵	微山县	济宁市第五批
23	鲁南花鼓	台儿庄区	枣庄市第一批
24	独杆轿	峄城区	枣庄市第一批
25	渔灯秧歌	台儿庄区	枣庄市第二批
26	人灯舞	薛城区	枣庄市第二批
27	骨牌灯舞	薛城区	枣庄市第二批
28	运河竹马	台儿庄区（马兰屯镇）	枣庄市第三批（扩展）
29	峄县排鼓	峄城区	枣庄市第四批

附表 4 山东运河区域传统戏剧类非物质文化遗产一览表

（共计 21 项）

序号	遗产名称	申报地区或单位	所属批次
1	吹腔	夏津县文化局	德州市第一批
2	京剧	德州市京剧团	德州市第三批
3	武城柳子戏	武城县文化馆	德州市第四批
4	东昌弦子戏	东昌府区	聊城市第一批
5	四根弦	临清市	聊城市第三批
6	临清乱弹	临清市	聊城市第三批
7	山东梆子	聊城市梆子剧院	聊城市第四批
8	聊城大笛子戏	聊城市文化馆	聊城市第六批
9	宁阳木偶戏	宁阳县文化馆	泰安市第一批
10	四音戏	东平县文化馆	泰安市第一批
11	宁阳拉魂腔	宁阳县文化馆	泰安市第一批
12	宁阳县弦子戏	宁阳县文化馆	泰安市第一批
13	山东梆子	嘉祥县、梁山县、汶上县	济宁市第一批
14	枣梆	梁山县	济宁市第一批
15	柳子戏	嘉祥县	济宁市第二批
16	梁山吼	梁山县	济宁市第三批
17	山东梆子（扩展）	济宁市山东梆子剧院	济宁市第三批
18	柳子戏	汶上县文化馆、济宁市群众艺术馆	济宁市第四批（扩展）
19	柳琴戏	枣庄市艺术剧院、滕州市	枣庄市第一批
20	运河拉魂腔	台儿庄区	枣庄市第三批（扩展）
21	枣庄皮影	台儿庄区、市中区	枣庄市第三批（扩展）

附表 5　山东运河区域传统曲艺类非物质文化遗产一览表

（共计 33 项）

序号	遗产名称	申报地区或单位	所属批次
1	拉洋片	德州经济技术开发区	德州市第四批
2	高派山东快书	夏津县	德州市第六批
3	山东快书	临清市	聊城市第一批
4	临清时调	临清市	聊城市第一批
5	聊城八角鼓	东昌府区	聊城市第一批
6	谷山调	阳谷县	聊城市第一批
7	东昌木板大鼓	东昌府区	聊城市第二批
8	叶氏木板大鼓	聊城市高新区	聊城市第六批
9	端供腔	东平县文化馆	泰安市第一批
10	东平渔鼓	东平县文化馆	泰安市第一批
11	宁阳渔鼓	宁阳县文化馆	泰安市第二批
12	端公腔	微山县	济宁市第一批
13	渔鼓	任城区、汶上县	济宁市第一批
14	落子	任城区、金乡县、梁山县	济宁市第一批
15	八角鼓（济宁）	济宁市艺术研究所	济宁市第三批
16	山东快书	济宁市群众艺术馆、鱼台县	济宁市第三批
17	山东清音	鱼台县	济宁市第三批
18	山东渔鼓（扩展）	济宁市群众艺术馆	济宁市第三批
19	山东大鼓	鱼台县文化馆、济宁市群众艺术馆	济宁市第四批（扩展）
20	花鼓戏	嘉祥县文化馆、梁山县非遗保护协会、济宁市群众艺术馆	济宁市第四批（扩展）
21	山东琴书	济宁市群众艺术馆	济宁市第四批（扩展）

（续表）

序号	遗产名称	申报地区或单位	所属批次
22	坠子	梁山县非遗保护协会、济宁市群众艺术馆	济宁市第四批（扩展）
23	高派山东快书	薛城区	枣庄市第一批
24	傅派山东快书	枣庄市群众艺术馆	枣庄市第一批
25	运河大鼓	台儿庄区	枣庄市第一批
26	莲花落子	滕州市	枣庄市第一批
27	渔鼓	薛城区	枣庄市第二批
28	鲁南大鼓书	薛城区（陶庄镇）	枣庄市第三批
29	峄县评词	峄城区	枣庄市第三批
30	古邵渔鼓	峄城区（古邵镇）	枣庄市第二批（扩展）
31	犁铧大鼓	滕州市	枣庄市第五批
32	鼓儿词	滕州市	枣庄市第五批（扩展）
33	山东琴书（鲁南琴书）	峄城区、滕州市	枣庄市第五批（扩展）

附表 6　山东运河区域传统体育、游艺和杂技类非物质文化遗产一览表

（共计 55 项）

序号	遗产名称	申报地区或单位	所属批次
1	戊极大功力拳	德城区文化馆	德州市第四批
2	安家拳	德城区	德州市第五批
3	武城武子拳	武城县	德州市第五批
4	夏津杜氏太极拳	夏津县	德州市第六批
5	聊城杂技	聊城市	聊城市第一批
6	临清潭腿	临清市	聊城市第二批
7	临清肘捶	临清市	聊城市第二批

序号	遗产名称	申报地区或单位	所属批次
8	田庙查拳	东昌府区	聊城市第二批
9	流星锤	东昌府区	聊城市第三批
10	梅花桩拳	东昌府区	聊城市第四批
11	太极拳（陈氏太极拳）	东昌府区	聊城市第五批
12	聊城少林拳	聊城市文化馆	聊城市第五批
13	少林锁步锤	东昌府区	聊城市第六批
14	阳谷孙膑拳	阳谷县	聊城市第六批
15	青龙堂四节流星锤	聊城市度假区	聊城市第六批
16	宁阳斗蟋	宁阳县文化馆	泰安市第一批
17	中华子午门功夫	东平县非物质文化遗产中心	泰安市第二批
18	宁阳县孙氏古典戏法	宁阳县文化馆	泰安市第六批
19	宁阳二鬼摔跤	宁阳县	泰安市第八批
20	梁山武术	梁山县	济宁市第一批
21	文圣拳	汶上县	济宁市第一批
22	梁山中华子午门	梁山县	济宁市第二批
23	梁山梅花拳	梁山县	济宁市第二批
24	岳王拳	汶上县	济宁市第二批
25	独杆子轿	鱼台县	济宁市第二批
26	济宁杂技	济宁市杂技团、汶上县	济宁市第三批
27	查拳	济宁市查拳研究会、市中区、兖州市	济宁市第三批
28	昆仑拳	济宁市群众艺术馆	济宁市第四批
29	洪拳	梁山县非遗保护协会	济宁市第四批
30	二门洪拳	梁山县非遗保护协会	济宁市第四批
31	秘宗拳	梁山县	济宁市第五批
32	掌洪拳	梁山县	济宁市第五批

序号	遗产名称	申报地区或单位	所属批次
33	佛汉拳	梁山县	济宁市第五批
34	黄氏二郎拳	梁山县	济宁市第五批
35	太极拳（傅派陈氏太极拳、昆仑太极拳）	市直、任城区	济宁市第五批
36	扑拉袖拳	汶上县	济宁市第五批
37	抖空竹	任城区	济宁市第五批
38	查拳	市直、微山	济宁市第五批（扩展）
39	文圣拳	嘉祥县	济宁市第五批（扩展）
40	赶蛋、打瓦、打（腊）子系列	滕州市	枣庄市第一批
41	大洪拳	滕州市	枣庄市第二批
42	斗鹌鹑	薛城区	枣庄市第二批
43	抽陀螺	薛城区	枣庄市第四批
44	滚铁环	薛城区（陶庄镇）	枣庄市第四批
45	台儿庄王氏戏法魔术	台儿庄区	枣庄市第四批
46	运河酒令	台儿庄区	枣庄市第四批
47	张马亮、康大刀游戏	峄城区（坛山街道）	枣庄市第四批
48	回族武术	台儿庄区	枣庄市第四批
49	格六洲（格六州、搁六）	市中区、台儿庄区	枣庄市第五批
50	鲁班锁	滕州市	枣庄市第五批
51	狮子龙灯	峄城区	枣庄市第五批
52	"打腊子""猪拱堂"	峄城区	枣庄市第五批（扩展）
53	夹坊杨氏少林拳	台儿庄区	枣庄市第六批
54	墨家拳	滕州市	枣庄市第六批
55	狮子龙灯（台儿庄民间狮子龙灯游艺）	台儿庄区	枣庄市第六批（扩展）

附表 7 山东运河区域传统美术类非物质文化遗产一览表

（共计 84 项）

序号	遗产名称	申报地区或单位	所属批次
1	金丝帖	德州经济技术开发区	德州市第四批
2	木刻刀笔书画	德州经济技术开发区	德州市第四批
3	核雕	德城区	德州市第五批
4	姜存荣剪纸艺术	夏津县	德州市第六批(扩展)
5	东昌府木版年画艺术	东昌府区	聊城市第一批
6	东昌泥塑	东昌府区	聊城市第一批
7	剪纸艺术	东昌府区、冠县、茌平	聊城市第一批
8	张秋木版年画艺术	阳谷县	聊城市第一批
9	虎头鞋帽、香包手工技艺	东昌府区	聊城市第三批
10	金氏剪纸	东昌府区	聊城市第三批
11	临清木版年画制作技艺	临清市	聊城市第四批
12	阳谷烙画	阳谷县	聊城市第四批
13	飞白书	聊城市文化馆	聊城市第五批
14	东昌面塑	东昌府区	聊城市第六批
15	临清面塑	临清市	聊城市第六批
16	宁阳鸣虫葫芦	宁阳县文化馆	泰安市第二批
17	宁阳伏山剪纸	宁阳县文化馆	泰安市第二批
18	东平湖麻鸭蛋壳彩绘	东平县	泰安市第三批
19	东平湖莲子彩绘工艺	东平县	泰安市第三批
20	泰山糖画	东平县非遗保护中心	泰安市第四批
21	东平面塑	泰安东科科技信息有限公司	泰安市第六批
22	东原泥塑	东平县文学艺术界联合会	泰安市第六批
23	宁阳宁氏木雕	宁阳县文化馆	泰安市第六批

序号	遗产名称	申报地区或单位	所属批次
24	宁阳苏家石刻	宁阳县文化馆	泰安市第六批
25	宁阳秦氏羽沾画制作技艺	宁阳县文化馆	泰安市第七批
26	宁阳许氏面塑	宁阳县文化馆	泰安市第七批
27	宁阳徐氏砖雕技艺	宁阳县文化馆	泰安市第七批
28	宁阳吴氏陶塑	宁阳县	泰安市第八批
29	宁阳玄氏陶艺	宁阳县	泰安市第八批
30	宁阳福葫芦	宁阳县	泰安市第八批
31	宁阳王氏剪纸	宁阳县	泰安市第九批
32	嘉祥石雕	嘉祥县	济宁市第一批
33	木版年画	鱼台县	济宁市第一批
34	吉祥字组画	任城区	济宁市第二批
35	泥人唐	任城区	济宁市第二批
36	民间虎饰	汶上县	济宁市第二批
37	蝌蚪文字	汶上县	济宁市第二批
38	微山湖民俗绘画	微山县	济宁市第三批
39	水浒故地乡俗画	梁山县	济宁市第三批
40	葫芦制作技艺（葫芦雕刻、模具葫芦）	任城区文化馆、微山县文化馆、鱼台县文化馆	济宁市第四批
41	泥塑	任城区文化馆	济宁市第四批
42	剪纸	任城区文化馆、邹城市文化馆、济宁市群众艺术馆	济宁市第四批（扩展）
43	刺绣（绣球制作）	任城区文化馆	济宁市第四批（扩展）
44	木雕	嘉祥县文化馆	济宁市第四批（扩展）
45	面塑	汶上县文化馆	济宁市第四批（扩展）
46	麦秸画	微山县	济宁市第五批
47	布贴画	鱼台县	济宁市第五批
48	线光画	市直	济宁市第五批

（续表）

序号	遗产名称	申报地区或单位	所属批次
49	内画	任城区	济宁市第五批
50	烙画(烙画、葫芦烙画、丝绢烙画)	任城区、邹城市	济宁市第五批
51	刺绣	兖州市、任城区、汶上县	济宁市第五批(扩展)
52	面塑	微山县、邹城市	济宁市第五批(扩展)
53	木版年画	微山县	济宁市第五批(扩展)
54	泥塑	泗水县、邹城市、梁山县	济宁市第五批(扩展)
55	滕县松枝鸟	滕州市	枣庄市第一批
56	洛房泥玩具	薛城区	枣庄市第一批
57	张范剪纸	薛城区	枣庄市第一批
58	峄县剪纸	峄城区	枣庄市第一批(扩展)
59	民间书法	滕州市	枣庄市第二批
60	木雕	滕州市	枣庄市第二批
61	峄县根雕	峄城区	枣庄市第二批
62	侯桥石雕	峄城区	枣庄市第二批
63	滕州剪纸	滕州市	枣庄市第二批(扩展)
64	滕州石刻	滕州市	枣庄市第二批(扩展)
65	薛城石雕	薛城区	枣庄市第三批(扩展)
66	运河剪纸艺术	台儿庄区(马兰屯镇)	枣庄市第三批(扩展)
67	薛城刺绣	薛城区(周营镇)	枣庄市第三批(扩展)
68	泥塑	峄城区	枣庄市第三批(扩展)
69	张氏竹木雕刻	薛城区	枣庄市第四批
70	枣庄面塑	薛城区、市中区、台儿庄区	枣庄市第四批
71	周家葫芦烫烙技艺	台儿庄区	枣庄市第四批
72	台儿庄周氏陶瓷绘画工艺	台儿庄区	枣庄市第四批
73	运河板书字画	台儿庄区(邳庄镇)	枣庄市第四批
74	运河梁氏石刻脸谱手工技艺	台儿庄区	枣庄市第四批

（续表）

序号	遗产名称	申报地区或单位	所属批次
75	木版年画	滕州市、山亭区	枣庄市第五批
76	枣庄面塑	滕州市	枣庄市第五批（扩展）
77	刻瓷（焦氏刻瓷手工技艺、枣庄传统刻瓷技艺）	台儿庄区、市中区	枣庄市第六批
78	土陶（尚岩土陶、大赵庄土陶制作技艺、窑屋土陶、贺窑土陶）	市中区、滕州市、台儿庄区	枣庄市第六批（扩展）
79	剪纸（刁氏剪纸、鲁南兰祺剪纸、剪纸）	市中区、台儿庄、山亭区	枣庄市第六批（扩展）
80	木雕（莲青山桃木雕刻）	滕州市	枣庄市第六批（扩展）
81	根雕（李氏根雕技艺）	台儿庄区	枣庄市第六批（扩展）
82	葫芦雕刻（周氏葫芦刻绘）	薛城区	枣庄市第六批（扩展）
83	烙画（鲁南福禄堂烙画、葫芦烙画与雕刻艺术、宋氏葫芦制作技艺、运河赵氏烙画、烙画）	市中区、台儿庄区、山亭区	枣庄市第六批（扩展）
84	核雕（朱氏核雕）	薛城区	枣庄市第六批（扩展）

附表8 山东运河区域传统技艺类非物质文化遗产一览表

（共计 264 项）

序号	遗产名称	申报地区或单位	所属批次
1	德州黑陶	德州市物质文化遗产保护中心	德州市第一批
2	德州扒鸡制作工艺	德州市非物质文化遗产保护中心	德州市第一批
3	古埙制作工艺	德州市非物质文化遗产保护中心	德州市第一批
4	武城旋饼制作工艺	武城县文化局	德州市第一批
5	又一村包子制作工艺	德城区文化局	德州市第一批

（续表）

序号	遗产名称	申报地区或单位	所属批次
6	夏津小磨香油制作工艺	夏津县文化馆	德州市第二批
7	蛋壳陶、彩云陶制作工艺	德州先利黑陶研究所	德州市第二批
8	古贝春酒传统酿造技艺	武城县文化馆	德州市第二批
9	羊肠制作技艺	德城区文化馆	德州市第四批
10	夏津珍珠琪制作技艺	夏津县文化馆	德州市第四批
11	夏津白玉鸟饲养技艺	夏津县文化馆	德州市第四批
12	陶瓷印章制作技艺	德州经济技术开发区	德州市第四批
13	建志剪纸	德城区文化馆	德州市第四批（扩展）
14	夏津鸿熙居布袋鸡制作技艺		德州市第四批（扩展）
15	付氏京胡制作技艺	德城区	德州市第五批
16	永盛斋扒鸡制作工艺	德城区	德州市第五批
17	夏津宋楼火烧制作技艺	夏津县	德州市第五批
18	舜逸轩老榆木家具制作技艺	夏津县	德州市第五批
19	英翔眼镜手工制作技艺	德州市文化馆	德州市第六批
20	德州窑红绿彩	德城区	德州市第六批
21	武城锔盆锔碗技艺	武城县	
22	大漆传统髹饰技艺	德州市运河经济开发区	德州市第六批
23	西河大鼓伴奏铜板制作技艺	德州市运河经济开发区	德州市第六批
24	德州乡盛扒鸡制作技艺	德州市文化馆	德州市第六批（扩展）
25	夏津黑陶烧制技艺	夏津县	德州市第六批（扩展）
26	东昌葫芦雕刻	东昌府区	聊城市第一批
27	聊城牛筋皮带制作技艺	东昌府区	聊城市第一批
28	东昌运河毛笔制作工艺	东昌府区	聊城市第一批
29	沙镇云灯	东昌府区	聊城市第一批
30	东昌古锦制作工艺	东昌府区	聊城市第一批
31	道口铺龙灯制作工艺	东昌府区	聊城市第一批

序号	遗产名称	申报地区或单位	所属批次
32	马官屯泥人制作工艺	东昌府区	聊城市第一批
33	东昌陶器制作工艺	东昌府区	聊城市第一批
34	临清贡砖制作工艺	临清市	聊城市第一批
35	临清千张祆制作工艺	临清市	聊城市第一批
36	临清哈达制作工艺	临清市	聊城市第一批
37	阳谷哨	阳谷县	聊城市第一批
38	阳谷脸谱葫芦制作技艺	阳谷县	聊城市第一批
39	聊城铁公鸡制作技艺	东昌府区	聊城市第一批
40	东昌府沙镇呱嗒制作工艺	东昌府区	聊城市第一批
41	临清济美酱园"甜酱瓜"制作工艺	临清市	聊城市第一批
42	阳谷吊炉小烧饼制作技艺	阳谷县	聊城市第一批
43	景阳冈陈酿酒传统酿造技艺	阳谷县	聊城市第二批
44	李台苇编	阳谷县	聊城市第二批
45	东昌澄泥制品技艺	东昌府区	聊城市第二批
46	临清清真八大碗制作技艺	临清市	聊城市第三批
47	临清温面制作技艺	临清市	聊城市第三批
48	郭氏纯粮白酒制作技艺	东昌府区	聊城市第三批
49	阳谷根雕制作技艺	阳谷县	聊城市第三批
50	阳谷木雕制作技艺	阳谷县	聊城市第三批
51	阳谷石佛鲁庄造纸	阳谷县	聊城市第三批
52	古阿井阿胶制作技艺	阳谷县	聊城市第三批
53	临清木制圈椅制作技艺	临清市	聊城市第四批
54	临清杆秤制作技艺	临清市	聊城市第四批
55	临清礼服呢布鞋制作技艺	临清市	聊城市第四批
56	临清魏湾贡砖烧制技艺	临清市	聊城市第四批
57	阳谷顾氏红木镶嵌技艺	阳谷县	聊城市第四批

序号	遗产名称	申报地区或单位	所属批次
58	义安成高氏烹饪技艺	东昌府区	聊城市第四批
59	临清进京腐乳制作技艺	临清市	聊城市第四批
60	传统面食制作技艺（空心琉璃丸子制作技艺、侯氏排骨大包制作技艺）	东昌府区、聊城市文化馆	聊城市第五批
61	肉食制作技艺（堠堌熏鸡制作技艺、阳谷御膳龙骨制作技艺、侯氏秘制坛子肉制作技艺）	东昌府区、阳谷县、聊城市文化馆	聊城市第五批
62	香油制作工艺（金水城小磨香油石磨加工工艺）	聊城市高新区	聊城市第五批
63	酿醋技艺（茂盛斋高粱老醋制作技艺）	聊城市开发区	聊城市第五批
64	酒酿造技艺（孟尝君酒酿造技艺）	聊城市高新区	聊城市第五批
65	东昌府铜铸雕刻制作技艺	东昌府区	聊城市第五批
66	阳谷柘木弓箭制作技艺	阳谷县	聊城市第五批
67	运河狮子绣球制作技艺	聊城市度假区	聊城市第五批
68	鸡毛隋村鸡毛掸子轧制工艺	聊城市开发区	聊城市第五批
69	阳谷孟氏木轮车制作技艺	阳谷县	聊城市第五批
70	东昌李氏陶器制作技艺	东昌府区	聊城市第六批
71	泰和琴坊古琴斫制技艺	东昌府区	聊城市第六批
72	阳谷孟氏传统纯天然染色技艺	阳谷县	聊城市第六批
73	临清竹器制作技艺	临清市	聊城市第六批
74	临清刻瓷技艺	临清市	聊城市第六批
75	魏氏柳编制作技艺	聊城市度假区	聊城市第六批
76	老东昌孙氏锢艺	聊城市文化馆	聊城市第六批
77	阳谷苏氏锢瓷技艺	阳谷县	聊城市第六批
78	徐家老酒坊蒸酒技艺	东昌府区	聊城市第六批
79	王家米酒传统酿造技艺	聊城市开发区	聊城市第六批

序号	遗产名称	申报地区或单位	所属批次
80	空心挂面制作技艺	临清市	聊城市第六批
81	阳谷薛氏手工挂面制作技艺	阳谷县	聊城市第六批
82	周记托板豆腐制作技艺	临清市	聊城市第六批
83	聊城董家炸肉制作技艺	东昌府区	聊城市第六批
84	阳谷李台烧鸡制作技艺	阳谷县	聊城市第六批
85	阳谷赵家羊汤制作技艺	阳谷县	聊城市第六批
86	柴家炒货制作技艺	东昌府区	聊城市第六批
87	刘垓子白仁制作技艺	临清市	聊城市第六批
88	阳谷乌枣制作技艺	阳谷县	聊城市第六批
89	原寿张县传统老菜制作技艺	阳谷县	聊城市第六批
90	阳谷民间焗掌菜烹饪技艺	阳谷县	聊城市第六批
91	阳谷县狮子酒楼八大菜制作技艺	阳谷县	聊城市第六批
92	临清由家喜铺传统糕点制作技艺	临清市	聊城市第六批
93	端慕传统点心制作技艺	聊城市度假区	聊城市第六批
94	宁阳龟山砚制作技艺	宁阳县文化馆	泰安市第一批
95	宁阳乡饮小凉席制作技艺	宁阳县文化馆	泰安市第一批
96	宁阳乡饮粉皮制作技艺	宁阳县文化馆	泰安市第二批
97	东平湖大安山王家炖鱼	东平县非物质文化遗产保护中心	泰安市第二批
98	宁阳镶锡制作技艺	宁阳县	泰安市第三批
99	东平古粥粉制作技艺	东平县	泰安市第三批
100	东平湖松花蛋制作技艺	东平县	泰安市第三批
101	东平湖传统木船制作技艺	东平县非物质文化遗产保护中心	泰安市第四批
102	宁阳长安葫芦	宁阳县	泰安市第五批
103	宁阳显胎文人锡壶	宁阳县	泰安市第五批
104	宁阳佛手花糕制作技艺	宁阳县文化馆	泰安市第六批

序号	遗产名称	申报地区或单位	所属批次
105	宁阳董家手搓面制作技艺	宁阳县文化馆	泰安市第六批
106	宁阳古井桥酒酿造技艺	宁阳县文化馆	泰安市第六批
107	宁阳廖桥御膳香油制作技艺	宁阳县文化馆	泰安市第六批
108	宁阳绿豆粉皮制作技艺	宁阳县文化馆	泰安市第六批
109	宁阳牛村犬肉制作技艺	宁阳县文化馆	泰安市第六批
110	宁阳钟庄豆腐皮制作技艺	宁阳县文化馆	泰安市第六批
111	东平侯家烧鸡制作技艺	东平县文化馆	泰安市第六批
112	宁阳伏山条编制作技艺	宁阳县文化馆	泰安市第六批
113	宁阳骆驼蹄鞋制作技艺	宁阳县文化馆	泰安市第六批
114	宁阳文宝斋王氏装裱制作技艺	宁阳县文化馆	泰安市第六批
115	宁阳绣花鞋垫技艺	宁阳县文化馆	泰安市第六批
116	宁阳陈氏锡艺	宁阳县文化馆	泰安市第七批
117	宁阳徐氏水晶丸子	宁阳县文化馆	泰安市第七批
118	蒋集田氏花生贴	宁阳县	泰安市第九批
119	固源春大枣养生酒	宁阳县	泰安市第九批
120	宁阳刘三拐水煎包	宁阳县	泰安市第九批
121	宁阳残艺堂铜瓷	宁阳县	泰安市第九批
122	宁阳大力根养生酒	宁阳县	泰安市第九批
123	宁阳高氏古典家具制作技艺	宁阳县	泰安市第九批
124	宁阳老韩头虎头鞋	宁阳县	泰安市第九批
125	宁阳手工雕刻实木家具	宁阳县	泰安市第九批
126	宁阳郑庄王氏锢艺	宁阳县	泰安市第九批
127	张氏荷包制作技艺	宁阳县	泰安市第九批
128	鲁锦	嘉祥县	济宁市第一批
129	柏籽加工工艺	汶上县	济宁市第一批
130	渔家虎饰	微山县	济宁市第一批

序号	遗产名称	申报地区或单位	所属批次
131	玉堂酿造技艺	济宁市文化局	济宁市第一批
132	嘉祥蓝印花布	嘉祥县	济宁市第二批
133	刘氏民族乐器制作工艺	济宁市	济宁市第二批
134	柳编	嘉祥县、微山县	济宁市第二批
135	微山湖排船技艺	微山县	济宁市第三批
136	微山湖鸭蛋制品制作技艺	微山县	济宁市第三批
137	刺绣（圣绣、插花）	市中区、梁山县	济宁市第三批
138	绾结葫芦	嘉祥县、鱼台县	济宁市第三批
139	木雕（汶上郭氏木雕技艺）	汶上县	济宁市第三批
140	嘉菊加工技艺	山东朵云清农业股份有限公司	济宁市第四批
141	水浒菜烹饪技艺	梁山县杏花村大酒店有限公司	济宁市第四批
142	鸭蛋制品制作技艺	泗水县文化馆、梁山县水泊梁山食品有限公司	济宁市第四批（扩展）
143	传统酿酒技艺	山东济宁心心酒业有限公司、山东济宁儒义酒业有限公司、山东梁山徐坊大曲有限公司	济宁市第四批（扩展）
144	镉瓷	鱼台县	济宁市第五批
145	古旧书画揭裱	济宁市	济宁市第五批
146	马大兴糕点制作技艺	任城区	济宁市第五批
147	蛋雕	任城区	济宁市第五批
148	刻瓷	任城区	济宁市第五批
149	张氏缪篆书刻技艺	济宁市	济宁市第五批
150	汶上锡器制作技艺	汶上县	济宁市第五批
151	古琴制作技艺	鱼台县	济宁市第五批（扩展）
152	传统酿酒技艺（玉堂金波酒生产技艺、忠义堂酒传统酿造工艺）	市直、梁山县	济宁市第五批（扩展）

（续表）

附 录

215/

序号	遗产名称	申报地区或单位	所属批次
153	济宁传统小吃制作技艺（粥、糁汤、伊斯兰传统烧鸡、筒子鸡、五香熏鸡、炸糕、姜糖、芦花烧鸡、泉林谭家酱鸡、拳铺李家驴肉）	市直、任城、金乡、邹城、汶上、泗水、梁山	济宁市第五批（扩展）
154	鲁菜烹饪技艺（济宁八大碗、微山湖全鱼宴）	市直、微山	济宁市第五批（扩展）
155	石雕（印纽雕刻、碑刻石雕）	市直、梁山	济宁市第五批（扩展）
156	传统榨油技艺（香油制作技艺、微山湖千斤榨榨油技艺）	任城、微山、梁山	济宁市第五批（扩展）
157	传统兵器制作技艺（弓箭制作技艺）	市直	济宁市第五批（扩展）
158	滕州民间印染	滕州市	枣庄市第一批
159	石榴盆景栽培技艺	峄城区	枣庄市第一批
160	峄县甩花	峄城区	枣庄市第一批
161	民间缝绣	薛城区	枣庄市第一批
162	萝藤割绒鞋垫	峄城区	枣庄市第一批
163	薛城庞庄麦秸手编技艺	薛城区	枣庄市第一批
164	滕州羊肉汤烹饪技艺	滕州市	枣庄市第一批
165	微湖鱼宴烹饪技艺	滕州市	枣庄市第一批
166	台儿庄张家狗肉制作技艺	市群众艺术馆、台儿庄区	枣庄市第一批
167	滕州白酒传统酿造技艺	滕州市	枣庄市第二批
168	圈里大绳	滕州市	枣庄市第二批
169	河崖柳编	滕州市	枣庄市第二批
170	褚村灯笼扎制技艺	滕州	枣庄市第二批
171	张汪竹木玩具	滕州	枣庄市第二批
172	阴平石泉粉皮制作	峄城区	枣庄市第二批
173	刘家吊窑	台儿庄区	枣庄市第二批

序号	遗产名称	申报地区或单位	所属批次
174	羊毛靰鞡	台儿庄区	枣庄市第二批
175	薛城铜勺制作技艺	薛城区	枣庄市第二批
176	薛城杜堂凉粉制作技艺	薛城区	枣庄市第二批
177	薛城烧鸡烧制技艺	薛城区	枣庄市第二批
178	薛城糁汤熬制技艺	薛城区	枣庄市第二批
179	木杆秤制作技艺	薛城区	枣庄市第二批
180	滕州民间布艺	滕州市	枣庄市第二批（扩展）
181	木杆秤的制作技艺	滕州（官桥镇）	枣庄市第二批（扩展）
182	滕州草编技艺	滕州（南沙河）	枣庄市第二批（扩展）
183	草编蓑衣制作技艺	峄城区（古邵镇）	枣庄市第二批（扩展）
184	王世举烧鸡制作技艺	峄城区	枣庄市第二批（扩展）
185	虎头鞋帽系列布艺	薛城区（陶庄）	枣庄市第二批（扩展）
186	枣庄刺绣	滕州市	枣庄市第三批
187	枣庄菜煎饼制作技艺	枣庄市非遗中心、滕州市	枣庄市第三批
188	张汪板鸭制作技艺	滕州市（张汪镇）	枣庄市第三批
189	金马花席制作技艺	薛城区（周营镇）	枣庄市第三批
190	台儿庄蚕丝被制作技艺	台儿庄区	枣庄市第三批
191	荷叶手绣制作技艺	台儿庄区	枣庄市第三批
192	峄县石榴酒酿造技艺	峄城区（榴园镇）	枣庄市第三批
193	榴芽茶制作技艺	峄城区（榴园镇）	枣庄市第三批
194	虎头鞋帽	薛城区（常庄镇）	枣庄市第三批（扩展）
195	种庄漏版印花布	薛城区（常庄镇）	枣庄市第三批（扩展）
196	古运河走马灯制作技艺	台儿庄区（邳庄镇）	枣庄市第三批（扩展）
197	峄县宫灯	峄城区	枣庄市第三批（扩展）
198	泥沟青花布印染	台儿庄区（泥沟镇）	枣庄市第三批（扩展）
199	赵村蓑衣制作技艺	台儿庄区	枣庄市第三批（扩展）

序号	遗产名称	申报地区或单位	所属批次
200	赵家糁汤熬制技艺	台儿庄区	枣庄市第三批（扩展）
201	滕州坝后粉皮制作技艺	滕州市	枣庄市第三批（扩展）
202	峨山喜席编织	峄城区（峨山镇）	枣庄市第三批（扩展）
203	峄县糁汤	峄城区	枣庄市第三批（扩展）
204	枣庄辣汤	薛城区、市中区	枣庄市第四批
205	枣庄八大扣碗	薛城区（陶庄镇）	枣庄市第四批
206	枣庄编磬	市中区、薛城区	枣庄市第四批
207	黄丘山套石屋草房建造技艺	台儿庄区	枣庄市第四批
208	夹河套泥屋草房建造技艺	台儿庄区	枣庄市第四批
209	运河蜡编技艺	台儿庄区	枣庄市第四批
210	运河甲鱼汤烹饪技艺	台儿庄区	枣庄市第四批
211	冯家驴肉烹饪技艺	台儿庄区	枣庄市第四批
212	脱骨八宝鸡烧制技艺	台儿庄区	枣庄市第四批
213	张氏脆皮鸡烧制技艺	台儿庄区	枣庄市第四批
214	石头大饼制作技艺	台儿庄区	枣庄市第四批
215	姜屯镇庄里东村土陶工艺	滕州（姜屯）	枣庄市第四批
216	糖人	滕州、峄城	枣庄市第四批
217	峄县传统青铜器技艺	峄城区	枣庄市第四批
218	运河黑陶	峄城区（古邵镇）	枣庄市第四批
219	琉璃工艺画制作技艺	峄城区（底阁镇）	枣庄市第四批
220	孙氏珠心算	峄城区	枣庄市第四批
221	扎染	峄城区（古邵镇）	枣庄市第四批
222	叠地瓜花子糖	峄城区（阴平镇）	枣庄市第四批
223	峄县石榴栽培技艺	峄城区（榴园镇）	枣庄市第四批
224	运河笆子编织	峄城区（古邵镇）	枣庄市第四批
225	峄县西门里丸子汤	峄城区	枣庄市第四批

序号	遗产名称	申报地区或单位	所属批次
226	缸炉烧饼制作技艺	台儿庄区	枣庄市第五批
227	糖画手工制作技艺	台儿庄区	枣庄市第五批
228	枣庄大煎饼制作技艺	台儿庄区	枣庄市第五批
229	馓子制作技艺	台儿庄区	枣庄市第五批
230	挎包火烧制作技艺	薛城区（陶庄镇）	枣庄市第五批
231	王开猪头肉卤制技艺	滕州市	枣庄市第五批
232	张汪传统糕点制作技艺	滕州市（张汪镇）	枣庄市第五批
233	牛皮具、牛蜡制作技艺	滕州市（木石镇）	枣庄市第五批
234	传统手工蚕丝制作技艺	台儿庄区	枣庄市第五批
235	布老虎制作技艺	台儿庄区	枣庄市第五批（扩展）
236	蔡古楼粉皮制作技艺	薛城区周营镇	枣庄市第五批（扩展）
237	邹坞柳编	薛城区邹坞镇	枣庄市第五批（扩展）
238	菜煎饼制作技艺	峄城区	枣庄市第五批（扩展）
239	传统白酒酿造技艺（曲粮白酒古法酿造技艺、穆柯寨酒酿制技艺）	峄城区、台儿庄区	枣庄市第五批（扩展）
240	传统手工书画装裱（艺宝斋传统手工书画装裱、古旧书画修复）	市中区、薛城区	枣庄市第六批
241	酱菜制作技艺（南关万美丽酱园）	峄城区	枣庄市第六批
242	传统拉弦乐器制作技艺	峄城区	枣庄市第六批
243	砚台制作技艺（红土埠陶砚制作技艺）	峄城区	枣庄市第六批
244	米线制作技艺（樊哙小黄米米线）	薛城区	枣庄市第六批
245	传统香制作技艺	滕州市	枣庄市第六批
246	金银细工制作技艺（金银细工）	滕州市	枣庄市第六批
247	酱油、醋传统酿造技艺（鼎盛酱油食醋传统酿造技艺、古法食材酿造技艺）	滕州市、山亭区	枣庄市第六批

序号	遗产名称	申报地区或单位	所属批次
248	咸鸭蛋制作技艺	滕州市	枣庄市第六批
249	家具制作技艺(崔庄古典家具制作技艺)	滕州市	枣庄市第六批
250	鲁南铜瓷技艺(鲁南孙小匠铜瓷技艺、羊庄白杭镶铜瓷技艺)	市中区、滕州市	枣庄市第六批
251	铁锅铸造技艺(同丰铁锅铸造技艺、泥模铸造技艺)	滕州市	枣庄市第六批
252	台儿庄黄花牛肉面(宋师傅黄花牛肉面)	台儿庄区	枣庄市第六批
253	夫宇熏鸡	薛城区	枣庄市第六批
254	老峄县郑家米粉	峄城区	枣庄市第六批
255	枣庄民间缝绣技艺(李氏传统布艺、鲁南布艺、如意布锦、手工艺鞋、运河莲花锦帽、台儿庄民间缝绣)	市中区、山亭区、台儿庄区	枣庄市第六批(扩展)
256	羊肉汤烹饪技艺(薛城205羊肉汤)	薛城区	枣庄市第六批(扩展)
257	白酒传统酿造技艺(青檀酒酿造技艺)	峄城区	枣庄市第六批(扩展)
258	柳编(条编技艺)	滕州市	枣庄市第六批(扩展)
259	灯笼扎制技艺(花灯扎制技艺)	滕州市	枣庄市第六批(扩展)
260	枣庄辣子鸡(老田家辣子鸡烹饪技艺、辣子鸡制作技艺、贡家老公鸡烹饪技艺)	薛城区、峄城区、台儿庄区	枣庄市第六批(扩展)
261	景泰蓝制作技艺	滕州市	枣庄市第六批(扩展)
262	枣庄大煎饼制作技艺(石榴煎饼)	峄城区	枣庄市第六批(扩展)
263	中式服装盘扣制作技艺(鲁南传统服饰盘扣制作技艺、古薛盘扣的制作技艺)	市中区、薛城区	枣庄市第六批(扩展)
264	皮具制作技艺(传统皮艺制作)	峄城区	枣庄市第六批(扩展)

附表9 山东运河区域传统医药类非物质文化遗产一览表

（共计 32 项）

序号	遗产名称	申报地区或单位	所属批次
1	中医脊椎复位	德城区	德州市第五批
2	宋氏针灸	德城区	德州市第六批
3	健脑补肾丸制作技艺	临清市	聊城市第二批
4	古阿井阿胶制作技艺	阳谷县	聊城市第三批
5	阳谷古阿邑达仁堂张氏阿胶糕技艺	阳谷县	聊城市第四批
6	中医针疗法（孟氏手针法）	阳谷县	聊城市第五批
7	阳谷莲花池黑膏药制作技艺	阳谷县	聊城市第六批
8	阳谷岳庄三合堂阿胶制作技艺	阳谷县	聊城市第六批
9	杨氏膏药制作技艺	聊城市高新区	聊城市第六批
10	聊城赵氏艾灸	东昌府区	聊城市第六批
11	阳谷魏氏妇科孕产养护调理与诊疗	阳谷县	聊城市第六批
12	阳谷孙氏喉疗法	阳谷县	聊城市第六批
13	李氏中医骨科针疗法	聊城市开发区	聊城市第六批
14	聊城北派修脚术	聊城市文化馆	聊城市第六批
15	宁阳许氏烧烫伤膏贴	宁阳县文化馆	泰安市第二批
16	伏山纪氏中医皮肤疮疡疗法	宁阳县文化馆	泰安市第三批
17	伏山李氏中医治疗面瘫法	宁阳县文化馆	泰安市第四批
18	张氏万应膏	东平县非遗保护中心	泰安市第四批
19	宁阳王氏膏药	宁阳县文化馆	泰安市第七批
20	宁阳卢氏推拿疗法	宁阳县	泰安市第八批
21	宁阳秦氏治疮技艺	宁阳县	泰安市第八批

（续表）

序号	遗产名称	申报地区或单位	所属批次
22	宁阳小梁王杜氏正骨	宁阳县	泰安市第九批
23	张厚德穴贴双联疗法	宁阳县	泰安市第九批
24	宁阳张氏修脚技艺	宁阳县	泰安市第九批
25	红丹膏药	鱼台县文化馆	济宁市第四批
26	梁山刘氏指针按摩法	梁山县刘氏指针按摩法推广中心	济宁市第四批
27	中医脓毒搬家疗法	汶上县文化馆	济宁市第四批
28	李氏中医	济宁市中医院	济宁市第四批
29	生氏正骨术	滕州市	枣庄市第一批
30	井氏咽炎疗法	滕州市	枣庄市第六批
31	立新街马氏骨髓炎药膏	峄城区	枣庄市第六批
32	夏氏中医带状疱疹土验方	薛城区	枣庄市第六批

附表 10 山东运河区域民俗类非物质文化遗产一览表

（共计 34 项）

序号	项目名称	申报地区或单位	所属批次
1	聊城山陕会馆庙会	聊城市博物馆	聊城市第一批
2	歇马亭庙会	临清市	聊城市第三批
3	婚俗（聊城花轿婚礼）	聊城市文化馆	聊城市第五批
4	宁阳四八宴席与酒礼	宁阳县文化馆	泰安市第一批
5	宁阳彩粽及送彩粽习俗	宁阳县文化馆	泰安市第一批
6	宁阳神童山梨花会	宁阳县文化馆	泰安市第二批
7	宁阳婚礼习俗文化	宁阳县文化馆	泰安市第七批
8	刘氏"吃喝碗"	东平县	泰安市第八批
9	岳飞祭典	嘉祥县	济宁市第一批

（续表）

序号	项目名称	申报地区或单位	所属批次
10	蚩尤文化	汶上县	济宁市第一批
11	微山湖漂汤鱼丸	微山县	济宁市第二批
12	桂花炒糖	微山县	济宁市第二批
13	续家谱仪式	微山县	济宁市第二批
14	微山湖渔具	微山县	济宁市第二批
15	托板豆腐	任城区	济宁市第二批
16	渔家婚俗	微山县	济宁市第三批
17	曾子祭典	嘉祥县	济宁市第三批
18	青山庙会	嘉祥县	济宁市第三批
19	微山泰山庙会	微山县	济宁市第三批
20	起草	微山县非遗保护中心	济宁市第四批
21	珠算	梁山县非遗保护协会	济宁市第四批
22	青檀庙会	峄城区	枣庄市第一批
23	小孔成像	滕州市	枣庄市第一批
24	抓生习俗	滕州市	枣庄市第二批
25	薛城婚宴礼俗	薛城区	枣庄市第二批
26	正月十五蒸面灯	薛城区	枣庄市第二批
27	运河渔灯节	台儿庄区	枣庄市第二批
28	送祝米	薛城区（陶庄镇）	枣庄市第三批
29	中陈郝庙会	薛城区（邹坞镇）	枣庄市第三批
30	二月二围仓龙	薛城区（周营镇）	枣庄市第四批
31	千山头庙会	薛城区（陶庄镇）	枣庄市第四批
32	薛城打春公鸡、春娃娃	薛城区（周营镇）	枣庄市第四批
33	打春牛	峄城区	枣庄市第四批
34	闵子骞孝道	滕州市	枣庄市第五批

参考文献

一、学术著作

[1] (明)李清著:《梼杌闲评》,九州出版社 2001 年版。

[2] (清)谈迁撰,汪北平点校:《北游录》,中华书局 1960 年标点本。

[3] (清)张潮辑,王根林校点:《虞初新志》,上海古籍出版社 2012 年点校本。

[4] (清)汪鸿孙修,刘儒臣纂:宣统《重修恩县志》,清宣统元年刊本。

[5] 张自清修,王贵笙纂:《民国临清县志》,中国地方志集成·山东府县志辑第 95 册,凤凰出版社 2004 年影印版。

[6] 〔德〕马克思、恩格斯著,中共中央马克思、恩格斯、列宁、斯大林著作编译局编:《马克思恩格斯选集(第 2 卷)》,人民出版社 1972 年版。

[7] 山东省地方史志编纂委员会编:《山东史志资料(第 3 辑)》,山东人民出版社 1983 年版。

[8] 傅崇兰著:《中国运河城市发展史》,四川人民出版社 1985 版。

[9] 王永桢、王志明编:《著名传统手工业产品小传》,轻工业出版社 1987 年版。

[10] 聊城地区史志办公室、山东省出版总社聊城分社编,齐保柱、高志超主编:《聊城风物》,山东友谊书社 1989 年版。

[11] 邹宝山等编著:《京杭运河治理与开发》,水利电力出版社 1990 年版。

[12] 冯天瑜等著:《中华文化史》,上海人民出版社 1990 年版。

[13] 曲东涛主编:《山东省二轻工业志稿》,山东人民出版社 1991 年版。

[14] 山东省政协文史资料委员会编:《山东文史资料选辑》(第 32 辑),山东人民出版社 1992 年版。

[15] 保继刚、楚义芳编著:《旅游地理学》(修订版),高等教育出版社 1993 年版。

[16] 吴超著:《中国民歌》,浙江教育出版社 1995 年版。

[17] 山东省临清市地方史志编纂委员会编:《临清市志》,齐鲁书社 1997 年版。

[18] 中国民族民间舞蹈集成编辑部编:《中国民族民间舞蹈集成·山东卷》,中国 ISBN 中心 1998 年版。

[19] 张玉柱主编:《齐鲁民间艺术通览》,山东友谊出版社 1998 年版。

[20] 姚汉源著:《京杭运河史》,中国水利水电出版社 1998 年版。

[21] 济宁市政协文史资料委员会编:《济宁运河文化》,中国文史出版社 2000 年版。

[22] 德州市政协文史资料委员会编:《德州文史》第二辑《风物专辑》,内部资料,2000 年版。

[23] 安作璋主编:《中国运河文化史》,山东教育出版社 2001 年版。

[24] 临清市人民政府编:《临清州志》,山东地图出版社 2001 年版。

[25] 政协台儿庄区委员会编:《台儿庄运河文化》,人民日报出版社 2002 年版。

[26] 济宁市政协文史资料委员会编:《济宁运河文化研究》,山东友谊出版社 2002 年版。

[27] 杨文棋编著:《旅游资源管理法规概要》,厦门大学出版社 2002 年版。

［28］臧克家编：《臧克家全集》（第 5 卷），时代文艺出版社 2002 年版。

［29］临清市地方史志办公室编：《临清乡村概况》，五洲传播出版社 2003 年版。

［30］于德普、梁自洁主编：《山东运河文化文集·续集》，齐鲁书社 2003 年版。

［31］刘玉平、贾传宇、高建军编著：《中国运河之都》，中国文史出版社 2003 年版。

［32］周良等主编：《大运河的传说》，文化艺术出版社 2004 年版。

［33］何佳梅、王德刚主编：《山东省文化资源旅游开发研究》，齐鲁书社 2004 年版。

［34］刘金忠著：《运河文化采风：行宜轩随笔》，作家出版社 2004 年版。

［35］傅崇兰著：《中国运河传》，山西人民出版社 2005 年版。

［36］阮仪三著：《城市遗产保护论》，上海科学技术出版社 2005 年版。

［37］王云著：《明清山东运河区域社会变迁》，人民出版社 2006 年版。

［38］高建军编著：《山东运河民俗》，济南出版社 2006 年版。

［39］李泉、王云著：《山东运河文化研究》，齐鲁书社 2006 年版。

［40］刘春俊主编：《枣庄运河》，青岛出版社 2006 年版。

［41］周和平主编：《第一批国家级非物质文化遗产名录图典》（下册），文化艺术出版社 2006 年版。

［42］王文章主编：《中国非物质文化遗产保护论坛文集》，文化艺术出版社 2006 年版。

［43］孙宝明、程相林主编：《中国运河之都运河文化高层论坛论文集》，山东人民出版社 2007 年版。

［44］张庶平、张之君主编：《中华老字号（第 5 册）》，中国商业出版社 2007 年版。

［45］于海广主编：《探寻、追忆与再现：齐鲁地区非物质文化遗产调查与研究》，山东大学出版社 2007 年版。

［46］孟昭贵主编：《齐鲁八景诗大观》，山东省地图出版社 2007 年版。

［47］中国非物质文化遗产保护中心编：《中国非物质文化遗产普查手册》，文化艺术出版社 2007 年版。

［48］李群总主编，李建国主编：《传统舞蹈》，山东友谊出版社 2008 年版。

［49］郭学东主编：《曲艺》，山东友谊出版社 2008 年版。

［50］覃业银、张红专编著：《非物质文化遗产导论》，辽宁大学出版社 2008 年版。

［51］董文虎等著：《京杭大运河的历史与未来》，社会科学文献出版社 2008 年版。

［52］济宁市文化局编：《济宁非物质文化遗产集粹》，山东美术出版社 2008 年版。

［53］王文章主编：《非物质文化遗产概论》，教育科学出版社 2008 年版。

［54］于平主编：《传统技艺》，山东友谊出版社 2008 年版。

［55］史忠民主编：《传统美术》，山东友谊出版社 2008 年版。

［56］杨达、马军、朱希江主编：《聊城古城故事》，华艺出版社 2009 年版。

［57］钟敬文主编：《民俗学概论》，上海文艺出版社 2009 年版。

［58］汪林、张骥著：《大运河的传说》，黄河出版社 2009 年版。

［59］王新民主编：《枣庄非物质文化遗产荟萃》，山东文化音像出版社 2009 年版。

［60］申茂平著：《贵州非物质文化遗产研究》，知识产权出版社 2009 年版。

［61］朱立新编：《城市游憩学》，南开大学出版社 2009 年版。

［62］葛立辉编著：《传统文化的活化石：邢台非物质文化遗产》，方志出版社 2009 年版。

［63］临清市政协文史委员会编：《运河名城：临清》，中国文史出版社 2010 年版。

［64］济宁市政协文史委员会编：《运河名城：济宁》，中国文史出版社 2010 年版。

224

[65] 田贵宝、田丰著：《德州运河文化》，线装书局 2010 年版。

[66] 姚向东、孙建中主编：《文化探索》，河南人民出版社 2010 年版。

[67] 德州市文化广电新闻出版局编：《德州市非物质文化遗产集粹》，内部资料 2010 年版。

[68] 山东运河航运史编纂委员会编：《山东运河航运史》，山东人民出版社 2011 年版。

[69] 杨妮主编：《中国旅游文化》，西安交通大学出版社 2011 年版。

[70] 余永霞编：《中国民俗旅游》，华中科技大学出版社 2011 年版。

[71] 李宗伟主编：《山东省省级非物质文化遗产名录图典》（第 1 卷），山东友谊出版社 2012 年版。

[72] 李宗伟主编：《山东省省级非物质文化遗产名录图典》（第 2 卷），山东友谊出版社 2012 年版。

[73] 张国廷主编：《音乐鉴赏》，武汉理工大学出版社 2012 年版。

[74] 田青编：《音乐类非物质文化遗产保护的理论与实践：个案调查与研究》，安徽文艺出版社 2012 年版。

[75] 李良品、彭福荣、余继平著：《重庆民族地区非物质文化遗产研究》，重庆出版社 2012 年版。

[76] 刘玉平、高建军主编：《运河文化与济宁》（下册），中国社会出版社 2012 年版。

[77] 王文章主编：《第三批国家级非物质文化遗产名录图典》（上册），文化艺术出版社 2012 年版。

[78] 谭徐明等著：《中国大运河遗产构成及价值评估》，中国水利水电出版社 2012 年版。

[79] 单霁翔著：《大运河遗产保护》，天津大学出版社 2013 年版。

[80] 黄靖著：《宝卷民俗》，古吴轩出版社 2013 年版。

[81] 张从军主编：《山东运河》，山东美术出版社 2013 年版。

[82] 宋俊华、王开桃著：《非物质文化遗产保护研究》，中山大学出版社 2013 年版。

[83] 孙大光主编：《体育文化概论》，高等教育出版社 2013 年版。

[84] 包泉万、许伊莎编著：《中国民族民间艺术读本》，辽宁大学出版社 2013 年版。

[85] 陈清义著：《聊城运河文化研究》，山东画报出版社 2013 年版。

[86] 宋久成主编：《千年古县概览》，社会科学文献出版社 2013 年版。

[87] 谭徐明、刘建刚著：《中国大运河文化遗产保护技术基础》，科学出版社 2013 年版。

[88] 王文章著：《非物质文化遗产保护研究》，文化艺术出版社 2013 年版。

[89] 王文章主编：《非物质文化遗产概论》，教育科学出版社 2013 年版。

[90] 王云霞主编：《文化遗产法学：框架与使用》，中国环境出版社，2013 年版。

[91] 杜云生、王军利编著：《中国民间美术》，河北人民出版社 2013 年版。

[92] 林坚著：《文化学研究引论》，中国文史出版社 2014 年版。

[93] 周灿著：《德昂族非物质文化遗产保护与民族村寨旅游》，云南人民出版社 2014 年版。

[94] 乌丙安著：《民间口头传承》，长春出版社 2014 年版。

[95] 胡春景、魏桢编著：《文艺常识（精编本）》，东华大学出版社 2014 年版。

[96] 荀德麟著：《京杭大运河非物质文化遗产》，电子工业出版社 2014 年版。

[97] 张魏著：《非物质文化遗产旅游开发系统的动态仿真研究》，江西人民出版社 2014 年版。

[98] 朱祥贵等著：《非物质文化遗产保护模式创新实证研究：宜昌长阳土家族自治县为例》，厦门大学出版社 2014 年版。

[99] 徐凤著：《甘肃非物质文化遗产概论》，甘肃人民出版社 2014 年版。

[100] 张玮玲、崔娜编著：《公共文化服务理论与实务》，宁夏人民出版社 2014 年版。

[101] 刘红婴著：《非物质文化遗产的法律保护体系》，知识产权出版社，2014 年版。

［102］王思煜、龙家玘主编，于鹏杰、陈婕副主编：《传承与创新：东莞文化发展研究》，广东人民出版社 2014 年版。

［103］王博颖著：《环县道情皮影的民俗文化与造型观念》，甘肃人民美术出版社 2014 年版。

［104］汪欣著：《传统村落与非物质文化遗产保护研究》，知识产权出版社 2014 年版。

［105］袁宏著：《齐鲁体育文化研究》，山东大学出版社 2015 年版。

［106］姚小云、刘水良主编：《武陵山片区非物质文化遗产保护与旅游利用》，西南交通大学出版社 2015 年版。

［107］安静著：《藏区非物质文化遗产的法制保护》，西南交通大学出版社 2015 年版。

［108］江小角主编：《安徽非物质文化遗产》，安徽文艺出版社 2015 年版。

［109］贾鸿雁、张天来编著：《中华文化遗产概览》，东南大学出版社 2015 年版。

［110］冯骥才总主编：《中国非物质文化遗产百科全书·代表性项目卷》（下卷），中国文联出版社 2015 年版。

［111］汪欣著：《中国非物质文化遗产保护十年（2003—2013 年）》，知识产权出版社 2015 年版。

［112］梁国楹主编：《德州运河文化遗产保护与开发研究》，线装书局 2015 年版。

［113］涂师平著：《中国水文化遗产考略》，宁波出版社 2015 年版。

［114］郑民德著：《明清京杭运河沿线漕运仓储系统研究》，中国社会科学出版社 2015 年版。

［115］田里主编：《旅游管理学》，东北财经大学出版社 2015 年版。

［116］李烨著：《非物质文化遗产旅游化生存模式及风险研究——以天津为例》，南开大学出版社 2015 年版。

［117］姜敬红编著：《中国世界遗产保护法》，西南交通大学出版社 2015 年版。

［118］石美玉著：《非物质文化遗产旅游发展战略研究：以北京为例》，中国旅游出版社 2015 年版。

［119］孙敬宇主编：《小城镇街道与广场设计指南》，天津大学出版社 2015 年版。

［120］丁淑梅、陈思广著：《身份的印迹：中国文学论片》，长江文艺出版社 2015 年版。

［121］李国平、宋梅、孙长龙主编：《中国民俗文化与民间艺术》，河北人民出版社 2016 年版。

［122］刘文峰著：《非物质文化语境下的戏曲研究》，文化艺术出版社 2016 年版。

［123］杜江、业晓凯编著：《合众艺术馆：艺术修养》，上海科学技术文献出版社 2016 年版。

［124］程丽著：《非物质文化遗产的旅游开发研究》，东北师范大学出版社 2016 年版。

［125］欧阳正宇、彭睿娟编：《非物质文化遗产旅游开发》，吉林出版社 2016 年版。

［126］胡郑丽：《文化资源学》，光明日报出版社 2016 年版。

［127］刘庆余：《世界遗产视野下的线性文化遗产旅游合作研究——以京杭大运河为例》，中国经济出版社 2016 年版。

［128］姚子刚著：《城市复兴的文化创意策略》，东南大学出版社 2016 年版。

［129］江燕玲著：《重庆市旅游业竞争力研究》，重庆大学出版社 2016 年版。

［130］罗明义编著：《旅游融合发展：旅游产业与相关产业》，中国环境出版集团有限公司 2016 年版。

［131］廖培著：《旅游规划方案评价的理论与技术研究》，四川大学出版社 2016 年版。

［132］孙国学、赵丽丽编著：《旅游产品策划与设计》，中国铁道出版社 2016 年版。

［133］吴国清著：《多维视域城市区域旅游发展研究》，上海人民出版社 2016 年版。

[134] 李荣启著:《非物质文化遗产保护研究文集》,文化艺术出版社 2016 年版。

[135] 武兵著:《弹腿拳》,安徽科学技术出版社 2016 年版。

[136] 蔡利敏著:《传统武术文化透视与传承发展研究》,中国商务出版社 2016 年版。

[137] 苑利、顾军著:《非物质文化遗产保护前沿话题》,非物质文化遗产保护理论与方法丛书,文化艺术出版社 2017 年版。

[138] 张新科编著:《淮海地区非物质文化遗产概论》,商务印书馆 2017 年版。

[139] 王文章著:《汇真集》,北京时代华文书局 2017 年版。

[140] 张燕主编:《音乐欣赏》,上海交通大学出版社 2017 年版。

[141] 李芳芳著:《中原非物质文化遗产产业化的法律调控研究》,吉林文史出版社 2017 年版。

[142] 肖绪信著:《非物质文化遗产旅游开发研究》,北京工业大学出版社 2017 年版。

[143] 宋立杰著:《山东水文化》,中国社会科学出版社 2017 年版。

[144] 陈一林著:《民族民间舞蹈文化探讨与传承发展研究》,吉林人民出版社 2017 年版。

[145] 吴国清、申军波著:《智慧旅游发展与管理》,上海人民出版社 2017 年版。

[146] 徐望著:《文化资本时代的中国文化产业论》,中国经济出版社 2017 年版。

[147] 刘玉梅著:《李渔生活审美思想研究》,中国社会科学出版社 2017 年版。

[148] 朱运海著:《汉江流域非物质文化遗产保护性旅游开发研究》,华中科技大学出版社,2017 年版。

[149] 袁同凯著:《城市化进程中传统文化的保护与发展:基于中国的经验与对策》,南开大学出版社 2017 年版。

[150] 刘云升、刘忠平著:《非物质文化遗产产业化法律规制研究》,知识产权出版社,2017 年版。

[151] 丁旭光、黄丽华著:《超大城市基层社会治理实证研究》,广州出版社 2017 年版。

[152] 刘志芳著:《旅游综合体开发模式与融资》,中央广播电视大学出版社 2017 年版。

[153] 韩君玲主编:《简明中国法治文化辞典》(公民读本),商务印书馆,2018 年版。

[154] 郭理蓉著:《文化遗产的刑法保护研究》,中国法制出版社,2018 年版。

[155] 《聊城:有水则灵》编委会编著:《聊城:有水则灵》,山东友谊出版社 2018 年版。

[156] 霍艳虹著:《基于"文化基因"视角的京杭大运河水文化遗产保护研究》,天津大学出版社 2018 年版。

[157] 邱春林著:《手工技艺保护论集》,《非物质文化遗产保护理论与方法丛书》,文化艺术出版社 2018 年版。

[158] 胡梦飞著:《明清时期京杭运河区域水神信仰研究》,江苏凤凰科学技术出版社 2018 年版。

[159] 胡梦飞著:《中国运河水神》,山东大学出版社 2018 年版。

[160] 杨富斌编:《旅游法教程》(第 2 版),中国旅游出版社 2018 年版。

[161] 苏金豹、王珺、王瑞花主编:《当前视域下旅游管理学新探》,中国商业出版社 2018 年版。

[162] 程瑞芳主编:《旅游经济学》,重庆大学出版社 2018 年版。

[163] 王志华、李渊、韩雪编著:《旅游规划与开发的理论及实践研究》,中国商务出版社 2018 年版。

[164] 雷晓琴、谢红梅、范丽娟主编:《旅游学导论》,北京理工大学出版社 2018 年版。

[165] 陈晓霞著:《新时代传统文化创新性发展研究》,中国国际广播出版社,2018 年。

[166] 王明著:《大数据视域下贵阳市非物质文化遗产研究》,中国科学技术大学出版社 2018 年版。

[167] 侯中良著:《新安江之恋》,合肥工业大学出版社 2018 年版。

[168] 倪妍著:《大运河文化景观遗产的调查与保护》,中国水利水电出版社 2019 年版。

[169] 杨杰主编:《德州市非物质文化遗产集萃》,济南出版社 2019 年版。

[170] 胡梦飞著:《明清时期山东运河区域民间信仰研究》,社会科学文献出版社 2019 年版。

[171] 雷建峰主编:《聊城非物质文化遗产选粹》,山东友谊出版社 2019 年版。

[172] 许大海著:《京杭运河区域(山东段)民间手工艺的现状与对策研究》,江苏大学出版社
2019 年版。

[173] 赵静著:《山东运河沿线城市空间形态解析及济宁运河遗产活化研究》,华中科技大学出版
社 2019 年版。

[174] 胡梦飞著:《徐州运河史话》,黄河水利出版社 2019 年版。

[175] 山东省文化和旅游厅组织编写:《山东省级非物质文化遗产普及读本·传统戏剧卷》(下
册),济南出版社 2019 年版。

[176] 胡梦飞著:《中国运河文化遗产概论》,黄河水利出版社 2020 年版。

[177] 胡梦飞著:《聊城运河文化遗产概论》,中国海洋大学出版社 2021 年版。

[178] 胡梦飞著:《山东运河文化遗产保护、传承与利用研究》,中国社会科学出版社 2021 年版。

[179] 王玉朋著:《清代山东运河河工经费研究》,中国社会科学出版社 2021 年版。

[180] 田林著:《大运河遗产保护理论与方法》,文化艺术出版社 2021 年版。

二、学位论文

[1] 高娜:《山东运河文化的旅游开发研究》,硕士学位论文,山东大学,2002 年。

[2] 沈涛:《先秦时期齐鲁体育文化研究》,硕士学位论文,陕西师范大学,2007 年。

[3] 高勇:《齐鲁传统体育文化现代化发展的模式和策略研究》,硕士学位论文,曲阜师范大学,
2007 年。

[4] 高成强:《传统武术流失现状与保护对策的研究》,硕士学位论文,苏州大学,2008 年。

[5] 郭守靖:《齐鲁武术文化研究》,硕士学位论文,上海体育学院,2008 年。

[6] 张晓园:《聊城八角鼓调查研究》,硕士学位论文,河北大学,2008 年。

[7] 于敏:《聊城八角鼓传播研究》,硕士学位论文,中国传媒大学,2008 年。

[8] 林琳:《山东聊城八角鼓音乐形态研究》,硕士学位论文,内蒙古师范大学,2008 年。

[9] 唐慧超:《大运河遗产廊道构建——以大运河聊城段为例》,硕士学位论文,北京大学,2009 年。

[10] 李宁:《中国传统武术可持续发展研究》,硕士学位论文,山东师范大学,2009 年。

[11] 周保分:《现代武术发展研究》,硕士学位论文,山东师范大学,2009 年。

[12] 狄静:《京杭运河山东段旅游资源价值评价研究》,硕士学位论文,中国海洋大学,2009 年。

[13] 牛津:《大运河遗产判别与登录方法研究:以大运河山东济宁段为例》,硕士学位论文,北京
大学,2009 年。

[14] 唐志云:《制约传统武术发展的因素分析与对策研究》,硕士学位论文,广西师范大学,2010
年。

[15] 赵娜:《山东胶州秧歌研究》,硕士学位论文,山东师范大学,2010 年。

[16] 边懿:《山东"临清时调"研究》,硕士学位论文,山东大学,2010 年。

[17] 张辉:《山东省冠县潭腿运动发展现状的调查分析和对策研究》,硕士学位论文,上海交通大

学,2011年。

[18] 张志成:《非物质文化遗产视角下的山东传统武术研究》,硕士学位论文,山东师范大学,2011年。

[19] 高美玲:《山东省部分农村武术发展现状与对策研究》,硕士学位论文,山东师范大学,2011年。

[20] 宿宁:《山东省传统武术发展现状及对策研究》,硕士学位论文,曲阜师范大学,2011年。

[21] 昝金波:《齐鲁传统武术分布现状及发展对策研究》,硕士学位论文,中北大学,2011年。

[22] 王哲:《临清时调研究》,硕士学位论文,河南师范大学,2011年。

[23] 谭淡:《济宁城南运河沿岸民间传说探析——以村落传奇人物传说为例》,硕士学位论文,南京师范大学,2011年。

[24] 李建君:《聊城运河旅游资源开发研究》,硕士学位论文,扬州大学,2012年。

[25] 白林兵:《非物质文化遗产视角下的临清潭腿研究》,硕士学位论文,天津师范大学,2012年。

[26] 霍萌萌:《德州扒鸡文化的传承和保护研究》,硕士学位论文,山东大学,2012年。

[27] 杜丽画:《消退的斑斓:临清哈达艺术调查研究》,硕士学位论文,山东艺术学院,2012年。

[28] 贾婧:《申遗背景下京杭大运河的景观设计研究:以山东聊城段为例》,硕士学位论文,湖北工业大学,2012年。

[29] 李丽明:《聊城地区传统民居文化研究》,硕士学位论文,东北林业大学,2012年。

[30] 苟春艳:《东昌葫芦雕刻艺术的传承与发展研究》,硕士学位论文,重庆大学,2012年。

[31] 赵富斌:《知识产权视野下的传统武术保护》,硕士学位论文,上海体育学院,2013年。

[32] 范铜钢:《传统武术传承评价指标体系构建研究》,硕士学位论文,上海体育学院,2013年。

[33] 赵浩辉:《文化生态视域下山东省民族民间体育的保护、继承与发展研究》,硕士学位论文,曲阜师范大学,2013年。

[34] 范丽丽:《山东聊城运河号子研究》,硕士学位论文,聊城大学,2013年。

[35] 王明建:《武术发展的社会生态与社会动因:以村落武术为研究个案》,博士学位论文,上海体育学院,2013年。

[36] 赵鹏飞:《山东运河传统建筑综合研究》,博士学位论文,天津大学,2013年。

[37] 李翠甜:《李成银武学思想阐微》,硕士学位论文,山东师范大学,2014年。

[38] 梁辰:《山东聊城"运河秧歌"艺术特征研究》,硕士学位论文,聊城大学,2014年。

[39] 史晓玲:《明清时期聊城商业发展与城市变化》,硕士学位论文,聊城大学,2014年。

[40] 张凤英:《济宁市体育非物质文化遗产保护现状的研究》,硕士学位论文,聊城大学,2014年。

[41] 黄敬:《临清驾鼓研究》,硕士学位论文,聊城大学,2014年。

[42] 郭文娟:《京杭大运河济宁段文化遗产构成和保护研究》,硕士学位论文,山东大学,2014年。

[43] 乔华军:《聊城张秋木版年画研究》,硕士学位论文,聊城大学,2014年。

[44] 高兴:《临清传统武术文化特色研究》,硕士学位论文,山东师范大学,2015年。

[45] 刘影:《聊城传统民居建筑艺术文化研究》,硕士学位论文,青岛理工大学,2015年。

[46] 刘昆:《临清贡砖烧制技艺保护研究》,博士学位论文,中国艺术研究院,2015年。

［47］翟继萍：《临清肘捶的历史传承与保护研究》，硕士学位论文，山东体育学院，2016年。

［48］张健健：《山东省冠县张氏潭腿的传承与发展研究》，硕士学位论文，青海师范大学，2016年。

［49］于秀慧：《聊城八角鼓变迁研究》，硕士学位论文，聊城大学，2016年。

［50］马丽林：《传统手工技艺与民众生活变迁——以临清贡砖制造业为例》，硕士学位论文，山东大学，2016年。

［51］许士红：《运河（聊城段）三种民间乐舞的变迁研究》，硕士学位论文，哈尔滨师范大学，2016年。

［52］刘东：《运河河道及周边环境的治理研究——以会通河临清段为例》，硕士学位论文，聊城大学，2016年。

［53］商怡：《山东德州运河号子研究》，硕士学位论文，聊城大学，2016年。

［54］张静静：《京杭运河山东段体育旅游资源开发研究》，硕士学位论文，中国矿业大学，2016年。

［55］王颖：《聊城"运河伞棒舞"的功能研究》，硕士学位论文，福建师范大学，2017年。

［56］赵静：《山东运河沿线城市空间形态解析及济宁运河遗产活化研究》，博士学位论文，天津大学，2017年。

［57］金艳霞：《山东聊城地区木板大鼓的研究》，硕士学位论文，聊城大学，2017年。

［58］李龙骁：《德州地区运河船号调查与研究》，硕士学位论文，山东大学，2017年。

［60］赵一诺：《文化线路视角下京杭运河沿岸古镇保护发展探究——以山东段微山湖区域南阳古镇为例》，硕士学位论文，中央美术学院，2017年。

［61］姜珊：《京杭大运河山东段建筑文化遗产的景观地理研究》，硕士学位论文，山东大学，2017年。

［62］张钦：《枣庄市运河文化资源的旅游开发》，中央美术学院，2017年。

［63］吴彬：《台儿庄古城地方饮食文化资源的旅游开发》，硕士学位论文，青岛大学，2017年。

［64］白心玉：《聊城运河号子的音乐艺术研究》，硕士学位论文，聊城大学，2018年。

［65］张乐：《山东运河流域传统武术文化传承与发展研究》，硕士学位论文，山东师范大学，2018年。

［66］董巍：《聊城市米市街历史文化街区的保护更新策略研究》，硕士学位论文，北京建筑大学，2018年。

［67］贾飞：《大运河山东段文化旅游开发研究》，硕士学位论文，山东师范大学，2018年。

［68］刘国正：《水环境影响下的山东运河区域传统文化景观研究》，硕士学位论文，北京林业大学，2018年。

［69］张超：《大运河山东段古桥遗产价值与保护策略研究》，硕士学位论文，北京建筑大学，2019年。

［70］孔祥波：《京杭运河济宁段航运遗产滨水景观再生设计研究》，硕士学位论文，山东建筑大学，2019年。

［71］张翠芳：《京杭运河聊城段城市旅游竞争力评价及提升对策研究》，硕士学位论文，聊城大学，2019年。

［72］朱会芳：《女神文明的解构与重塑：山东德州四女寺传说研究》，硕士学位论文，内蒙古师范大学，2019年。

［73］刘淑天：《山东微山县南阳古镇保护性旅游开发研究》，硕士学位论文，西北师范大学，2020年。

[74] 李家姮：《地域文化语境下的展示空间设计研究——以台儿庄博物馆为例》，硕士学位论文，山东建筑大学，2020 年。

[75] 杨书停：《融媒体下大运河流域非物质文化遗产传播策略研究》，硕士学位论文，青岛大学，2020 年。

[76] 李鲁昂：《非物质文化遗产视角下济宁潭腿的传承与发展研究》，硕士学位论文，山东体育学院，2020 年。

三、学术论文

[1] 贺学君：《关于非物质文化遗产保护的理论思考》，《江西社会科学》2005 年第 2 期。

[2] 谭宏：《非物质文化遗产保护的原则》，《重庆文理学院学报（社会科学版）》2006 年第 3 期。

[3] 苑利、顾军：《非物质文化遗产保护的十项基本原则》，《学习与实践》2006 年第 11 期。

[4] 林琳：《简述聊城八角鼓的历史流变及由其生存现状引发的思考》，《内蒙古师范大学学报（哲学社会科学版）》2007 年第 A1 期。

[5] 贾鸿雁：《论我国非物质文化遗产的保护性旅游开发》，《改革与战略》2007 年第 11 期。

[6] 吴元芳：《基于遗产廊道模式的运河旅游开发研究——以山东省枣庄市为例》，《枣庄学院学报》2008 年第 1 期。

[7] 吴元芳：《山东省运河区域民俗旅游开发研究》，《经济问题探索》2008 年第 2 期。

[8] 李荣启：《论非物质文化遗产保护的主要原则与方法》，《广西民族研究》2008 年第 2 期。

[9] 蒋慧明：《传播与传承——略谈如何有效利用现代传媒促进传统曲艺的保护与发展》，《曲艺》2008 年第 4 期。

[10] 张宁宁：《浅谈民间美术》，《美术大观》2009 年第 5 期。

[11] 辛灵美：《聊城市传统民俗文化旅游资源保护现状及开发对策》，《赤峰学院学报》2009 年第 12 期。

[12] 王哲：《临清时调概观》，《民族音乐》2010 年第 1 期。

[13] 廖华英、鲁强：《基于文化共性的中国文化对外传播策略研究》，《华东理工大学学报（社会科学版）》2010 年第 2 期。

[14] 谭徐明、王英华、万金红、张念强：《大运河遗产保护规划编制过程中的认知与研究——以大运河山东德州段为例》，《中国水利水电科学研究院学报》2010 年第 3 期。

[15] 马知遥：《非遗保护的困惑与探索》，《民俗研究》2010 年第 4 期。

[16] 刘彤、高焕璋：《北京庙会的现状、问题与对策分析》，《北京印刷学院学报》2010 年第 5 期。

[17] 李秋英：《试述山东三大秧歌》，《大众文艺》2011 年第 5 期。

[18] 王新蕾：《运河城市（聊城市）遗产旅游产品体系的构建及其旅游开发》，《乐山师范学院学报》2011 年第 1 期。

[19] 刘晓静、边懿：《运河文化背景下的临清时调》，《齐鲁艺苑》2011 年第 1 期。

[20] 马永通：《非物质文化遗产视野下齐鲁武术文化的保护与发展》，《山西师大体育学院学报》2011 年第 2 期。

[21] 李成银：《临清肘捶的历史渊源与技法体系研究》，《山东体育学院学报》2011 年第 10 期。

[12] 李永乐、杜文娟：《申遗视野下运河非物质文化遗产价值及其旅游开发：以大运河江苏段为例》，《中国名城》2011 年第 10 期。

［23］石鑫：《蒙元文化在高等美术教学中的渗透》，《内蒙古教育（职教版）》2011年第10期。

［24］孙猛、王英璟：《非物质文化遗产法视野下传统武术保护研究》，《搏击（武术科学）》2011年第12期。

［25］苏琪：《台儿庄古城文物保护与旅游发展关系研究》，《科技致富向导》2011年第20期。

［26］丁传伟、王继生：《临清潭腿的攻防技法特点研究》，《吉林体育学院学报》2012年第1期。

［27］赵云、吴婷、李慧、罗颖：《大运河遗产会通河段的闸坝工程遗产》，《古建园林技术》2012年第2期。

［28］雷蓉、胡北明：《非物质文化遗产旅游开发的必要性分析——基于保护与传承的视角》，《贵州民族研究》2012年第2期。

［29］李德楠：《文化线路视野下的大运河文化遗产保护》，《中国名城》2012年第3期。

［30］郭颖、赵晓宁：《国内非物质文化遗产与旅游的相关研究综述》，《中华文化论坛》2012年第3期。

［31］赵春雪：《山东运河的开发历史及其旅游对策探析》，《科技视界》2012年第26期。

［32］陆晨琛：《对聊城八角鼓的历史衍变及现状的分析与思考》，《学理论》2012年第23期。

［33］梁辰、黄玉松：《聊城"运河伞棒舞"初探》，《聊城大学学报（社会科学版）》2012年第6期。

［34］邵际树：《非物质文化遗产的旅游价值和旅游开发模式探讨》，《当代经济》2012年第8期。

［35］赵景磊、董春磊：《临清潭腿的传承与发展研究》，《搏击（武术科学）》2012年第9期。

［36］孙法印：《台儿庄历史文化街区保护和发展的思考》，《枣庄学院学报》2013年第3期。

［37］何永年、吴玉山：《淮安运河两岸的民俗风情》，《江苏地方志》2013年第5期。

［38］任晓剑：《非物质文化遗产视角下山东武术产业发展研究》，《现代企业教育》2013年第20期。

［39］解淑红：《德州运河号子的音乐特征与地域文化特色微探》，《德州学院学报》2014年第1期。

［40］钟行明：《山东运河遗产廊道的旅游协作策略与路径》，《中国名城》2014年第5期。

［41］黄晓玲：《论枣庄运河号子中的音乐性和文学性》，《戏剧丛刊》2014年第3期。

［42］李新红、薛明陆：《运河秧歌的传承与发展研究》，《山东体育科技》2014年第5期。

［43］张永虎：《山东运河文化带体育旅游市场发展路径探究》，《山东体育学院学报》2014年第6期。

［44］高阳：《聊城"伞棒舞"的发展与传承探析》，《文艺生活》2014年第12期。

［45］李新红、薛明陆：《运河秧歌的传承与发展研究》，《山东体育科技》2014年第5期。

［46］林惠彬：《浅谈非物质文化遗产保护与旅游开发的关系》，《文艺生活（文艺理论）》2014年第8期。

［47］王新磊：《临清驾鼓的保护、传承和发展研究》，《北方音乐》2014年第18期。

［48］吕云路、刁春元：《论临清时调的保护与传承》，《当代音乐》2015年第4期。

［49］许士红：《繁华过后落寞的运河音乐文化——以运河秧歌"伞棒舞"为例》，《北方音乐》2015年第5期。

［50］张思坚：《山东运河文化的历史意义与现实价值》，《山东行政学院学报》2015年第6期。

［51］颜敏：《江苏运河文化遗产的旅游市场分析与开发建议》，《洛阳理工学院学报（社会科学版）》2015年第6期。

［52］王静：《后申遗时代大运河沿岸城镇遗产保护与商业开发探析：以淮安、枣庄、济宁段为例》，《城市》2015年第8期。

[53] 尼玛旺青：《民族民间传统技艺传承与保护之策——河南开封朱仙镇木板年画的传承策略探究》，《民族大家庭》2016 年第 1 期。

[54] 王若楠：《民间文学资源的使用与旅游景区文化的构建——以山西盂县藏山景区赵氏孤儿传说的调查为例》，《忻州师范学院学报》2016 年第 3 期。

[55] 刘玉梅：《山东运河区域美食文化遗产资源的开发与利用——以枣庄美食为例》，《美食研究》2016 年第 4 期。

[56] 张缨、周家权、孙振江：《水利工程文化遗产的保护与开发探讨——以京杭运河德州段为例》，《中国水利》2016 年第 6 期。

[57] 孙彦波：《浅议中国传统戏剧的保护与传承》，《剑南文学》2016 年第 6 期。

[58] 王梓君：《马堤吹腔成功案例分析》，《人文天下》2016 年第 10 期。

[59] 舒方涛：《京杭大运河聊城段文化遗产构成和保护研究》，《资治文摘》2016 年第 12 期。

[60] 徐淑升：《京杭大运河遗产廊道生态文化旅游开发探讨——以山东南段为例》，《旅游纵览（下半月）》2017 年第 2 期。

[61] 高建美、宋晓亭：《中药品种保护制度应适应中药发展规律》，《世界科学技术——中医药现代化》2017 年第 2 期。

[62] 程利芳：《如何传承与发展传统古老戏曲》，《文艺生活（文艺理论）》2017 年第 2 期。

[63] 段圣奎：《旅游体验视阈下淮安非物质文化遗产开发模式》，《四川旅游学院学报》2017 年第 6 期。

[64] 丛瑞雪：《德州市非物质文化遗产保护和可持续发展路径研究》，《新西部》2017 年第 22 期。

[65] 张兆林：《非物质文化遗产保护实践中的商业活动探究——以我国传统木版年画为核心个案》，《艺术百家》2018 年第 1 期。

[66] 徐苑琳、孟繁芸：《后申遗时代运河文化遗产的保护与开发》，《山西档案》2018 年第 2 期。

[67] 马盛德：《我国非物质文化遗产保护现状、问题及对策》，《非遗传承研究》2018 年第 2 期。

[68] 刘学冬、张雅飞、郑楠：《从武术传播方式看临清地区潭腿发展的策略》，《体育风尚》2018 年第 4 期。

[69] 张兆林：《聊城木版年画刻版艺人的考察与思考》，《长江大学学报（社会科学版）》2018 年第 5 期。

[70] 孔华：《非物质文化遗产文化旅游开发对策研究——以安徽池州为例》，《黑河学刊》2018 年第 6 期。

[71] 徐奇志、王艳：《大运河（山东段）文化遗产及其活态保护》，《理论学刊》2018 年第 6 期。

[72] 白硕：《大运河沿岸非物质文化遗产现状、问题与对策》，《人口与社会》2018 年第 6 期。

[73] 贾国华、丁继国：《京杭大运河（聊城段）保护传承利用工作探讨》，《水利发展研究》2018 年第 7 期。

[74] 郑亚鹏、唐金玲：《山东运河文化遗产品牌开发探究：基于"互联网＋"思维》，《美术大观》2018 年第 9 期。

[75] 郑民德：《聊城运河文化遗产的保护》，《中国名城》2018 年第 10 期。

[76] 于秀慧：《简述聊城八角鼓的传承现状》，《戏剧之家》2018 年第 34 期。

[77] 曾祥月：《关于传统戏剧传承保护的研究探讨》，《环球市场》2018 年第 36 期。

[78] 张晓蕾：《地方社会变迁与民间音乐传承的嬗变——以鲁西北地区临清架鼓为例》，《民俗研

究》2019年第1期。

[79] 郑民德:《"运河文化带"视阈下的遗产保护与利用研究》,《华北水利水电大学学报(社会科学版)》2019年第1期。

[80] 张兆林:《非物质文化遗产集体性项目传承人保护策略研究——以聊城木版年画为核心个案》,《文化遗产》2019年第1期。

[81] 吴海涛:《京杭大运河(聊城段)文化带工作浅析》,《水资源开发与管理》2019年第1期。

[82] 赵雅丽:《大运河的非物质文化遗产》,《北京观察》2019年第3期。

[83] 刘临安、黄习习:《真实性与完整性原则下的大运河遗产保护——以大运河济宁段为例》,《中国文化遗产》2019年第3期。

[84] 张秉福:《京杭运河非物质文化遗产保护与旅游开发互动关系的现状与问题探析》,《艺术百家》2019年第3期。

[85] 李德敬:《德州运河号子的艺术特征及其成因探略》,《德州学院学报》2019年第3期。

[86] 刘耀辉、付丙喜:《乡村振兴战略背景下运河文化保护与旅游资源开发研究——以山东省德城区二屯镇为例》,《德州学院学报》2019年第3期。

[87] 孙英芳:《非遗保护语境下民间传说的传承与发展——以晋南"赵氏孤儿传说"为例》,《晋中学院学报》2019年第5期。

[88] 陈希:《活态传承活在当下——浅谈山东非物质文化遗产的传承与保护》,《人文之友》2019年第16期。

[89] 田媛:《长沙市非物质文化遗产旅游开发研究》,《经济视野》2019年第19期。

[90] 张秉福:《京杭运河非物质文化遗产保护与旅游开发互动机制研究》,《中州学刊》2019年第8期。

[91] 朱晓东:《京杭运河沿岸城镇发展策略探讨——以京杭运河聊城段旅游产业综合开发规划为例》,《工程技术研究》2019年第14期。

[92] 吕明笛、姜春宇、李雪婷、杨明慧:《京杭运河济宁段历史文化遗产的旅游开发策略探讨》,《全国流通经济》2019年第18期。

[93] 崔玉珍、李志超:《后申遗时代的大运河德州段保护开发利用》,《人文天下》2019年第14期。

[94] 许大海:《组织·生产·管理:社会经济史视域中的手工生产——以运河聊城区段手工艺传承为中心的考察》,《理论学刊》2019年第6期。

[95] 周嘉:《地方神庙、信仰空间与社会文化变迁——以临清碧霞元君庙宇碑刻为中心》,《民俗研究》2019年第6期。

[96] 王冠龙:《南北文化的碰撞与融合——济宁运河区域非物质文化遗产研究》,《中国文艺家》2020年第1期。

[97] 张秉福:《京杭运河非物质文化遗产保护与旅游开发互动模式研究》,《甘肃理论学刊》2020年第1期。

[98] 刘春强:《承续永嘉精神:夏鼐早年治学的心路历程及其学术风格》,《史学月刊》2020年第2期。

[99] 刘春强:《"以考古经世":唯物史观与历史语言研究所时期夏鼐的考古学研究》,《史学理论研究》2020年第3期。

[100] 胡梦飞、王伟：《东昌运河毛笔制作技艺传承与发展研究》，《湖北职业技术学院学报》2020年第1期。

[101] 胡梦飞：《明清时期运河城市饮食业发展考论——以山东济宁为例》，《中国名城》2020年第2期。

[102] 胡梦飞：《山东武城县四女祠传说考辨》，《德州学院学报》2020年第3期。

[103] 言唱：《大运河非物质文化遗产的活态保护与活化利用》，《海南师范大学学报（社会科学版）》2020年第3期。

[104] 张兆林：《聊城木版年画生产传承中的女性角色研究》，《民俗研究》2020年第4期。

[105] 张秉福：《后申遗时代促进京杭运河非物质文化遗产旅游开发科学发展对策新探》，《长沙大学学报》2020年第4期。

[106] 卞长永：《大运河（山东段）文化遗产活态保护路径》，《当代旅游》2020年第17期。

[107] 朱季康：《大运河文化带沿线城市非物质文化遗产保护与传承工作的现状、分析和提升策略》，《地域文化研究》2020年第4期。

[108] 董运启：《枣庄运河核心区文化遗产保护刍议》，《枣庄学院学报》2020年第4期。

[109] 赵静、李昕阳、叶青、赵强：《山东运河古城空间形态探析》，《城市住宅》2020年第4期。

[110] 董嫱嫱：《关于规划建设枣庄运河文化带的思考》，《枣庄学院学报》2020年第4期。

[111] 王素春：《我国非物质文化遗产与旅游开发现状探讨》，《卷宗》2020年第12期。

[112] 胡梦飞：《山东运河区域传统音乐保护与传承研究——以武城运河号子为例》，《淮阴工学院学报》2020年第4期。

[113] 卞长永：《大运河（山东段）文化遗产活态保护路径》，《当代旅游》2020年第17期。

[114] 卜凡：《非遗保护与开发的创新性思考——以木版年画为例》，《戏剧之家》2020年第24期。

[115] 张伟：《京杭运河非物质文化遗产保护与旅游开发互动机制研究》，《名城绘》2020年第5期。

[116] 崔师瑜：《隋唐大运河文化带艺术类非物质文化遗产传播内容研究》，《艺术评鉴》2020年第6期。

[117] 周广骞：《山东聊城方志运河非遗文献价值探析——以明代以来东昌府、临清州等沿运地域纂修的方志为例》，《中国地方志》2020年第6期。

[118] 黄亮：《浅谈江苏大运河非物质文化遗产的保护和利用》，《市场周刊（理论版）》2020年第15期。

[119] 张峥：《传统技艺的保护与传承问题探究——以山东省济宁市玉堂酱园为例》，《农村经济与科技》2020年第23期。

[120] 杨昉：《大运河文化带（山东段）民间音乐文化传播及创新传承探究》，《黄河之声》2020年第23期。

[121] 杨丽雯、娄馨月、陈思源、张舰文：《中华老字号的新媒体营销策略——以济宁玉堂酱园为例》，《老字号品牌营销》2021年第2期。

[122] 黄天爱、雷悦、俞丽珊、徐欢：《大运河非物质文化遗产在绿地中的景观设计表达形式》，《现代园艺》2021年第5期。

[123] 李梦羽：《大运河非物质文化遗产立法保护研究》，《法制博览》2021年第7期。

[124] 王雁：《运河文化带建设背景下大运河山东段非遗的旅游开发研究》，《山西青年》2021年第4期。

［125］胡梦飞:《山东运河非物质文化遗产的保护、传承与利用》,《湖北职业技术学院学报》2021年第2期。

［126］胡梦飞:《山东运河文化遗产旅游开发现状及策略研究》,《淮阴工学院学报》2021年第4期。

［127］张磊:《数智时代运河文化带建设中非物质文化遗产的保护与传播研究》,《枣庄学院学报》2021年第4期。

［128］杨琦:《大运河山东段民俗文化的价值挖掘及旅游活化路径研究》,《品位·经典》2021年第4期。

［129］郭新茹、陈天宇、唐月民:《场景视域下大运河非遗生活性保护的策略研究》,《南京社会科学》2021年第5期。

［130］许大海:《基于运河输送视阈的山东临清哈达生产历史、工艺考辨》,《齐鲁艺苑》2021年第5期。

［131］李梦羽:《大运河非物质文化遗产立法保护研究》,《法制博览》2021年第7期。

［132］钟行明、王雁:《大运河沿线戏剧类非物质文化遗产的保护、传承与利用——以山东地方戏为例》,《艺海》2021年第7期。

［133］杨思佳:《聊城八角鼓音乐生存环境与发展现状初探》,《当代音乐》2021年第8期。

［134］胡梦飞:《山东省大运河国家文化公园建设路径与策略研究》,《华北水利水电大学学报(社会科学版)》2021年第6期。

［135］余志林:《山东大运河文化带建设助推区域经济高质量发展研究》,《现代交际》2021年第18期。

［136］郑延兴、赵红霞:《京杭大运河生态治理与网络运河研究——以山东省聊城段为例》,《现代园艺》2022年第1期。

后　记

我本身是历史专业出身,研究运河非物质文化遗产纯属偶然。2015年7月博士毕业后,我来到聊城大学运河学研究院工作。因为之前就从事与运河有关的研究,所以对我来说,来到研究院可谓极为幸运。研究院是国内成立时间较早的运河研究机构,在运河研究领域有着很高的知名度和影响力。在倡导史学研究的同时,研究院也鼓励服务现实的研究。自己的硕士学位论文研究的是明清时期徐州运河对区域社会的影响,博士学位论文探讨的是明清时期京杭运河区域的水神信仰,虽然二者之间没有明显关系,但严格来说,都属于史学研究。刚工作的时候,我也希望能在博士论文的基础上继续深入,为此曾多次申报国家社科和教育部项目。可惜由于自己的选题及能力方面的原因,均没有中标。在出版相关著作时,也因为涉及民间信仰,题目过于敏感,多次遭到出版社的拒绝。学院领导和同事纷纷劝我改行,开拓新的研究领域。经过较长时间的探索和思考,我选择将运河文化遗产作为自己新的研究方向。之所以如此,主要有两个原因:一方面,既然是遗产,自然和历史有关,这样来说,自己还不算偏离老本行太远;另一方面,随着大运河成功申遗,运河文化遗产的保护、传承和利用引起社会各界的重视,对其进行研究,无疑有着极强的现实意义。

因为是"外行",所以刚刚开始研究非物质文化遗产时,可谓茫然无措。在阅读众多前辈学者论著之后,才多少对其有所了解。2019年,我尝试以"山东运河非物质文化遗产保护与传承研究"为题,申报了当年的山东省艺术科学重点课题,并成功获批。虽然只是一个小项目,且没有任何研究经费,但对我来说却是一个莫大的鼓舞。2020年,我又以"山东运河文化遗产保护、传承与利用研究"为题,成功获批山东省社会科学规划研究项目,更加坚定了我继续研究的信心和勇气。

本书原为山东省艺术科学重点课题的结项报告,后历经两年多的修改和完善,最终形成这本小书。当书稿真正呈现在眼前,内心在感到忐忑不安的同时,也充满了兴奋和感激。首先感谢丁延峰副院长、郑民德副院长、王云教授、李泉教授、吴欣教授、罗衍军教授、杜宏春教授、吴金甲博士等领导和同事一直以来对我的关心和支持,来研究院的7年多时间里,自己真的收获颇多。本书为聊城市城校融合文旅项目的阶段性成果之一,在此要感谢聊城市委宣传部、市文旅局相关领导和同志对本项目的大力支持记提供的宝贵帮助。在本书写作过程中,曾得到杜晨英、高梦、张兆林、许大海、何丽丽、郭丹龙等领导、专家和学者以及李克超、洪林、王和平、崔振江、王玉坤、张元杰等非遗传承人关心、指导与帮助,在此也向他们表达深深的谢意。本书部分图片由于种种原因无法注明作者及来源,在向原作者表达歉意的同时,也由衷地表示感谢。这本书是我在中国海洋大学出版社出版的第二本著作,在此也向中国海洋大学出版社的纪丽真、赵孟欣等老师表示感谢。

　　最后还要感谢我的家人。首先感谢我的岳父、岳母。他们任劳任怨,承担起做饭、照看孩子等家务,为我和妻子解决后顾之忧,使我可以心无旁骛地从事写作。还要感谢远在故乡的父亲、哥哥对我一如既往的支持。虽然工作之后,与他们距离遥远,一年之中难得见上几面,但他们时不时的电话,仍给我莫大的安慰和鼓励。要特别感谢的是我的妻子王双双博士,她与我同在聊城大学工作,为了让我能够安心写作,她牺牲了自己很多宝贵的时间和精力,主动承担起照顾孩子、操持家务的重任,为我创造了一个良好的写作环境。每当看到她忙碌的身影,内心总是充满了愧疚和自责。女儿若楠天真可爱,在我写作过程中,给我带来了许多惊喜和乐趣。2020 年 2 月 20 日,儿子铭泽降生,也给我的写作带来了莫大动力。2009 年 9 月,我考入江苏师范大学历史文化与旅游学院,跟随恩师杨绪敏教授攻读硕士学位。从那时起开始踏上学术之路,撰写自己的第一篇学术论文。不知不觉已经过去了十几个春秋,自己也已临近不惑,一路走来,真的颇为不易,在此感谢所有在我学术成长道路上关心和帮助过我的人,是为记。

胡梦飞

2021 年 12 月于聊城